人民艺术家王蒙先生赠言"大道无术"

大学心语

Daxue Xinyu

贺祖斌 著

北京大学出版社

图书在版编目(CIP)数据

大学心语/贺祖斌著. —北京:北京大学出版社,2022.3
ISBN 978 – 7 – 301 – 33035 – 7

Ⅰ. ①大… Ⅱ. ①贺… Ⅲ. ①高等教育—教育改革—研究—中国 Ⅳ. ①G649.21

中国版本图书馆 CIP 数据核字(2022)第 080990 号

书　　名	大学心语 DAXUE XINYU
著作责任者	贺祖斌　著
责 任 编 辑	于　娜
标 准 书 号	ISBN 978 – 7 – 301 – 33035 – 7
出 版 发 行	北京大学出版社
地　　址	北京市海淀区成府路 205 号　100871
网　　址	http://www.pup.cn　新浪微博:@北京大学出版社
电 子 信 箱	zyl@pup.cn
电　　话	邮购部 010 – 62752015　发行部 010 – 62750672　编辑部 010 – 62767346
印 刷 者	三河市博文印刷有限公司
经 销 者	新华书店
	730 毫米 × 1020 毫米　16 开本　20 印张　313 千字 2022 年 3 月第 1 版　2022 年 3 月第 1 次印刷
定　　价	79.00 元

未经许可,不得以任何方式复制或抄袭本书之部分或全部内容。
版权所有,侵权必究
举报电话:010 – 62752024　电子信箱:fd@pup.pku.edu.cn
图书如有印装质量问题,请与出版部联系,电话:010 – 62756370

自 序

读书在大学,工作在大学,生活在大学,思考在大学……这辈子与大学结缘。

大学是学术殿堂,在大学里生活,得以学术为中心,自己做的、想的、写的,多是围绕治校治学的学术活动而奔波,因此,文字的东西似乎被学术"规范"了,有深度的,温度不够;有厚度的,弧度不足;有高度的,情怀不足。

平时喜欢写点专业以外的随笔文字,记录自己的所思所想,算是在大学里的"心语",在宏大叙事背景下,留下一些细节,无关乎学术、职称、评奖,没有刻意的主题,也无特殊的目的,不成逻辑,纯属感悟,多年汇集,居然成册!著名学者王力先生有"龙虫并雕"之说,即主张学者著作、小文章"两样都干",也许这就是我的"雕虫"之说吧!

自己喜欢大学里的故事。回望王城的历史春秋,在独秀峰上仰望大学精神与文化,追踪大学的故事和人物,在校史中找寻师大人的精神档案。重走西迁路,赓续红色基因。探究马君武、杨东莼老校长的治校理念,启迪今日大学之发展。读老子孟子,读蔡元培,读曾国藩,读涂又光……读书笔记,泛读散装,不成体系,有感而发。与书店相遇,营造校园书香。校长有约多年,为师为长,总想跟学生叮嘱几句"多阅读,多思考""把优秀当成一种习惯""做一个有温度、厚度、深度的人",将学生视为儿女,对学生说的,也是希望女儿做的,"未来,我们一路同行",正所谓将心比心,父母同心。

访美、访俄的异域之见,在弗吉尼亚,观看大学建筑,追溯大学文化,感受教育现代化,讨论社区大学、荣誉制度;到圣彼得堡,寻找普希金文学咖啡馆,试图找回一点青春的文学记忆。一路随想,文化思旅,遍访京城文化名人故居,细寻齐鲁孟子故里前人足迹。自己辗转于桂林、南宁、玉林、柳州、厦门、武汉、北京,留下这些城市和大学的性格观察。学术之路,一路走来,恩师潘懋元、文辅相先生对自己的教诲、关爱、提携的眷眷之情,难以忘怀。

在南国的冬夜,享受着孤独,品味一座城市的味道;在北部湾的海滨,看海、听海、品海,体验海的魅力;在数百年的古镇,品味着古朴的格调;在孔庙,感受千年文脉;在历史的脉络里,探寻西夏王国的印迹;登九华山观宝,感受佛教文化的博大精深;回故乡拜谒唐景崧故居,探寻"同胞三翰林"的奥秘;从一个山村数百年变迁考察家族教育的文化基因……我想,这就是文化的魅力。

理想者总想留下一些足迹,成功不必在我,而功力必不唐捐。

曾经有拙著《高等教育生态论》《区域高等教育发展论》《高等教育质量论》,自称为我的高等教育"三论",算是自己的"雕龙"之说。这些年,前有《思考大学》,论的是大学发展之宏观思考;今有《大学心语》,记的是大学内外之细枝末节;计划中的《大学之治》,议的是大学管理之践行,或许又将成为我的大学"三部曲"。

有幸相识"人民艺术家"王蒙先生,向先生问"道",先生语:大道无术,大德无名,大智无谋,大勇无功。并惠赐墨宝"大道无术",先生寄语,铭记于心,高山仰止,景行行止。

学府如家,安身立命,为学为师,心怀感恩。

2021年4月 于自然坊

目 录

● 大学故事

王城故事　　　／3
桂林王城与师大　　／14
独秀精神与大学文化　　　／17
卓然独立天地间　　／22
师大故事与文化记忆　　　／27
校史中的精神档案　　／34
杨东莼的治校理念　　／38
重走西迁路　　／42
马君武与近代高等教育　　　／47
独秀书房：人文实验室　　／52
校园景观与大学文化　　／54
大学校训与大学精神　　／58
回望喻家山　　／65

● 大学小语

涂又光的"泡菜坛子"　　　／71

再读蔡元培　　　/76
曾国藩的读书　　/78
通识教育在我国台湾　/82
通识教育在美国　/87
通识教育在玉师　/90
通识教育在师大　/93

● 校长有约

永怀心中梦想　/99
诚信善良包容　/101
责任担当坚守　/104
保持优秀习惯　/107
自信自立自强　/110
温度厚度深度　/113
活出生命精彩　/115
涵养人文精神　/118
未来一路同行　/121
面对百年变局　/124
读懂大学意义　/127
无畏无惧无私　/130
底色亮色本色　/133
大学精神家园　/137
适应大学生活　/139
大学学习方法　/142
必做十件事情　/145
大学心理调适　/148
阅读思考对话　/151

● 异域之见

大学建筑的文化符号　　/159
信息化的大学教育　　/162
美国大学的治理结构　　/165
大学治学与荣誉制度　　/168
寻找普希金咖啡馆　　/171

● 文化思旅

寻访京城文化名人故居　　/177
梁启超的家族教育　　/190
古代官箴碑前的感悟　　/196
对话贾平凹：消失的乡村　　/199
探寻西夏王国的印迹　　/202
秋日九华山观宝　　/206
湘漓文化寻访记　　/210
黄姚的格调　　/216
找回遗失的记忆　　/220
感受恭城文庙　　/225
漫谈唐景崧　　/228
家族教育的文化考察　　/235

● 行在途中

享受孤独　　/241
冬天的记忆　　/244
看海听海品海　　/246

桂林的性格　　/251
南宁的性格　　/254
柳州的性格　　/257
玉林的性格　　/260
厦大的性格　　/264

● 学道有师

智者风范　仁者襟怀
　　——我与潘懋元先生的故事　　/269
学道有师　止于至善
　　——忆恩师文辅相先生　　/276
虚怀若谷　正直包容
　　——追忆高教研究先行者黄刚先生　　/280

● 足迹

思考者的精神气质　　/287
基于现实的大学理想　　/294
理想者的足迹　　/298
功力必不唐捐　　/303
遇见独秀书房　　/306

● 大学故事

广西师范大学王城校区（2017.7）

  大学精神需要历史的积淀，数代人的不断努力和积极进取。大学精神就是一所大学的灵魂，是一所大学对历史的继承与对未来的执守，她彰显着大学精神的实质，反映着大学文化的传统，激励师生继承大学传统，光大大学精神。

王城故事

"桂林山水甲天下"这一千古名句的真迹出自何处何人？桂林王城的历史发展与变迁如何？它是如何与广西师范大学联系在一起的？"独秀精神"怎样成为一种大学文化？作为一个师大人十分有必要回顾和了解。虽然我大学求学在桂林，参加工作后，有一段时间甚至在王城校区的办公楼（承运殿）上班。虽然知道王城是明代的藩王府和清代的广西贡院，但自己对王城的历史文化了解也仅限于一般的介绍。真正引起我关注王城的是一次偶然机会，那是20世纪80年代末刚工作不久，我出差到南宁，回桂林的汽车上，巧遇著名的历史学家钟文典教授。钟老是我校历史系教授，是太平天国研究的著名专家，为人平易近人、严谨谦和。十分幸运的是，在回桂林的旅途中，钟老畅谈学校与王城历史，足足给我上了6个多小时的历史课，我记得所谈的主要内容就是王城的历史文化。这次旅途，也让我关注起我的母校广西师范大学与王城的历史文化。

说到王城历史，有些历史人物和著名事件绕不开，只有了解这些人物和事件，才能真正理解"阅尽王城知桂林"之说。①

颜延之与读书岩

与桂林相关的各种历史书籍都会记载颜延之这个人物，就是由于他的

---

① 可参阅：徐毅，等.王城：名士风流古今谈[M].桂林：广西师范大学出版社，2015；周长山，漆招进.靖江王城[M].南宁：广西教育出版社，2018.

名句"未若独秀者,峨峨郛邑间",这也是已知的最早描写桂林山水的诗句,独秀峰因此而得名。颜延之在南朝刘宋文帝元嘉元年(424年)因得罪了权贵,被外放到始安郡做郡守,始安郡的治所也就是现在的桂林。颜延之可以说是桂林文教事业的创始人。他的到来,带来了中原先进的文化。颜延之身体力行,作山水诗文,倡读书风气。独秀峰,孤峰突起,陡峭高峻,气势雄伟,后来有"南天一柱"之称。当晨曦辉映或晚霞夕照时,孤峰似披紫袍金衣,因此又名紫金山。喜读书的颜延之又常在独秀峰下的岩洞中读书。后人就把这个岩洞称作"颜公读书岩"。宋哲宗元祐五年(1090年),桂州太守孙览在这个山洞的岩壁上刻写"宋颜公读书岩"六字。颜延之将中原读圣贤书的文化传统引入桂林。唐朝李昌夔在独秀峰下开办了宣尼庙,这座专供奉孔子的庙宇成为桂林历史上的第一所府学,由此开启了王城的教育文化,也成为广西最早的科举教育基地。

因此,2017年年底桂林市文化部门希望在独秀峰下建颜延之塑像以示纪念,在征求我的意见时,我极力主张将它做好做精,在三个塑像建设方案中,我建议并选用了塑像面立独秀峰。这样更能体现桂林人民对颜延之的尊重,让更多人了解这位为桂林做出重要贡献的先贤。

王正功与"桂林山水甲天下"

对桂林来说,王正功是一个不能不提的人物。王正功(1133—1203),南宋明州鄞县(今浙江宁波)人,他于宁宗庆元六年(1200年),来到桂林担任广南西路提点刑狱权知府事,掌管广西的司法、刑狱,并负责监督地方官吏。王正功在职期间善治狱,忠于职守,遇事敢为,廉洁公正。而真正让后人记住王正功的,是他写下的"桂林山水甲天下"这句诗。据徐毅等《王城:名士风流古今谈》记载,自古以来,对于"桂林山水甲天下"这句诗最早是谁提出的,有着很长时间的争论。有人认为是南宋的范成大,他在其著作《桂海虞衡志》中提到了桂山"桂山之奇,宜为天下第一";也有人考据出自南宋李曾伯的"桂林山川甲天下"诗句,等等。直到1983年,桂林市文物工作者对独秀峰石刻进行清理时,在读书岩的岩壁上方发现了一块宋代碑刻"劝驾诗":"百嶂千峰古桂州,乡来人物固难俦。峨冠共应贤能诏,策足谁非道艺流。

经济才猷期远器,纵横礼乐对前旒。三君八俊俱乡秀,稳步天津最上头。桂林山水甲天下,玉碧罗青意可参。士气未饶军气振,文场端似战场酣。九关虎豹看勋敌,万里鹍鹏仔剧谈。老眼摩挲顿增爽,诸君端是斗之南。"这两首七律出自王正功之手。"劝驾"是中国古代政府官员礼贤下士的举动,"劝"有勉励的意思,"驾"是驾车遣送举子的意思。当时,王正功在独秀峰下为即将参加省试的11名举子举行了一场盛大的"鹿鸣宴",作此诗"劝为之驾",借甲天下的桂林山水勉励桂林学子金榜题名,甲第天下。"鹿鸣宴"是古时地方官祝贺考中贡生或举人的"乡饮酒"宴会,主要是为得解举子的考生饯行、励志。在桂林任职短短两年的王正功绝对没想到,他的这一句诗成为桂林山水的广告词。

为纪念王正功对桂林的特殊贡献,桂林市文化部门在1998年启动桂林两江四湖城市改造时将王正功塑像立在桂林杉湖畔。

独秀峰与三位皇帝

独秀峰,是桂林的龙脉宝地。"独秀挺立标地镇,千秋巍峙并华嵩",道尽独秀峰作为桂林地标的权威地位。它远近诸山环绕,犹如群臣朝拜,形成"孤峰不与众山俦"的王者气象。独秀峰被誉为"潜龙之地",历史上曾经有三位皇帝和独秀峰有着不解之缘:南宋高宗赵构,元顺帝妥懽帖睦尔,南明永历帝朱由榔。

第一位皇帝:南宋高宗赵构(1107—1187),字德基,南宋第一位皇帝,1127—1162年在位,年号先后为建炎、绍兴,宋徽宗赵佶第九子,宋钦宗赵桓之弟。他在3岁时就被封为"静江军节度使",这只是一个名誉职位,据说没有到过他首次"执掌兵权"的领地"静江"。"桂州静江军"五个大字刻在独秀峰东边的伏波山江崖处。静江是桂林市的古称,南宋绍兴三年(1133年),赵构登基之后,由于对桂林的感情,将桂州升为静江府,提高了桂州的行政级别和管辖范围。后来原"静江军节度使"改为"静江府大都督"。洪武五年,明朝改静江府为桂林府,从此正式确定了桂林的名称,并沿用至今。

第二位皇帝:元朝末代皇帝元顺帝妥懽帖睦尔(1320—1370)[①],元明宗

---

① 廖国一,等.独秀峰摩崖石刻[M].桂林:广西师范大学出版社,2013:12.

和世瑓的长子,在位36年(1333—1368),是元朝皇帝中在位时间最长的一位。妥懽帖睦尔本来是一位太子,但他的叔父毒死他父亲后篡位,于是就把他贬到了高丽,后来妥懽帖睦尔辗转来到桂林,居住在独秀峰脚下的报恩寺。他的叔父在大都暴病死亡后,于元至顺四年(1333年),妥懽帖睦尔返上都(今内蒙古正蓝旗)即皇帝位,年号元统。他登基后认为,是独秀峰山下的神灵庇佑了他,于是就将他居住过的报恩寺改为万寿殿,取万寿无疆之意。

第三位皇帝:南明永历帝朱由榔(1623—1662)。1644年,明朝最后一位皇帝朱由检自缢于煤山,南方明朝势力于南京建立南明政权,经过朱由崧(南京,弘光)、朱聿键(福州,隆武)之后,朱由榔于南明隆武二年(清顺治三年,1646年)十一月在广东肇庆称监国①,成为南明末代皇帝,史称永历帝。十二月,朱由榔离开肇庆逃入广西梧州;次年(1647年)正月,永历帝一路逃到桂林,驻跸靖江王府,是靖江王府驾临的第一位也是最后一位明朝皇帝。永历帝在靖江王府驻跸时间不到三个月,他以靖江王府为行宫,后在抗清复明运动中被迫离桂,一路逃亡。永历十五年(1661年),清军攻入云南,朱由榔逃到缅甸,被缅王收留。后来吴三桂攻入缅甸,缅王将其献与吴三桂,永历十六年(1662年)6月在昆明被绞死,终年40岁,在位16年。

独秀峰是桂林的龙脉,其四周山峰环绕,独秀峰独居其中,有山有水,在古人眼中是风水宝地、龙脉汇聚之所。最早是颜延之和王正功独具慧眼,对于开发独秀峰和桂林山水做出了卓越贡献;继而,又有三位皇帝与这块宝地相关联,奠定了独秀峰成为桂林文脉与龙脉的历史地位。尽管如此,真正形成王城文化基因和传统的却是明朝的王府文化和清朝的科举文化。

明朝的王府文化

王城源于明靖江王府。明代是值得桂林人铭记的一个历史时期,因为明太祖朱元璋把他的侄孙朱守谦分藩到桂林,在桂林独秀峰下万寿殿的遗址上建造了富丽堂皇的靖江王府。而桂林是西南重镇,是咽喉之地。靖江

---

① 周长山,漆招进.靖江王城[M].南宁:广西教育出版社,2018:前言.

王室在这里繁衍子孙11代,袭王14人,历280年,是有明一代封藩最长的一支。明代的靖江王府为皇家建筑,规模十分宏大,四周的城墙用巨石砌成,坚固无比。坚城深门,气势森严。靖江王府始建于明洪武五年(1372年),历时20年之久,到洪武二十五年(1392年)才完工。北京故宫始建于明成祖永乐四年(1406年),永乐十八年(1420年)建成。靖江王府比北京故宫早建34年,是我国目前历史最长且保存最完好的明代藩王府第,浓缩了几百年来的桂林历史和文化。

靖江王府从明洪武五年(1372年)始建,到清顺治九年(1652年)农民军攻克桂林,在280年的发展历程中,有许多历史人物和故事。靖江王府的缔造者朱守谦年近16岁入驻王府,由于放荡不羁、不守法度、恣意荒淫暴虐,3年后朱元璋将其召回京城,严行诫谕,并将其削爵废为庶人,七年后,恢复其爵位,派遣他去镇守云南,但他故态复萌,骄奢淫逸,强抢暴敛,屡教不改,最后落到被朱元璋囚禁而死的下场,终年三十一岁(1392年)。明朝第三代靖江王朱佐敬袭封时不足10岁,历经洪熙、宣德、正统等六朝,袭靖江王时间最长,有58年。朱佐敬流传后世最有名的一篇文献是《独秀岩记》,文中描绘王府:"府在独秀山前,其地为广西甲胜之最。一峰堑插霄汉,四时林木荣辉,下涌流泉,潭如新月,巍然上下,绝秀丽乎龙飞凤舞之胜。"今独秀峰上有其《游独秀岩记》摩岩石刻,记叙他游览独秀的感想,描写了独秀峰的恢宏气势:"据岭表之胜,控藩国之雄,上方真境拔引乎西南,尧峰舜洞屹立乎东北……高插天半,势压鸿尻。"朱佐敬的前半生是在与王府的宗室内斗中度过的。十三代靖江王朱亨嘉,生逢明末烽烟四起、政局混乱之时,自封为"监国",但很快就被推翻监禁,次年被缢杀,靖江王府王室遭受株连,其年仅两岁的儿子朱若极随仆臣逃到全州湘山寺,最后成为清初"搜尽奇峰打草稿"的著名画家石涛。末代靖江王朱亨歅,虽有心振兴靖江王府,但终因内忧不断、外患连绵,抱负难以施展,最终被清廷擒杀。

清顺治七年(1650年),定南王孔有德平定广西并驻节靖江王府,史上也称之为"定南王府"。顺治九年,南明抗清名将李定国攻占桂林,孔有德放火自焚,同时将历经280年苦心经营、凝聚了十几代靖江王心血的靖江王府付之一炬。桂林失守后,孔有德壮烈殉清,清廷破格予以厚葬,并追谥为武壮。其女儿孔四贞出逃后,被孝庄太后收为养女,还"特赐其女食禄,视和硕格格"。

现在的王城,还保留当年的大体格局。整座王城的建筑布局采用的是中国传统中轴对称形式,中轴线上主体建筑依次排列,殿堂巍峨,富丽堂皇。中轴线两侧层叠鲜明,严谨而闲适。其中,承运殿的石阶中间部分是云阶玉陛,雕刻精美,雍容大气。靖江王府充满了浓郁的历史文化气息。整个王城的设计和建设,体现了王府的恢宏大气,雍容华贵,同时也典雅秀丽,幽静怡人。

清朝的科举文化

明朝时期的靖江王府,到清顺治七年(1650年)改为定南王府,至顺治十四年(1657年)又被改作为广西乡试贡院。康熙、雍正、乾隆数朝,贡院得到不断维修和扩建,成为清代中国五大贡院之一,也是西南地区最大的贡院。广西贡院最具规模的时候,有考舍5500间,可供5500名广西学子同时参加乡试。

由于开办学宫,桂林的文教逐步开化,成为广西文化最为发达的地区。体现桂林厚重的历史文化的一个重要方面就是其繁荣发达的科举文化。有史记载,第一个考中进士的桂林人是阳朔县的曹邺,于唐宣宗大中四年(850年)中第,官至洋州刺史,为晚唐著名诗人,现阳朔留有"曹邺读书岩"。

整个科举制度1300余年间,广西一共出了12个状元,桂林占了8个。其中,唐宋时期桂林状元有4个:唐朝乾宁二年(895年)状元赵观文、唐朝天祐三年(906年)状元裴说、北宋太平兴国八年(983年)状元王世则、北宋大观元年(1107年)武状元李珙。清代桂林状元有4个:嘉庆二十五年(1820年)状元陈继昌、道光二十一年(1841年)状元龙启瑞、光绪十五年(1889年)状元张建勋、光绪十八年(1892年)状元刘福姚。

第一个桂林状元赵观文,唐朝乾宁二年(895年)状元,官至翰林院侍讲。赵观文正直不阿,得罪了权臣,后托病辞官归里。清人于凌汉等人在家乡立"赵状元故里"石碑,策励后进,以垂永久。

第二个桂林状元裴说,唐哀帝天祐三年(906年)丙寅科状元及第,这一年裴说和其弟裴谐同时参加考试,裴说高中状元,其弟中榜眼,兄弟俩创造了中国科举史上的奇迹,裴说的诗入选《全唐诗》。

第三个桂林状元永福人王世则,宋太平兴国八年(983年),连续两次殿试都中状元,人称"连科状元"。今鹿寨县雒容镇的白象岩,传说是王世则读书岩。

第四个桂林状元李珙(1085—1126)为武状元,桂林永福县人,宋徽宗大观元年(1107年)参加武举考试,状元及第。

另外,宋代,桂林考中进士者大为增多,共有147人,占广西进士数的一半多。元初科举废止。明代科举复盛,桂林考中进士114人,占广西进士的一半。有学者认为:唐宋清代,学校、贡院设在独秀峰前,就出状元,明代改设别处,就没有出状元,这种现象使人不得不将之与独秀峰的"峍然削成如卓笔然"的形态联系起来。①

清代,广西贡院设于王城。据统计,整个清代广西状元4人,进士为585人(其中桂林府298名,占一半以上)。其中,从顺治十五年(1658年)至嘉庆五年(1800年)间桂林考中进士97人,超过广西进士数的三分之二。而从嘉庆五年(1800年)至光绪三十一年(1905年)科举废止时,105年间桂林有4人考中状元。清代广西科举共出的4个状元均为临桂(今桂林)人,在当时全国各省仅次于江苏、浙江、安徽、山东,名列第五。若按照清代州县进士人数排名,在江苏的苏州府所属的长洲、吴县、常熟三县分别有7个、6个、6个状元之后,就是产生了4个状元的临桂。也就是说,临桂的状元人数在清代全国州县中是名列前茅的。

第五个桂林状元陈继昌(1791—1849),清乾隆朝东阁大学士(宰相)陈宏谋第五代孙。嘉庆十八年(1813年)广西乡试解元、二十五年(1820年)会试会元、殿试状元,为中国科举史上最后一个"三元及第"(清代只有2人),为此嘉庆皇帝赋诗:"大清百八载,景运两三元。旧相留遗泽,新英进正论。"授翰林院修撰,历官江西按察使、山西、直隶、甘肃、江宁布政使、江苏巡抚等职,为官公正廉明、弘文扬教。

第六个桂林状元龙启瑞(1814—1858),道光二十一年(1841年)状元,授翰林院修撰,历官湖北学政、江西学政、江西布政使等。他既精研经义,精

---

① 周长山,漆招进.图说靖江王城史[M].桂林:广西师范大学出版社,2012:158.

通音韵,又善古文辞,兼能书画,有"名儒才子"之称,是清代广西诸状元中唯一名列于《清史稿》者。

第七个桂林状元张建勋(1848—1913),光绪十五年(1889年)状元,授翰林院修撰,历官翰林院侍讲、云南学政、黑龙江提学使,兼民政使。其历官所至,以教化育人为己任,尤致力于边疆文化教育。任官黑龙江期间,共建学堂320所,被誉为"黑龙江近代教育的开拓者"。

第八个桂林状元刘福姚(1864—1910),光绪十八年(1892年)状元,由翰林院修撰,升至翰林院秘书郎,兼学部图书局总务总校,后又担任贵州、广东、浙江乡试考官。其词章在清末文坛中颇享盛名,为临桂词派的主要作家之一。他与张建勋(1889年)成为"一县八进士,三科两状元"的佳话。

王城的正阳门、东华门和西华门上,有三块巨石镌刻的牌坊:三元及第、状元及第和榜眼及第。王城正阳门"三元及第"坊,是为陈继昌而立,由两广总督阮元亲书"三元及第"四个大字。王城东华门"状元及第"坊,刻4名状元:陈继昌、龙启瑞、张建勋、刘福姚姓名。王城西华门"榜眼及第"坊,为桂林士子于建章立,是曾任台湾巡抚的唐景崧等人立,以此来表彰于建章之学,激励后辈。清同治四年(1865年)于建章考中榜眼,所考的这一科的第一名和第三名,即状元和探花都是旗人,他相当于这一科汉人第一名。

由此可见,科举在桂林之盛,桂林科举文化又在广西之盛,且能与内地比肩。广西地处清王朝的西南边陲,文教之不兴也无可厚非,但是作为培养人才而设立的广西贡院却有着历史上的辉煌时刻,在人才选拔中发挥了积极的作用。贡院不仅是科举考试的考场,更是学子们诚心向化、建功立业的重要途径。广西贡院深受独秀峰文脉灵气的洗礼,为古代科举产生大量人才,可谓是文脉的延续。

桂林王城与孙中山

1921年12月至1922年4月,孙中山驻跸王城,在此设立总统行辕和北伐军大本营,筹备北伐大业。他与夫人宋庆龄在此居住了将近半年时间。1921年12月23日,孙中山还在王城会见了共产国际代表马林和中共代表张太雷,听取了马林提出的三个建议:一是改组国民党,联合社会各阶层,尤其是农工大众;二是创办军官学校,为建立革命武装之基础;三是与中国共产党合作。应该说,在王城期间促成了孙中山思想从旧三民主义向新三民主义的转变,为"联俄、联共、扶助农工"三大政策的形成奠定了基础。同时,促成了一文一武两所学堂(中山大学、黄埔军校)的创立。孙中山还在桂林王城发表了三民主义演说、整编了军队、制定了中华民国国旗、颁布了《北伐誓词》等,为以后的国共合作和新三民主义实施奠定了基础。孙中山"起共和而终两千年帝制",是中国近代民主主义革命的开拓者,中国民主革命伟大的先行者,为桂林历史、桂林人民、桂林王城增添了光辉。为了纪念孙中山先生,后来国民政府将他驻跸的北伐军大本营改建为中山公园,在独秀峰下建立了一座中山纪念塔,塔身的三面形状代表孙中山的三民主义。

桂林王城与国民政府

1911年10月,武昌起义爆发,同年11月广西宣布独立,老桂系军阀陆荣廷担任广西都督,命广西省会从桂林迁到南宁。后来,新桂系军阀李宗仁、黄绍竑、白崇禧等人的势力崛起,取代旧桂系,成为统治广西的主要力量。1936年10月,新桂系又将广西省会从南宁回迁桂林,省政府设在王城内。抗日战争时期,1944年至1945年桂林沦陷,王城遭到日本飞机的轰炸和地面部队纵火焚烧,大部分建筑被毁坏,王城变成了一片焦土瓦砾。桂林光复后,广西救济总署拨出专款重建王城内的省政府建筑,1947年广西省政府再次回迁王城。广西省政府办公要地也设在这里。李宗仁、白崇禧、黄旭初都曾在此办公。当时广西省政府主席黄旭初撰并书《重建广西省政府记》,刻成了石碑,镶嵌在当时省政府大门内东侧墙上,碑文云:"独秀为桂林主峰,群山环拱,形胜天然,其麓地势广垲,废殿三楹,石垣周缭,盖明靖江王故宫遗址。其地初为元顺帝潜邸。朱氏南藩始大其基。清康熙间夷为士子考校之场。民国肇造为议坛黉舍者有年。国父孙公为大元帅时道桂。北伐实跸节于此。胜境高华,斯其尚矣。二十五年省治迁复自邕,相地宅都于焉……"因此,独秀峰与王城一直是历朝历代广西的政治、经济及文化中心所在地。

独秀峰与历代名人

在明朝,只有历代靖江王爷才可以登临独秀峰这座皇族宝山,礼祀诸神,祈求身体安康,长命百岁,社稷王位永固。近代登临独秀峰顶的名人有康有为、孙中山、李宗仁、张大千、齐白石、徐悲鸿等。峰顶现有观景平台,登临四望,云生足下,星列胸前,烟云香霭缭绕其间,犹如仙境,真可谓在城中登高远眺,一览数十里之奇胜绝佳之处,故享有"桂林第一峰"的美誉。明末抗金名将袁崇焕登独秀峰所作《咏独秀峰》有云:"玉笋瑶簪里,兹山独出群。南天撑一柱,其上有青云。"明朝的大旅行家、地理学家徐霞客,足迹踏遍了山山水水,虽然在桂林驻足多日,但由于平民身份,虽多番运作却未能如愿登上独秀峰,成为其在桂林的最大遗憾。

桂林王城"112345"

桂林,有两顶桂冠被国务院确定并值得桂林骄傲的是:国家重点风景游览城市与国家历史文化名城,这两顶桂冠,散发出熠熠光芒。我认为,王城就是桂林国家历史文化名城桂冠上的一颗闪耀的明珠。根据我对王城的理解和认识,我认为桂林王城可以用"112345"来概括。

一座山:独秀峰。南朝(424年)文学家、始安郡郡守颜延之,题"未若独秀者,峨峨郛邑间",孤峰突起,陡峭高峻,气势雄伟,素有"南天一柱"之称。独秀峰海拔216米,高66米,306级台阶。

一句话:桂林山水甲天下。南宋嘉泰元年(1201年),王正功在桂林担任广南西路提点刑狱权知府事,宴请桂林中举的学子,席间题"劝驾诗",其中有"桂林山水甲天下,玉碧罗青意可参",从此,此名句广传天下。

二个朝代:明清两代,明代为靖江王城:朱元璋侄孙朱守谦为第一代靖江王,历经280年,传袭王位11代14人。清代为广西贡院:出了4个状元1个榜眼,走出585名进士、1685位举人,堪称读书人的福地,成为中国科举文化重镇。

三位皇帝:历史上有三位皇帝与独秀峰有关:一是南宋第一代皇帝,宋高宗赵构(1107—1187),登基之前,曾兼任桂州静江军节度使;二是元朝的最后一位皇帝元顺帝妥懽帖睦尔(1320—1370),登基之前曾在独秀峰下居住过;三是南明永历帝朱由榔(1623—1662),1647年,蒙尘曾驻跸在王城。

四个状元:一是陈继昌(1791—1849),嘉庆十八年(1813年)广西乡试解元、二十五年(1820年)会试会元、殿试状元,两广总督阮元亲书"三元及第"坊立于广西贡院正阳门之景福楼。二是龙启瑞(1814—1858),道光二十一年(1841年)状元,授翰林院修撰,历官湖北学政、江西学政、江西布政使等。三是张建勋(1848—1913),光绪十五年(1889年)状元,授翰林院修撰,历官翰林院侍讲、云南学政、黑龙江提学使,兼民政使,殿试策论"民以食为天"。四是刘福姚(1864—1910),光绪十八年(1892年)状元,由翰林院修撰,升至翰林院秘书郎,兼学部图书局总务总校,历充贵州、广东、浙江乡试考官。

五大事件:自20世纪以来,王城历史风云变幻:一是1921年孙中山驻跸桂林,将王城作为北伐军大本营,并会见共产国际代表马林,为"联俄、联共、扶助工农"三大政策确立打下基础;二是1936年广西省政府从南宁回迁桂林后的办公处;三是抗战期间,1944年桂林沦陷,王城建筑被废,1947年复建;四是1953年全国高校院系调整后的广西师范学院与中国人民解放军西南军区特科学校校址对调办学;五是新中国成立以来,多位国家领导人到访王城(胡耀邦、吴邦国、贾庆林、李长春、刘云山等)。

对王城的文化定位,王枬教授曾经进行了比较明确的概述,她认为:"作为文化教育的主线,这里有南朝的读书岩、唐代的宣尼庙、清代的贡院、解放后的军政大学及广西师范大学,由此形成了靖江王城的三大文化传统:其一是以南朝颜延之读书岩开创的王城修身文化传统;其二是唐朝李昌巎在独秀峰开办的广西第一所府学开创了王城教育文化传统;其三是清朝变王府为广西举行乡试考举人的贡院开创的王城科举文化传统。这一切使靖江王城成为桂林当之无愧的一张历史文化名片。"

2019年10月写于北京大有庄
2020年2月改于桂林

桂林王城与师大

王城与教育的关系源远流长,有着千丝万缕的联系。除了古时候的学宫、清代的贡院外,民国时期(1912年)广西第二师范学校在王城东北角办学,自此王城开启新式教育的摇篮。王城与广西师范大学更是融为一体、密不可分。

广西师范大学发展到今天,现在有王城、育才、雁山三个校区,其中最著名的就是王城校区。明代的靖江王府,清代的广西贡院,民国时期的广西省政府均坐落在此。如今,这里成为全国唯一一个5A级景区的大学校园。根据校史资料记载,我校历史上有两次与桂林王城结缘。

第一次与王城的结缘:抗战回迁后借地办学。

在学校发展历史上,1941年10月重建广西师范专科学校,1942年4月改名为广西省立桂林师范学院,1943年8月又改名为国立桂林师范学院。校址在桂林东灵街一带,后来迁到六合路,在时任院长曾作忠的带领下,师生们齐心参加建校,修建了较为完备的教学场所,同时还办起了附中。然而,抗日战争期间,随着日军进犯长沙,1944年6月,桂林城开始了第一次紧急疏散,国立桂林师范学院也奉教育部之令迁移,先后迁至柳州三江丹洲、贵州平越等地。抗战胜利后,1945年11月,曾作忠率部分员工先回桂林筹备迁返事宜,见六合路校址荡然无存,便向省政府申请迁至王城(省政府旧址)办学并获准。曾作忠率领师生员工迅速清理废墟,修缮教室,同时续招新生和保送生300名。11月25日,曾作忠主持召开了桂林分部一年级的开学典礼,这标志着我校前身国立桂林师范学院开启了在王城办学的历史,此乃第一次与王城结缘。

随后，曾作忠着手把原先疏散在贵州平越的师生迁回桂林王城。1946年1月26日，师生员工全部抵达桂林。然而，没过几个月，教育部一纸训令，命国立桂林师范学院迁往南宁。究其原因，当时的国统区各地掀起了"争取和平、民主，反对内战独裁"的民主运动，而桂林师院也成为广西省内呼吁民主的一支重要力量，被外界称作"西南民主堡垒"。当时广西的几所高校都在桂林，桂林师院学生与国立广西大学、省立医学院、省立艺术专科学校、西南商业专科学校等校联合开展爱国民主运动。当局为了削弱桂林的民主力量，分化瓦解学生运动，便决定把民主运动最活跃的桂林师院迁往南宁，与其他高校分离。虽然师生们极力反对，但为了保存实力，桂林师院最终于1947年2月全部迁至南宁，随后被改名为国立南宁师范学院。

第二次与王城的结缘：与解放军西南军区特科学校对调。

新中国成立以后，国立南宁师范学院于1950年2月被并入广西大学，成为其中的文教学院。当时的广西大学坐落于桂林市郊将军桥一带，于是，师院又迁回了桂林。1953年，全国高校院系调整，广西大学奉命撤销，以原广西大学文教学院、理学院的部分教师及师范专修科全体学生为基础组建为我校前身广西师范学院，校址仍在将军桥校区。1953年11月，中共中央决定将广西师范学院校舍与坐落于王城的中国人民解放军西南军区特科学校校舍对调。当时负责筹建师范学院的校领导考虑到校址对调会影响师院的办学和发展，于11月25日向中南高等教育管理局、中南教育局、中央教育部递交报告，认为不换校址为宜。中央出于大局考虑，认为将军桥校区更便于保密和管理，是部队训练的理想场所，是中国人民解放军西南军区特科学校亟须的军事训练基地，因而仍决定将两校校址互换。于是，学校根据上级的指示，开始了对调迁校的准备工作，并组织学校师生开展王城的基建、维修等工程建设工作。1954年8月，广西师范学院从将军桥校区全部搬进王城校区。这也是我校第二次与王城结缘。从此，广西师范学院在王城扎下了根，王城也成为师院未来发展的福地。

1983年，广西师范学院正式更名为广西师范大学并举行挂牌仪式。从此，"广西师范大学"校名牌匾便挂在王城正门上，直至今日。

学校这两次与桂林王城结缘奠定了在王城办学的基础：1946年1月到1947年2月，桂林师范学院时期，学院从贵州平越（抗战时期西迁）返回桂林时借用王城办学;1954年8月至今,用将军桥校区与王城对调,在王城办学。至今,我校在王城办学的时间已近70年。这些年来,在王城办学的院系和专业有:历史系,从1954年至今一直在王城办学;政治系,从1960年到1997年在王城办学;数学系,从1954年到1985年在王城办学;教育系,从1981年成立,1983年第一届招生,到2000年在王城办学;化学系,从1954年到1981年在王城办学;物理系,从1954年到1997年在王城办学;艺术系,从1996年到2002年在王城办学,到2002年撤销艺术系,分别成立美术系和音乐系,美术系和音乐系一直到2011年和2010年才搬离王城到雁山校区。

另外,中文系除了1954年到1957年在王城办学外,1957年到1976年在叠彩山、猫儿山校区办过学,1976年才搬至育才校区;外语系,20世纪50年代曾在王城办学,1958年到1976年在猫儿山、叠彩山校区办学,1976年搬至育才校区。还有两个系,从来未在王城办过学,一是生物系,1958年到1976年在猫儿山、尧山校区办学,1976年搬到育才校区办学;二是体育系,1973年到1976年在尧山校区办学,1976年搬到育才校区办学。这些系和专业都是办学历史比较长的,至于后面发展起来的一些新专业,主要集中在育才校区和雁山校区。

学校的行政中心近70年有三次变迁:从1954年8月到1985年3月一直在王城,承运殿作为学校主办公楼;在三里店原越南学校旧址基础上,1976年起,部分系陆续搬到育才校区办学,1985年3月,学校行政中心迁移到育才校区;第三次搬迁是2019年2月,学校的行政中心从育才校区搬迁到雁山校区。

目前,学校有王城、育才、雁山三个校区办学,办学历史最长、最值得校友留念的仍然是王城校区,她已经成为师大人的精神标志。在恢宏大气的王府里办大学,在中国,甚至在世界上也是绝无仅有的。王城深厚的历史文化底蕴为我校的发展提供了肥沃的土壤,同时,我校也为王城历史文化命脉的延续注入了新的活力和内涵。

2019年10月写于北京大有庄
2020年2月改于桂林

独秀精神与大学文化

　　大学精神是表现于精神层面的大学特质,它像空气般弥散于校园文化之中,体现在大学的物质生活与精神生活中,融进大学的历史与现实、思想与行动,引领校园文化价值取向,支持校园文化塑造,具有深刻的穿透力、渗透力和影响力。在高校这个特定的空间中,大学精神转化为大学人的自觉信念和理想追求,内化为大学人的情感、道德和意志,形成心理定式和行为习惯,并逐步演变为一种生活方式。在校园文化中,可以看见内化于大学人灵魂中的大学精神的闪光,大学精神塑造了大学校园的文化特征。那么,广西师范大学的大学精神是什么?经过多年的发展、积累,多位专家学者的提炼、总结,将"独秀精神"作为学校大学精神的其中元素,我觉得是合适的。

　　我曾在2019届学生毕业典礼致辞中说:"学校王城校区的独秀峰,孤峰突起,气势雄伟,有'南天一柱'之美誉,它是学校'独秀'精神的文化象征,是广西师大存续发展的文化基因,也是学校精神文化和价值取向的担当。"2019年国庆节,一位前国家领导人到王城校区视察时,我曾经专门陪他登上独秀峰。他说40年前,作为大学生,参加暑期夏令营在王城校区住了几天,对王城印象颇深。我陪他到民国时期铁血大律师吴迈先生在独秀峰题词"卓然独立天地间"的石刻碑前,讲解我校"独秀"精神的内涵,阐释作为我校大学精神的内在价值:"独秀"是具有丰富内涵的广西师范大学的精神符号,一方面是"独秀"二字来源于矗立在王城校区的"独秀峰"而得名,另一方面是南朝宋颜延之在独秀峰下读书岩读书而赋予"独秀"读书的象征意蕴,更重要的是"卓然独立天地间"所传达的"独秀"气韵。我校在王城办学近70年,逐渐形成"独秀"的大学精神和文化,已成为我校的一种文化符号。

他听了以后,给予了高度肯定和评价,他说:一所地方大学具有这样深厚的历史文化底蕴和大学精神,实属难得,应当好好发扬光大。我认为,在学校近90年的办学中,"独秀"已经成为广西师大人身上所具有的独树一帜、卓尔不群、追求超越、勇于创新的内在气质及独特内涵,且这种特质在广西师大发展历程中得到不断传承,学校秉承优秀的教学传统,强调在当代教育中寻找先锋精神,力求成为师大人随着时代脉搏探寻独秀精神的重要载体。师大的文化就应该是桂林城的主峰独秀峰,应该有"南天一柱"的气质,以卓然独立天地间的气魄撑持桂林的文化高度。经过多年的积累,除了校徽、校歌外,学校还形成了"独秀"系列品牌。

校徽。广西师范大学校徽设计就特别突出"独秀"精神,中间是由独秀峰和王城校区正门组成的图案,主体结构左右对称,与王城校区建筑风格一致,体现学校历史悠久、文化深厚;中间的独秀峰高耸挺拔,层次分明,轮廓清晰,在线条的搭配及勾勒下,犹如熊熊的火焰在跳跃,将校园映衬得格外艳丽,寓意学校的事业蒸蒸日上,充满活力;与正门组成的图案,像一把燃烧的火炬,象征学校薪火相传,追求卓越;整座山峰在天空的衬托下,形成一种高远而博大的空间美,象征校园海纳百川、和谐并包;秀丽的凉亭独傲峰顶,为巍峨挺拔的独秀峰增添了生机,寓意师大人艰苦奋斗、勇攀高峰;内圆环紧套正门和独秀峰,犹如一轮红日照耀学校,象征着学校全体师生员工齐心协力,共创辉煌;学校的正门敞开,预示学校放眼未来,开拓进取。

校歌。校歌《育才之歌》,每次唱时内心总会激情澎湃,歌词唱道:"独秀苍苍,岁月茫茫;聚山水灵气,树华夏栋梁。王城学府传古韵,灵魂工程谱新章。"歌词描绘了校园中的独秀峰以及独秀精神,坐落在独秀峰下的广西师范大学具有"岁月茫茫"的悠悠历史,秀丽山水养育一代又一代学子,培养了一批又一批祖国的栋梁。古王城几百年的办学历史,积淀了中国传统的优秀文化;今日的师大,发扬光大,在这块土地上谱写新的篇章。2017年年末,在由中国教育电视台、中国电视艺术家协会联合举办的第二届"最美校歌"推优活动中,我校校歌《育才之歌》在全国报送的近千首校歌中脱颖而出,获得"十佳校歌"奖,我校是西部高校中唯一获奖高校。校歌反映出一所大学的精神,一个学校的大学文化。因此,每当学校举行开学典礼、毕业典礼、运动会、教代会、学代会等会议或活动时,都要齐唱校歌,这既是一种必要的仪式,又是一种爱校教育。

"独秀大讲堂"讲座。我记得"独秀大讲堂"是在2003年由教务处与校团委共同针对校园文化素质讲座而创办的。当年创办这个讲堂,主要针对全校大学生,请校内外的一些名家开办讲座,由教务处提供经费,由校团委组织讲座,算是首次以"独秀"命名的一个文化品牌。讲座开办后在全校产生了很好的影响,发展到今天,形成涵盖哲学、历史、文化、艺术、文学、科普、社会、经济、生活等系列化、模块化的精品讲座,凡是在广西师大毕业的学生,都聆听过"独秀大讲堂"的讲座,受到过人文熏陶,她已成为一个校园文化品牌,同时在地方高校产生了一定影响。

独秀作家群。"独秀作家群"是在2010年举办的独秀作家群研讨会上首次提出,由曾经在广西师范大学各个时期不同办学阶段求学、任教的作家组成,是一个以大学为依托的作家群体,与大学共生、共存、共荣,在学校近九十载的春秋中随着历史的脉延不断前进。民国时期的第一代"独秀作家群"成员以陈望道、夏征农等为代表,他们以教师身份将新文学向广西传播和推广,使地处边疆的广西直接领略了新文学的风景,获得了文学现代性的启蒙。社会主义革命和建设时期,以林焕平、贺祥麟等为代表的第二代"独秀作家群"成员作为广西文坛的主流作家,实现了广西作家本土化,他们鲜明的广西地域文化特质,也为中国新文学注入了新的元素。改革开放时期以张燕玲、黄咏梅为代表的第三代"独秀作家群"成员无论在创作方法还是在审美形态方面,都表现出多元化的姿态。从雁山园到将军桥,从将军桥到独秀峰,从独秀峰到三里店,从三里店又回到雁山园,三代独秀作家群的文学接力薪火相传,生生不息。这一作家群落在广西乃至全国文坛有着积极的影响和贡献。

独秀实验班。"独秀实验班"始于2011年启动的"独秀本科生培养计划",该计划依托学校在教师教育、基础学科、应用学科等方面所具有的优势和特色,以教育部"卓越计划"和"珠峰计划"为导向,通过分别设立教师教育、应用学科和基础学科"独秀本科生培养计划试验班",优化本科人才培养模式及运行机制,探索构建高等教育大众化背景下拔尖人才的教育培养路径,着力培养和造就一批具有较强创新能力和发展潜力的教师教育、基础学科和应用学科领域的拔尖人才,首批试点的有"教师教育""计算机""化学"

和"科学教育"四个独秀实验班。几年来,通过这个独秀实验班培养了一大批具有创新精神和能力的本科人才。

独秀书房。2016年10月,在我的倡导和推动下,广西师范大学出版社旗下第一家"独秀书房"校园实体书店在我当时所在的玉林师范学院落户。对于创建在大学校园里的"独秀书房",我对它寄予了我对校园书店的所有想象与期待:一是由于"独秀书房"的读者群体是大学生,书店的建设应该充分体现学术性、人文性、专业性等特点,提供给读者的书籍也要有选择性和针对性,要特别突出其人文特点。二是"独秀书房"是出版社走进高校开办实体书店创新文化服务的尝试,理应成为高校和出版社之间的纽带,特别是高校图书馆选书、采书的前站。三是在书房的功能方面,要具有卖书、买书、读书、藏书、讨论、交流、喝咖啡、上网等功能,同时也是举办文人学术沙龙的理想场所,充分体现我针对高校校园书店首次提出的"人文实验室"概念及其内涵。作为"人文实验室"的校园书店,它的内涵更加广泛,就是一家非营利性的"实验室",学生通过这种潜移默化的熏陶,在"实验室"成长的大学生,自然就具有人文气质、读书品位,达到"腹有诗书气自华"。依托"独秀书房"开展的阅读推广活动不仅为校园营造了浓郁的阅读氛围,也有效激励并发挥高校师生在文化参与、文化创新方面的引领作用。可以说,一所大学里浓厚的阅读文化氛围的营造,必须有一些高品质的书店,"独秀书房"就是这样高品位的书店,这也是留给大家的校园文化记忆里很重要的一部分。目前在广西师范大学校园内建有旗舰店、育才店和雁山店三家独秀书房,成为学生最喜爱的打卡地。

《独秀之友》刊物。《独秀之友》是学校校友会针对校友创办的一份刊物,创刊于2007年。记得当时我刚好分管学校校友会工作,许多校友提出,我们应该有一份针对校友工作的刊物,于是就筹办起来。至今为止,已经办了20多期,已成为学校与校友联系的一个纽带。《独秀之友》的卷首语中说:"独秀峰是我们学校的标志,她平地拔起,笔直向上,卓然不凡;她老而弥坚,老当益壮,不坠青云之志;她栉风沐雨,喜迎阳光,永远生机勃勃。只要看见她,我们就会很自然地想起我们的学校,想起她几十年的沧桑岁月,想起她虽遭风雨冲刷仍然巍然挺立、顽强不屈的性格。我们之所以把这个刊物取名为《独秀之友》,主要是想构建一种深邃,引出人们一些联想。"《独秀之友》是联系校友的平台,以"弘扬母校传统、传播母校信息、报道学校业绩、联络校友感情"为宗旨,共谋母校发展,共创母校辉煌。近些年,在王城、育才、雁山三个校区分别建立了名为"独秀之家"的校友俱乐部:王城咖啡、红豆小馆、雁咖啡,这将成为校友的精神家园。

"独秀青年"公众号。"广西师大独秀青年"是在校团委指导下,由教育部大学生网络文化工作室——共青团独秀新媒体中心管理运营的官方微信公众号。自平台建立以来,积极以"独秀"为运营理念,贴近青年,打造"独秀青年"和"独秀视觉"等品牌栏目,深受青年学生的喜爱;服务青年,凝聚青年,紧跟时代步伐,利用自身技术开发优势,推出"独秀探秘""独秀拾音"等特色栏目。通过多形态表达方式,全景式记录美丽校园,全方位彰显师生主体地位,凝聚学校青年,传播校园正能量,彰显学校的独秀精神,为广大师生提供便利、丰富的校园服务。在中国青年报社主办的"全国高校新媒体评选"活动中,"广西师大独秀青年"多次荣获全国高校新媒体"运营创新奖"。

除此以外,学校创办的卓然小学,其名字就来源"卓然独立天地间",其办学理念反映出独秀的精神文化;学校还有以"独秀"命名的大学生思政教育网站"独秀网"、"独秀学工"公众号、"独秀队"足球队等等,在学校传承一种独秀文化和精神。

在《大学校训与大学精神》一文中我认为:"一所大学能留给后人的只有两样东西:大学精神和建筑,但只有精神才是永恒的、可传承的。然而,大学精神需要历史的积淀,数代人的不断努力和积极进取。大学精神就是一所大学的灵魂,是一所大学对历史的继承与对未来的执守,她彰显着大学精神的实质,反映着大学文化的传统,激励师生继承大学传统,光大大学精神。"

从王城的历史发展看,它曾是广西政治文化中心,它代表着桂林乃至广西的历史和文化高度;从王城的文化发展看,无论是读书岩、科举贡院、大学办学,都与教育有着密不可分的关系,是广西古代和现代教育辉煌时期的代表;从王城的现状看,它既是广西师范大学的办学地,又是广西师范大学"独秀"精神的发源地和形成地,是一代又一代广西师大人的精神家园。

2019 年 10 月写于北京大有庄
2020 年 2 月改于桂林

卓然独立天地间

人说:阅尽王城知桂林。在桂林求学、工作30多年,无数次登独秀峰,因为她就在学校的王城校区内,好像心理上她就是属于我的,因此,平常也就没有太多地留意。曾经有两次特殊时期(2003年春"非典"时期,2020年春"新冠"疫情时期),独秀峰王城景区"封城",有独自一人登独秀峰之机,颇有"一览众山小"之感。独登独秀峰,才有机会细细品味此时此刻这属于我的"独秀峰",梳理一下她的历史和内涵。

如果说靖江王城是桂林历史文化的一颗璀璨的明珠,那么独秀峰就是这明珠上最耀眼的光辉。独秀峰是山形秀美的桂林山水的代表。独秀峰与王城是自然山水风光与历史人文景观交相辉映,自古以来就有"城中城"的美誉。独秀峰史称"桂林第一峰"。山峰突兀而起,形如刀削斧砍,周围众山环绕,孤峰傲立,有如帝王之尊。独秀峰山体扁圆,东西宽,端庄雄伟,南北窄,峭拔峻秀。峰顶可鸟瞰桂林城全景,山上建有玄武阁等,山下有月牙池。独秀峰西南面有一条盘旋而至峰顶的石阶小路,登峰极目远眺,只见群山环抱,江水环流,楼寓新厦,星罗棋布,令人心旷神怡,如入仙境。清代诗人吕璜重阳登峰吟道:"凌空斗绝一峰苍,丹垩鲜明出上方。山自众中推独秀,客从秋后展重阳。略穷桂海吟眸豁,渐近云霄风力刚。料得骖鸾无藉在,欲招仙子共翱翔。"故古人写道:"盖城中登眺,以揽数十里之奇胜,莫如此峰。"

独秀峰山上的一幅幅摩崖石刻展现了桂林的历史。摩崖石刻是在天然的山崖石面上直接雕刻的文字、图画或造像。自唐代以来,独秀峰吸引了历代文人墨客把俊美的文字刻于石壁上面。攀登独秀峰,欣赏摩崖石刻,可以感受到深邃的桂林历史文化之美。独秀峰摩崖石刻星罗棋布,从唐代建中元年历经宋、元、明、清、民国等历史时期。经过历史专家考证,独秀峰共有摩崖石刻163件,现存的摩崖石刻仅为104件。我想,其中有几件最具有代表性和故事性。

峨峨郛邑间。南朝宋元嘉初(424年),颜延之在始安郡(即桂林)做太守时,题诗"未若独秀者,峨峨郛邑间",这两句诗成为独秀峰的命名来源,颜延之为独秀峰南麓的岩洞留下"颜公读书岩"。清代著名文士、抚粤使者梁章钜榜书"峨峨郛邑间"5个大字。颜延之在桂林做官时间并不长,但他对桂林开启读书、教化之风影响颇深。如今,桂林市文化部门在独秀峰下面立颜延之塑像,以纪念颜延之。当时有三个立像方案征求我的意见,我建议用如今的面朝独秀峰的方案,这更能体现对颜延之的尊重。独秀山又名紫金山,清道光二十五年(1845年),张祥河于山之东麓题有"紫袍金带"4个大字,晨曦夕照,山披上太阳的光辉,俨然一位紫袍玉带的王者,故又被称为"紫金山"。唐张固诗谓"孤峰不与众山俦,直上青云势未休",这就是独秀峰那介然兀立的气势。

颜公读书岩。颜延之常在独秀峰下岩洞内读书写诗,洞曰"颜公读书岩"(宋元祐五年,即1090年,桂州太守孙览书刻"宋颜公读书岩"),位于独秀峰东麓。唐代监察御史郑叔齐作文《独秀峰新开石室记》记述其事,唐建中元年(780年)刻于独秀峰读书岩,这是桂林石刻中关于山水开发和庙学创立的最早记载,颜延之咏独秀峰的诗句也因此文而得以传世。同时,郑叔齐还记载唐代桂管观察使兼御史中丞李昌巙在读书岩前对荒芜多年的岩洞进行整修,建宣尼庙、辟学宫于岩前,以激励学子,成为桂林的第一所府学。这里是岭南文教的发源地,是桂林历史文化名城的奠基。

桂林山水甲天下。南宋庆元、嘉泰年间担任过广西提点刑狱并代理靖江知府的鄞县(今浙江宁波)人王正功,于宁宗庆元六年(1200年)到桂林上任,并于读书岩前留下"劝驾诗":"百嶂千峰古桂州,乡来人物固难俦。峨冠共应贤能诏,策足谁非道艺流。经济才猷期远器,纵横礼乐对前旒。三君八俊俱乡秀,稳步天津最上头。桂林山水甲天下,玉碧罗青意可参。士气未饶军气振,文场端似战场酣。九关虎豹看勍敌,万里鹍鹏伫剧谈。老眼摩挲顿增爽,诸君端是斗之南。"自此,"桂林山水甲天下"名传天下。之前它的出处有不同的争议,直至1983年才被发现于独秀峰读书岩上的这首劝驾诗石刻确证。

南天一柱。唐代诗人张固咏之"孤峰不与众山俦,直入青云势未休。会得乾坤融结意,擎天一柱在南州"。独秀峰素有"南天一柱"的美誉,是靖江王府后花园里的天然靠山。山峰突兀而起,形如刀削斧砍,周围众山环绕,孤峰傲立,有如帝王之尊。登山306级可达峰顶,是鸟瞰桂林全景的最佳观景台。"南天一柱"刻于独秀峰东面,单字径约一丈,是桂林2000余帧摩崖石刻中字体最大的石刻。

"福"文化。独秀峰崖壁上的"福"字,是清代著名书法家郭司经1866年所书,看起来,左边是一位拄着龙头拐杖的寿仙翁,右边是一位跪在蒲团上祈福的少女。这幅石刻人称"醉有福",据说是在郭司经醉酒时手持三支毛笔一气呵成,内含福、禄、寿、喜四字,字态优美而寓意深刻,字中带画,寓意福寿双全。常说的"五福临门",指的是长寿、富贵、无病、子孙满堂、善终。这个"福"字受到达官贵人和平常人家的喜爱和推崇。郭司经还于山之东麓题有用行草书写的"福如东海长流水,寿比南山不老松"的对联。1881年,郭司经的一个"寿"字被刻在独秀峰西北山脚下。

"寿"文化。慈禧手书"寿"字刻于独秀峰南麓,乃是1895年慈禧六十大寿时书赠广西巡抚张联桂的回礼。当年是中日甲午海战中国战败之年,张联桂为炫耀慈禧之厚爱,将慈禧的题字镌刻于此,特照原样"钩模刊石于独秀山之阳",石刻上方有"慈禧皇太后御笔之宝"的印章。不论"寿"字还是"福"字,都是一种吉祥,一种祝愿,都表达了人们所向往的"寿比南山""福如东海"的美好愿望。在独秀峰上有"福"字又有"寿"字石刻,因此独秀峰在民间又被称为福寿山,如此迎合民间信仰的石刻,使独秀峰吸引了无数的游人。

《独秀峰》。清代诗人袁枚有《独秀峰》,诗云:"来龙去脉绝无有,突然一峰插南斗。桂林山水奇八九,独秀峰尤冠其首。三百六级登其巅,一城烟水来眼前。青山尚且直如弦,人生孤立何伤焉?"该诗表达对独秀峰高峻笔直、突兀参天、凌寒而立、不与世间俗物同流的赞誉,这是一种孤高自守的情操,清高耿正,虽然孤立,却伟岸而不朽。

孔子刻像。1345年,元代桂林官员丁方钟在读书岩上又刻上孔子像,显示朝廷对文化教育的重视,是桂林石刻中不可多得的圣人刻像,刀法圆润,线条简洁,极为传神。记述刻像情形的《孔子造像记》出自丁方钟同代人黎载之手。

卓然独立天地间。独秀峰下石刻碑,有民国时期铁血大律师吴迈先生在独秀峰的题词"卓然独立天地间"。唐代郑叔齐《独秀峰新开石室记》道"不籍不倚,不骞不崩,临百雉而特立,扶重霄而直上"。独秀峰不凭借谁,老成持重,直上青云。因此,广西师范大学在独秀峰下多年的办学,逐步形成"独秀"精神,其内涵为:独树一帜、卓尔不群、追求超越、勇于创新。

月牙池。月牙池是明代靖江王府利用泉水开凿而成。池上建有曲栏水榭,池畔垂柳依依。月牙池位于独秀峰东北,此处原有独秀泉,因泉凿池,形如月牙。月牙池,桂花庭落溶溶月,柳絮月池淡淡风,为王府御花园一景,十分优美。月牙与圣母、春涛、白龙并称桂林四大名池,可惜其他三大名池随着历史的变迁已被填埋。

中山纪念塔。位于独秀峰东麓、月牙池畔。1921年12月,孙中山在王城会见了共产国际代表马林,孙中山的思想发生重大转变,王城是孙中山先生"联俄、联共、扶助农工"思想的孕育地。1925年9月,国民党著名人士白崇禧、刘斐等,特将孙中山先生1921年誓师北伐驻跸的北伐军大本营改建为中山公园,修建仰止亭和"中山不死"纪念碑。塔身呈三角形,五级踏阶,象征着三民主义和五权宪法,三面分别题刻"中山不死""总理遗嘱""主义常新",塔旁仰止亭西还立有廖承志书写的"中山常在"石碑。

独秀峰蕴藏着很多历史和故事,作为敬仰者和心理"拥有者",对她心怀崇高敬仰,深深眷爱,乃至顶礼膜拜。千百年来独秀峰独立而无倚,正直而无私,纯洁而无邪的精神,正是独秀峰最令人崇敬的地方。独秀峰以其"南天一柱"的美好形象赢得了古代文人学士的钟爱,"高标独秀""拔地参天""卓然独立天地间""昆仑天柱立"的诸多题刻,不仅是赞美独秀峰的自身形象,表现出历代文人对正直无邪、坚定不移的道德品质的敬慕与追求,也成为完美人格的象征,成为真善美的化身,同时也成为人们游览登临、追求人与自然和谐统一的理想境地。这就是独秀峰的人文精神所在。

回望独秀峰,卓然独立的精神气质,孤峰不傍的高尚品格,南天一柱的伟岸形象,一直熏陶和孕育着在这里办学数十年的广西师范大学,形成她独有的内在气质及独特内涵——"独秀"精神和文化:独树一帜、卓尔不群、追求超越、勇于创新。

传承和发展"独秀"精神和文化理当是我辈的责任和使命。

2020 年 1 月 30 日记于桂林

师大故事与文化记忆[①]

在学校86周年校庆之际,共同见证"独秀书房·育才店"的落成与开放具有特殊的意义。这也是对校庆的一份特别献礼。走过了86年的历史,86载峥嵘岁月,春华秋实,留下了许许多多有趣的历史和故事,广西师大因此充满着无穷的魅力。今天,借校庆纪念活动之一的"独秀书房"开放活动以及独秀书房首场文化沙龙的机会,我和大家就"师大故事与文化记忆"为内容做三方面分享和交流。

大学书店与人文实验室

今天很高兴,一是为86周年校庆举办的首场学术沙龙,共同回忆我们师大故事;二是"独秀书房"从创办到今天,终于回归她的母校,今天是她的落成典礼。看到自成一格的精品图书专柜、舒适优雅的阅读环境,我想起在2016年10月,第一家"独秀书房"落户我当时所在的玉林师范学院的情形。当时,我与咱们出版社领导共商,在大学校园里创建一个不一样的实体书店,我对它提出了几点要求,同时也是我认为它应该区别于其他校外书店的地方:第一,由于书店的读者群体是大学生,书店的建设应该充分体现学术性、人文性、专业性等特点,提供给读者的书籍也要有选择性和针对性,要特别突出其人文特点。第二,书房是出版社走进高校开办实体书店、创新文化

---

① 该文是作者于2018年10月12日学校86周年校庆演讲节选,发表在《广西师大校报》2018年10月15日第3版。

服务的尝试，理应成为高校和出版社之间的纽带，要打破现有图书馆的购书渠道单一、图书市场信息闭塞的模式，成为高校图书馆选书、采书的前哨。第三，在书房的功能方面，要具有卖书、买书、读书、藏书、讨论、交流、喝咖啡、上网等功能，充分体现"人文实验室"的特点。这就是"独秀书房"的雏形。作为"独秀书房"的首倡者和见证者，从2016年至今，我见证了"独秀书房"从零起步，逐渐走进广西的多个大学校园，也欣喜地看到它在快速发展的过程中对卓然独秀的文化品质与学人气质的追求与坚持。

近年来，大学教育越来越受到专业主义和实用主义取向的限制，大学教育存在人文教育缺失、人文风气淡薄、功利性教育突出的问题，过于注重专业教育和实用技能的培养，忽视人文精神的养成。"人文实验室"是什么呢？这是我针对高校校园书店首次提出的一个新概念。我们的大学有许许多多理工科的实验室，却没有"人文实验室"。传统的书店以卖书为主，具有一定的营利性，而作为"人文实验室"的校园书店，它的内涵就更加丰富了，学生在这里，除了卖书、买书外，还有读书、藏书、讨论、交流、喝咖啡、上网等功能，它就是一家非营利性的"实验室"，学生通过这种潜移默化的熏陶，在"实验室"成长的大学生，自然就具有人文气质、读书品位，达到"腹有诗书气自华"。另外，一所大学，除了图书馆、教学楼、实验楼、学术楼外，应该还有一个品质高雅的书店，它是一所大学品味、文化、历史的象征，同时也是大学这座象牙塔的文化标志，也是学生毕业若干年后寄予母校情怀的留念之地。这就是我大力倡导在校园建设"独秀书房"并举行一系列文化沙龙的原因。

此外，依托独秀书房开展的"观文馆"阅读推广活动不仅为校园营造了浓郁的阅读氛围，也有效激励并发挥了高校师生在文化参与、文化创新方面的引领作用，以阅读促进文化传承，在助力书香校园建设之时，为书香社会建设贡献了一定的力量。可以说，一所大学里浓厚的阅读文化氛围的营造，必须有一些高品质的书店，独秀书房就是这样高品位的书店，这也是留给大家校园文化记忆很重要的一部分。

校庆的意义和价值

有学者提出大学校庆"蕴含着学校独有的文化追求，通过梳理大学悠久的办学历史,总结办学经验,继承大学传统,重塑大学文化"。可以说,大学校庆作为学校成立周年纪念仪式活动,通过举行校庆典礼、编写校史、回忆录,举办校史和办学成果展览、各种学术论坛,发表演说、报告,以及组织各种校庆文体活动等,能够宣传大学辉煌的办学历史和成就,展示大学的形象,描绘更加灿烂的未来,增强在校师生的自豪感和使命感,增进校友对母校的认同感和归属感,增加公众对学校的认知度,扩大学校的知名度和美誉度,积蓄学校再创辉煌的力量。

德国学者阿斯曼认为,所谓文化记忆就是一个民族或国家的集体记忆力,所要回答的是"我们是谁"和"我们从哪里来、要到哪里去"的文化认同性问题。任何一种文化,只要它的文化记忆还在发挥作用,就可以得到持续发展。大学自身的文化传统以庆典仪式来表达,通过庆典仪式铭记大学的传统,强化大学的价值观,传承大学的精神文脉。校庆是大学文化记忆的重要形式,大学文化通过这种庆典仪式来体现自身的价值,并走向繁荣。因此,离开了对大学办学历程中文化的追寻和总结,校庆是缺少深度的;同样,在总结大学文化的过程中没有借校庆来加以弘扬和培植,也是不足的、有缺憾的。

我在《中国大学十大演变》一文中将中国大学发展分为"两大阶段、六个时期、十大演变"。严格说来,中国现代大学制度的兴起、形成和发展才100多年历史。我认为,这百年大学发展史中,可分1949年前和1949年后两大阶段。1949年前大体为三个时期:洋务学堂的兴起、清末初创时期、民国时期;1949年后也大体分三个时期:新中国建设期、改革开放期、大发展时期。每所大学的发展历史,不同时期有不同的文化内涵,丰富的历史变迁蕴藏着珍贵的办学经验、文化传统和人文精神,是大学最宝贵的精神财富。大学传统是看不见摸不着的,必须通过一定的形式把它固化起来。举办校庆庆典仪式,可以传颂大学人追求真理、培育英才的动人佳话,总结办学过程中取得的辉煌成就和教训,展示对未来发展的憧憬与追求,使大学文化代代相承,成为大学的文化记忆,师生和校友一生的瞩望。大学通过这些文化记忆建构起自己的身份,促进文化自觉,进而形成文化自为。因此,大学校庆应该成为大学铭记传统、展望未来的重要载体。

师大故事与文化记忆

北大学者陈平原曾说:"对于大学而言,积累资产,积累大楼,积累图书,同时也积累故事。对于一所历史悠久的大学来说,积累故事其实很重要。因为,这是一代代学生记忆里最难忘怀的。几十年后,诸位重新聚会,记得的,很可能是一些无关紧要的琐事,以及校园里有趣的人物,而不是老师们讲授的具体课程。"师大86年的历史岁月中,留下了很多故事和人物。今天我和大家主要分享五位人物的故事。

第一个是首任校长杨东莼先生的故事。

1932年10月12日,广西师专隆重举行开校暨校长就职典礼,我们的校庆日为每年的10月12日,也是从这里来的。在典礼上,校长杨东莼(1900—1979)说:"我们这个学校办在广西,是用广西人民的膏血来办的,将来你们出校是要替广西社会服务的,所以我们这个学校的根据就在广西。"我在2018级新生入学典礼上回忆了这一段历史:在就职典礼上,杨东莼提出了师专是"建设广西之柱石"的口号,并指出,要"改变传统学习方法,改变依赖教科书的习惯",要"即知即行""教学做合一"。杨东莼高度重视团体训练,他指出:"团体训练是师专学校的根本精神,是师专学校一切活动的灵魂。"同时,他还特别强调实施"自由研究"的办学方针。今年86周年校庆日将在雁山校区图书馆举行杨东莼塑像落成揭幕仪式,同时我还主张将杨先生提出的"建设广西之柱石"办学理念镌刻在学校办公楼的大厅里,在我看来,他建校之初提出的办学思想,至今没有过时,因为我们现在办学的目标也是服务国家和广西的经济社会发展,也是成为"建设广西之柱石"。当时,杨先生所提出的"要替广西社会服务"的办学思想,与上世纪80年代我国著名高等教育家潘懋元先生所提出的教育内外部规律一脉相承,即:教育内部关系规律是教育必须尊重人的全面发展要求的规律;教育外部关系规律是指教育必须与社会发展相适应。可见,我们的老校长当时的办学思想具有相当的前瞻性和远见。

第二个是文学科主任陈望道的故事。

1935年9月至1937年7月,陈望道(1891—1977)任教于广西师专、广西大学文法学院，担任文学科主任，主讲修辞学与中国文法。他曾积极提倡新文化运动，任《新青年》编辑，1927年起在复旦大学任教。后来做了复旦大学校长、民盟中央副主席等。陈望道最有影响的事是他最早翻译出版了《共产党宣言》。为了传播真理，他1919年底毅然返回故乡义乌分水塘村，在一间破陋的柴屋里，克服寒冷等多种困难，夜以继日地翻译《共产党宣言》。1920年8月《共产党宣言》中译本正式出版，对当时传播马克思主义影响颇大，深受读者欢迎。2012年11月29日，习近平总书记在参观《复兴之路》展览时讲的一个红色故事"真理的味道非常甜"，指的就是陈望道翻译《共产党宣言》时在家里奋笔疾书，全神贯注，吃粽子时，本要加红糖水，结果错加了墨水，他浑然不觉，还说"可甜了，可甜了"。1935年8月，为避免上海的白色恐怖，陈望道应邀到广西师专担任中文科主任。1935年9月初，广西师专举行盛大的开学典礼，典礼上，新上任的文学科主任陈望道身着酱色长衫，气质温文庄重，上台作了题为《怎样负起文化运动的责任》的演讲。陈望道的演讲言简意深，给师生以反封建的启示和号召。在校期间，他组建剧团，支持创办《月牙》刊物，大力推广新文艺活动，传播进步思想。同时，他借《桂林日报》开出每周一期专栏《文艺周刊》，发表了学生的新诗、散文、短篇小说、文艺短评和翻译作品，也为师生们津津乐道。因此，就是由于陈望道先生，我校与复旦大学还有一层亲戚关系呢。

第三个是胡适游雁山园的故事。

胡适（1891—1962），著名学者、新文化运动的领袖之一，美国哥伦比亚大学哲学博士。1932年，当时他任北京大学文学院院长，1935年1月，胡适应邀来广西旅行、讲学，共待了15天，其中在桂林停留了5天，胡适游览了桂林城区的风景名胜，如独秀峰、七星岩、龙隐岩等景点，也乘船游漓江，游览阳朔。从阳朔回桂林的路上，应邀到在雁山的广西师专做了讲演，当天晚饭后由当时的校长罗尔莱等人陪同夜游雁山园。雁山园内有一岩洞，南北贯穿，胡适游岩洞、赏红豆树后给岩洞取名为"相思岩"，并作诗一首，寄题相思岩："相思江上相思岩，相思岩下相思豆。三年结子不嫌迟，一夜相思叫人瘦。"小诗的语调有点戏仿他前一天在漓江上听到的广西山歌味道。胡适在《南游杂忆》中饶有兴致地记叙了广西师专之游。胡适先生到访学校并作诗、取名等轶事，成为一段佳话。这也是胡适先生与学校唯一一次关联，十分珍贵,于是我特请书法名家黎东明教授以此为内容创作几幅书法作品,存留在学校的公共场所,这也是一种历史和文化的纪念。

第四个是教务长林砺儒的故事。

林砺儒(1889—1977),教育家,毕业于日本东京高等师范学校。1942年4月至1947年间,林砺儒被桂林师院院长曾作忠聘为教授兼教务长,曾作忠也是林砺儒的学生。他除掌管教务行政工作外,还亲自讲授教育概论、伦理学、教育哲学和西洋教育史等课程。新中国成立后,他担任北京师范大学校长、教育部副部长。林砺儒资深卓识,协助曾作忠利用大批进步文化人云集桂林的大好时机,先后聘定教育系主任林仲达、英语系主任陈翰笙、史地系主任陈竺同、理化系主任谢厚藩,还有一大批进步学者和知名人士来校任教。此外,林砺儒还广邀校外的专家学者来作报告,如梁漱溟、白鹏飞、柳亚子、熊佛西、田汉等,扩大师生的学术视野。1944年日军进犯湘桂,桂林师范学院沿桂黔边境转移到柳州三江丹洲、贵州省平越,林砺儒与曾作忠一起带领师生转移,坚持上课和科研,并初步写成《教育哲学》一书。抗战胜利后,他随学校回到桂林,后来桂林师院迁往南宁,他因病回到广州。1947年3月,他为桂林师范学院毕业生题词"既相长于黉宫,愿相忘乎江湖",表达了他与师生历经艰难岁月,建立起来深厚的亦师亦友的师生感情。林砺儒有一句名言:"教育是人格和人格的交感。"他提倡尊师爱生、教学相长。1947年,他辗转到厦门大学任教授,1949年离开厦门大学。1950年至1952年任北京师范大学校长,1952年任中央人民政府教育部副部长,1963年时以教育部副部长身份到访了广西师范学院。为纪念这段历史,我于2018年年初还专门请我校美术学院的数名教授集体创作一幅林砺儒在学校的画像,在访问北京师范大学时赠送给董奇校长,董奇校长非常高兴,他说:林砺儒先生是我们两校的纽带,他联系着两校的历史、文化和情感,也是两校的历史记忆,必须好好珍惜。

第五个是艺术教育系主任伍纯道的故事。

伍纯道(1932—1993),当代书法家。我校艺术教育系首任系主任、教授,广西书法家协会副主席。伍纯道在书法艺术上继承了我国历代书法家的笔法、结构法、章法和墨法等方面的优良传统,功底扎实,凝重浑厚,书路宽广,尤擅长楷书。现使用的"广西师范大学"校名为伍纯道书写。1985年他负责筹建艺术教育系,他用自己在日本举办个人书法作品展所得的数十万元收入购买了一批钢琴和教学设备、图书资料,并全部捐献艺术教育系。他对书法艺术精益求精,对教学认真负责;对学生满腔热情,循循善诱;他求才若渴,关心教师的成长。广西教育厅还专门下文要求对伍纯道的先进事迹和高尚思想,在全区教育战线大力开展学习活动。我本科求学时,伍老师是中文系教授,那可是学校的"明星"。20世纪80年代比较重视文学、书法等文化教育,他经常在学校开书法讲座,可以说是一座难求,因此,那个时期在师大求学后来在书法、文学方面小有成就的校友们,都称自己是伍纯道老师的学生,并以此为荣。至今,在我书房里挂着他为我书写的"宁静致远"条幅,时常让我想起他那为人宽厚谦逊、书艺高古、提携后生的高风亮节形象,也常常鼓励我辈学习他教书育人的高尚品德和诚信踏实的学术精神。

我刚刚讲了五个故事,由于时间关系,只是简单地介绍其梗概,他们还有很多具有细节和温度的故事,可以说,这些故事串起了学校从师专到师院再到师大时期的历史。为了铭记历史,丰富校园校史文化,学校已经决定在雁山校区为我刚刚讲的杨东莼、林砺儒、陈望道、伍纯道塑像,同时还准备为在不同时期为学校发展做出历史贡献的名校长曾作忠、张云莹和名教授薛暮桥、林焕平、钟文典、谢厚藩、陈伯康、赵佩莹塑像。校园文化的积淀是一个个故事和一个个人物历史积累下来的,这样的大学文化记忆因此有了细节,有了生命,有了感动,有了温度。这也是我们每年校庆时刻,需要不断回望的历史和人物,因为这是我们的过去。知晓来路,方知去路;不忘初心,方得始终。

我想,随着时代的进步人们价值观的变化,大学校庆也应该回归到大学教育的本质;以加强内涵建设为根本,内修文化、外塑形象,既展示大学良好的办学形象,也为未来发展积蓄力量,这才是大学校庆的最高目标。

校史中的精神档案[①]

回首我校88年的办学历史,曾经也有过艰难的岁月,值得我们永远铭记。我校前辈师生又是怎样面对的?下面,通过三个故事,我们一起来回顾先辈们筚路蓝缕的岁月,以期给予我们后辈永远向前的力量。

一是饱经沧桑的广西师专初创时期,坚持办学。

相信很多同学看过了我校原创校史话剧《杨东莼》,首先,我给同学们讲一讲首任校长杨东莼先生在广西师专初创时期在困难重重的环境中坚持办学的故事。

我校前身广西师专成立于1932年,当时,"九一八"事变刚过去一年,国家动乱,内忧外患。师专坐落在我们今天雁山校区附近的雁山园,远离市区,办学条件艰难。32岁的杨东莼出任首任校长,他从繁华的上海来到桂林,深居简出,把西装皮鞋换成了灰布衣和布鞋,俸禄不多,但当有老师和学生有困难时,他却乐于解囊相助。

艰苦的条件下,能办成一所怎样的学校呢?杨东莼校长在开学典礼上说:"我们这个学校办在广西,是用广西人民的膏血来办的,将来你们出校是要替广西社会服务的,所以我们这个学校的根据就在广西。"我们力图把师专办成"建设广西之柱石"。如今读来,我都会被杨校长当年提出的办学目标而感动。

杨东莼主张"自由研究""集体生活"的办学思想。学习上,主张"自由

[①] 2020年春,一场突如其来的新冠肺炎疫情袭击大江南北,全民战"疫"。高校延迟开学,在教育部倡导"停课不停教,停课不停学"的原则下,开启了中国最大规模的线上教学,作为学校网上第一课,作者以《百折不挠、勇往直前——校史中的精神档案》为题讲述师大故事,激励全校师生。

研究",进行比较鉴别,寻找真理,其实质是在传播马克思主义思想。如薛暮桥老师讲授农村经济,并组织学生开展调查研究,将调查成果编写成《广西农村经济调查》出版。在生活上,提倡"集体生活",培养师生的集体主义精神,他还发表题为《论集体生活与自我教育》的文章,他说:"团体训练是师专学校的根本精神,是师专学校一切活动的灵魂。"为此,学校实施了许多集体生活和自我教育的具体措施。

受杨东莼校长办学思想的影响,自由研究和集体主义精神指引师生关心国事、思考社会、追求进步。很快,学校被称为"小莫斯科",引起了当局的不满,1934年4月,杨东莼被辞退。1936年,师专被撤销合并。尽管如此,学校已深深影响了一大批师生的思想,部分师生发展成为中共党员,助推着广西大地的革命浪潮。

同学们,前辈们树立起来的爱国主义、集体主义精神至今仍是宝贵的财富,仍是生生不息的发展动力,就像火把,永远照亮后来者的路。我们深深感到,将个人价值与社会贡献对接,只有把个人价值的实现融入中华民族伟大复兴的奋斗之中才更有价值。这就是我们当代青年的使命。

二是艰苦卓绝的桂林师院抗战西迁岁月,不停教学。

想必大家很多都了解抗战时期,北大、清华、南开西迁昆明,办西南联合大学的历史。也许,大家不知道的是,我们学校也有一段波澜壮阔的西迁历史。接下来,我给同学们讲一讲抗战时期桂林师院曾作忠校长、林砺儒教务主任带领师生们西迁贵州的故事。

1936年广西师专被撤销后,广西便不再有高等师范教育。1941年,美国华盛顿大学心理学博士、西南联大教育学系教授曾作忠,得知家乡桂林师资匮乏,毅然向西南联大辞职,回到桂林重建广西师专。仅仅用了2年多时间,就把学校升格为国立桂林师范学院,成为当时全国6所国立师范学院之一,为西南各省培养教育人才。然而,随着日本侵略军的逼近,1944年6月,我校被迫踏上了西迁之路,先是迁到丹洲(今柳州市三江县),后来迁到贵州平越(今福泉市),直至1946年1月才迁回桂林。

每次迁移,确定目标,分工协作,形成了教务主任林砺儒率领师生先行撤离,校长曾作忠殿后抢运图书仪器设备、处理后续事宜的模式。一路上,曾作忠照顾教授、家属、病号坐车或坐船,自己始终坚持与学生一道徒步,翻山越岭。

　　同学们,在"与敌人赛跑"的迁校过程中,条件异常艰苦,师生却仍坚持不停教、不停学。每到一个地方安顿下来,老师们就支起黑板、自编教材为学生讲课。没有教室、宿舍,就借用当地的城隍庙或书院;没有桌椅,学校就给每个同学发一张短凳,一块木板当桌垫;没有自习室,就集中在吃饭的地方自习。

　　如此艰苦的条件,老师们从未停止治学研究、传道授业。林砺儒的著作《教育危言》《教育哲学》就是这时期创作的成果。

　　著名画家丰子恺曾评价道:"桂林奇特的山,给广西人一种奇特的性格,勇往直前,百折不挠。"这也极好地概括了我校师生勇往直前、百折不挠的豪迈气概。从那时起,我校的精神气概就深深地印在西南大地上。这种精神,永远激励着自强不息的师大人,无论在何种困境下,都告诉我们要永远向上、向前,绝不屈服。

　　三是百废待兴的广西师院时期,严谨治学。

　　同学们,最后,我给大家讲一讲在百废待兴的广西师院时期钟文典教授坚持治学的故事。钟文典是广西蒙山客家人,著名的历史学家。20世纪50年代初,原本在北京大学工作的钟文典听说家乡广西需要人才,立即回来,并坚定选择留在学校任教,这一教,就是一辈子。

　　当时国家并不富裕,办学条件艰苦,但钟文典凭着严谨求实的治学态度,立足广西地方史,对太平天国史开展实地考察。寒暑假、节假日,他常常带着行李干粮,跋山涉水,深入山区,抄录碑文,访问长者,在村民家中打地铺,睡着木板,枕着砖头,徒步在人烟稀少的山上,甚至还遇到过凶猛的野兽!在那艰难的岁月中,钟文典完成了他的第一本专著《太平军在永安》,在国内外引起很大反响。经过数十年的调查研究,钟文典成为国内太平天国研究的权威。他不断研究、不断探索,为填补广西历史研究领域的空白,先后主持撰写出版《广西通史》《桂林通史》。这是两项浩大的工程,钟老承担撰稿审稿的繁重任务,常常夜以继日地工作,做出了艰苦的努力。

　　1954年暑假,钟文典为历史系筹建文物室,远赴北京,得到他的老师沈从文先生的热情帮助,沈从文带着他走遍了北京文物店,逐家挑选,最后采购了180多件文物。沈从文先生还捐赠了一面唐代的铜镜给我校。这些凝聚着钟文典、沈从文先生严谨求实精神的珍贵文物,奠定了我校现在的"王城博物馆"的基础。另外,钟老先生保护了王城的大量文物,今天大家看到的桂林王城正阳门上的"三元及第"匾额和独秀峰上的摩崖石刻等,在"文化大革命"时期险遭破坏,都是在钟老的极力保护下,才得以保存下来的。

可以说,钟老严谨求实、精益求精的敬业精神和爱校情怀,鼓舞了我校一代又一代师生。

同学们,回顾我校饱经沧桑、艰苦卓绝的办学历史,前辈师生怀着爱国爱校情怀,秉持集体主义精神,锻造出了勇往直前、百折不挠的豪迈气概,严谨求实、精益求精的敬业精神,形成了"独秀乐群"的大学精神,渡过了一个个难关,汇聚成我们今天"尊师重道,敬业乐群"的校训精神。相信经过这次没有硝烟的抗疫之战,这种百折不挠、勇往直前的豪迈气概也将深深印在大家身上,我们会凝聚起来,克服困难,不负自己,不负老师,不负国家,不负韶华。

我相信,走过艰难岁月的广西师大人将永远百折不挠、勇往直前。有句话说得好:没有过不去的冬天,也没有来不了的春天。春暖花开的时节,我在美丽如春的桂林等你,我在阳光灿烂的校园等你。

杨东莼的治校理念[①]

著名教育家陶行知说:"校长是一个学校的灵魂,想要评论一个学校,先要评论它的校长。"一个成功的大学校长被视为大学的灵魂,是大学的象征。校长对一所大学的创建、运行、发展具有举足轻重的作用。

1932年,32岁的杨东莼出任广西省立师范专科学校(今广西师范大学前身)首任校长。当时的广西,高等教育刚起步,师专的使命是成为"建设广西之柱石"。杨东莼认为"师专是对现有的学校或过去的师范学校革命而产生的"。凭着这股勇于变革的精神,杨东莼把广西师专打造成为一所民主、进步的红色大学,成为我国教育史上的一个奇迹。

探索"团体训练"的集体主义教育

杨东莼办学治校的变革精神,首先体现在以"团体训练"改变学生以个人为本位的人生观,培养集体主义精神。

杨东莼在师专校刊发表文章强调:"团体训练是师专学校的根本精神,是师专学校一切活动的灵魂。"他还多次作关于集体生活问题的演讲,带领教师们设计了许多"团体训练"的措施。

首先,为集体生活提供必要的物质条件。师专学生只需交少量学费,其余都是公费。每人发两套衣服一件棉大衣,毛巾、肥皂、笔记本也都统一发

---

① 该文是作者为纪念杨东莼先生诞辰120周年而作,以《变革精神推动治校育人——杨东莼在广西省立师范专科学校的办学治校理念》为题发表在《中国社会科学报》2020年10月20日。刊发时有删改,此处收录原文。

放。膳食费用由各班学生代表组成膳食委员会自行管理。医药由卫生所全包。军训、宿舍的床位以班为单位,浴室是集体澡堂。编队、出操、内勤等也都按照集体生活的要求安排。

其次,以制度加强学生之间的交流。杨东莼采取了一些细致的措施:各届学生的编班,尽量把有同乡或老同学关系的学生分开,避免形成小团体;各班教室的座位每学期调换一次;宿舍是三四十人同住的大房间,床位每学期调换一次;膳厅的座位是全校各班混合编席的,每个月末调换一次。

最后,成立了各种学生团体组织。为培养学生的合作意识与民主管理的能力,杨东莼鼓励学生通过民主选举建立各种自治团体。当时的学生自治团体,规模最大的是健康委员会,分膳食、体育、清洁、游艺4组;其次是出版委员会,分壁报、校刊、编剪、通讯4组;第三是剧团;第四是远足旅行团;第五是田间工作小组。

杨东莼认为,个人主义只能训练出自私自利的英雄,却不能培养为民族国家而不顾一切牺牲的战士。要借自我批评和团体控制力,有形地或无形地扫除个人主义的意识,消灭小资产阶级的意气和偏见,克服自私自利的观念和行动;要借团体训练,使师生深切地体验到组织的力量和计划的力量,才是真正的力量;更要借团体训练,训练师生的真本领和对人生对社会的态度。集体主义精神的树立,指引着师生关心国事、思考社会、追求进步。

如今,杨东莼"团体训练"树立的集体主义精神仍是新时代的宝贵财富。个人在集体中得以成长,更应该关心呵护集体。作为高校师生,应该经常思考自己能为所在的班级、院系、学校做点什么,能为家乡做点什么,能为祖国做点什么。

打造"自主研究"的启发式学习探究模式

在教学方面,杨东莼在广西师专大胆变革,开启了"自主研究"的启发式学习探究模式,引导学生独立思考探究。学校主要采取了四项措施。

首先,引导学生合作探究。杨东莼聘请朱克靖、薛暮桥、汪泽楷、沈起予等政治立场进步、学术水平出色的知名人士到校任教,除了开设传统的教育概论、教育学、心理学、教材与教法等师范类课程之外,还开设社会进化史、中国通史、自然辩证法、政治经济学、文学概论、世界大势等课程,启发学生自主探究分析时事和社会问题。各门课程一般不采用固定的教材,教学方法提倡课堂讲课与学生自学和小组讨论相结合的启发式教学。

其次,鼓励学生广泛阅读。师专图书室对各种不同思想、不同流派的图书都兼收并蓄。如哲学方面,有唯物论的书,也有唯心论的书;有西方资本主义国家的书,也有苏联社会主义国家的书,供学生自主研究。学生上午一般上三四节课,下午就到图书室看书,每周除两个下午上军训课外,其余时间几乎都在图书室或教室自学。每个学生不仅依照各科老师的安排学习,还制订了个人的自学计划。

再次,设立了班主任制度。班主任制度是让教师与学生紧密联系、共同促进教学的一种新的探索。班主任主要负责对学生进行思想和生活上的指导。学校要求学生每天写日记,由班主任批阅,鼓励学生在日记中畅所欲言,班主任给予必要的指导和帮助。杨东莼认为,这是培养"自主研究"学风的一种有效方法。

最后,倡导在社会实践中学习。杨东莼认为,社会实践对学生的成长十分重要。他说:"我们所规定的课程,都是活的知识与活的技能,而不是死的书本。"为此,师专在附近的雁山村开办了村民小学(夜校),由学生负责办理;又在良丰圩设立了民众教育部,陈列书报,出版墙报,为村民提供代写书信、文稿服务。后来还组织师生开展了大规模的广西农村经济调查。各种实践使学生充分接触现实、了解社会,在社会这本"无字"的"大书"中汲取成长的力量。

如今,杨东莼打造的"自主研究"的启发式学习探究模式仍未过时,无论是高等教育还是基础教育,自主、合作、探究的教学方法已然深入人心。

构建民主和谐的平等师生关系

1932年10月,杨东莼在就职典礼上说:"我远从上海来,一不是想来赚钱,二不是想来培植个人势力,我对于你们用不着客气,也用不着巴结。假使我不尽责,你们可以不客气地监督我,我自己觉得真正无能力干下去时,我便告退。"

秉承着这种大公无私、勇于变革的精神与气魄,他为广西师专构建了新型的民主和谐的平等师生关系。

杨东莼长期生活在上海、武汉、长沙等大城市,到了桂林,他换下西装革履,穿上了当时广西公务人员所穿的灰土布制服、黑布鞋。师专坐落于桂林南郊的雁山园,杨东莼住在校园里,深居简出,若没有公务,就不进桂林城。他的办公室一尘不染,室内陈设非常简洁。俸禄不多,但当朋友或学生有困难的时候,他却乐于解囊相助。

在杨东莼的身体力行之下,师专的师生关系可谓民主和谐融洽。全校师生定期进行清洁大扫除,他和朱克靖等教师也跟学生一样,光着脚打扫卫生。他说:"我们大家都要服从大扫除的组织和分工,我虽然是校长,在大扫除工作中也要听从组长的安排。"

那时,师专新建了日式澡堂,杨东莼给师生亲自示范并指导使用:脱下的衣服放在哪里;哪里是热水池,哪里是温水池和冷水池;怎样先用小桶舀水洗脚,再到温水池里泡。作为校长,杨东莼非常强调务实和深入,他常说:只要认真看看食堂和厕所,就可以知道一个学校的管理水平。

师专经常开展各种文体活动,师生常常合演话剧,表演节目。每次联欢晚会,师生都要请杨东莼唱京剧,他唱须生,爱唱《四郎探母》《打渔杀家》《武松打虎》等选段,表演十分精彩,大家常常鼓掌要他"再来一个"。

杨东莼曾是李大钊的学生,对哲学和历史有较深的研究,学识渊博,却总是和颜悦色,以理服人,不论是对教师、学生或工友,都一视同仁,以诚相见,其人格魅力深深感染了广大师生。

因此,他一以贯之的教育主张、教育方针和教育思想,他提倡的"团体训练"的集体主义精神、"自主研究"学术探索理念,不仅在广西师专任职时期得到贯彻执行,也在他离任后得以继续发扬。他在师专构建的民主和谐的平等师生关系使得师生情谊万古长青,为学校留下了优良的校风、学风、教风。

大学成就着校长,校长铸造着大学。

大学兴则国家兴,大学强则国家强。大学是人类永恒主题的守护者,大学校长应该是人类理想的坚定实践者和追随者。如今,传承杨东莼校长的精神风骨,从他的办学理念中汲取营养,坚守中国特色社会主义大学的办学方向,按照现代大学的办学规律,建立健全现代大学制度、教育理念和文化追求,是新时代大学的光荣使命。

重走西迁路[①]

读史使人明智,鉴以往而知未来。

在重读广西师范大学校史时,有一段往事一直在我心中萦绕,那就是1944年日本侵略军逼近桂林时,广西师范大学前身国立桂林师范学院为救亡图存,从桂林疏散、迁移到广西三江和贵州平越,抗战胜利后返回桂林的这段历史。我查阅了相关史料,只有当年师生的回忆文章和史料的整理记录,未见有实地考察的记录。因此,这些年我心中一直有个梦想:重走西迁路。于是就有了今年暑假师生共同参与的"重走西迁路,再启新征程"——红色校史寻访社会实践活动。

柳州丹洲:艰苦卓绝,百折不挠

我们第一站是柳州三江丹洲。这是一个四面环水的"岛",也是一个很具历史文化的古镇。来之前,了解到史料上记载"校址借用原来省立柳庆师范学校的旧址,校舍都是破庙改成的""现今未找到遗址"。经过现场考证和对应县志查实,丹洲书院就是国立桂林师范学院在丹洲的办学旧址,这是本次实地考察的重大发现。丹洲书院占地1340平方米,在清朝已是一所较为完善的教育场所,民国期间更名为三江第一小学,曾经是省立柳庆师范学校办学旧址。书院是丹洲古城最大的一处建筑,古香古色,保存较为完整;院内绿树成荫,桂花飘香,最有名的树是当年苏朝阳知事种植的桂花树。

[①] 该文发表在《当代广西》2021年第17期。

在丹洲书院门前,我以《风雨西迁,弦歌不辍》为题向学生讲述了西迁红色校史。随着日本侵略军的逼近,1944年6月桂林大疏散,国立桂林师院踏上了辗转迁校之路。根据战时形势的变化和教育部的意见,时任国立桂林师院院长曾作忠带领学校疏散委员会审时度势商量路线,大家协作分工密切配合。一路上,曾作忠照顾教授、家属、病号坐车或坐船,始终坚持与学生一道徒步行军,翻山越岭。1944年10月4日,师生大部分迁至丹洲书院。经过修缮与安置,学校顺利开学复课。同时在丹洲招新生,在《柳州日报》刊登消息,还发函告知师院学生到丹洲上课。开课时,教室里只挂了一块小黑板,没有桌椅,学校给每个同学发一张短凳,学生的自习则集中在食堂进行,非常艰苦。颠沛流离的生活,磨炼了同学们刻苦耐劳、果敢敏锐的品格,培养了团结、民主、自治、互助的集体主义精神,将人心凝聚到一起,赋予了学校新的力量。

贵州平越:风雨西迁,弦歌不辍

由于形势的急剧变化,在丹洲复课一个月后,国立桂林师院被迫再次迁徙。疏散委员会决定,11月16日沿榕江河北上到贵州平越。沿着前辈们西迁之路,我们带着敬仰和疑惑去追寻下一站:贵州平越。

得知我们到来,福泉市领导和相关部门非常重视,用他们的话来说:桂林师范学院离开76年终于回家了。福泉是贵州开拓较早的地区之一,1914年裁平越直隶州,改设平越县;1953年7月,平越县更名为福泉县;1996年12月,福泉撤县设市。

我们一路来到学校办学旧址,当年的遗址全部在前几年旧城改造时拆除了,以此为基础新建了孔庙,在大成殿门上悬挂"国立交通大学贵州分校旧址"的牌匾。据福泉市档案馆人员介绍,1937年7月,抗日战争全面爆发后,唐山、北平等地相继沦陷,国立交通大学唐山工程学院、北平铁道管理学院以及国立上海交通大学大部分学生先后迁到湖南湘乡杨家滩合并复课,形成抗战时期三校合办的交通大学,桥梁专家茅以升任联合交通大学校长。1938年10月,日军侵占武汉,直逼长沙,形势紧急,学校被迫继续内迁贵州平越办学。1939年2月到1945年1月之间,国立交通大学在平越走过了一段筚路蓝缕的办学之路。侵华日军踏进贵州独山,交大被迫于1945年年初迁往重庆璧山县。交大在平越办学近六年,历史上把交大在平越时期称为"平越交大"。

平越也是国立桂林师范学院西迁之路上最重要的驻地。曾作忠院长带领师生经过一个多月的跋山涉水,于1945年1月到达贵州平越,在交大旧址复课办学,一直到1946年1月离开。在平越办学一年的时光里,老师们互敬互爱,以自身的乐观、豁达引领着艰难岁月中的学生们,在潜移默化中增强了大家的集体主义精神和进步思想。

西迁之路翻山越岭,走走停停,摸索前进,在曾作忠院长的带领下,师生们自发宣传抗日、呼唤民主,凝聚革命力量。从广西到贵州,师生们在战火中坚持教学,坚持科研,传播"火种",谱写了文化抗战、教育抗战的壮歌。教务主任林砺儒教授在西迁办学过程中,不忘教学科研,艰苦条件从来没有击垮他。他坚持研究国内外教育名著并勤于执笔,被誉为"服务最有恒心的教育家"。

在福泉考察期间,有两件事值得一提。

一是发现一批珍贵的校史档案。在福泉市档案馆举行了国立桂林师范学院西迁平越历史资料互赠仪式,并举行座谈交流会。档案馆提供了一批师院在平越办学的历史档案复印件,其中有:国立桂林师范学院院长曾作忠的亲笔信、国立桂林师范学院启用关防和院长印知照平越县政府的公函、国立桂林师范学院借用交大留平家具清单、关于合办附属初中的函、学生的考试卷……这批文献十分珍贵。

二是平越、桂林结下"福泉"缘。在师院办学旧址的福泉山上,有"福泉"井,平越改名为"福泉"由此而来。山不在高,有仙则名。相传明洪武二十五年(1392年),一代宗师张三丰到此修炼得道成仙后,这里便成了一代道教圣地,名声大振。在此地办学时,师生们的部分供水来自"福泉"井。巧合的是,师院从平越迁回桂林王城办学的校区,也有一口"福泉"井,此井是道光十七年(1837年)开挖,供到广西贡院参加考试的秀才们使用。井栏上刻有篆书"福泉"二字,并有桂林知府许仁和的隶书记事。师院平越、桂林两地校区均有"福泉",水质甘甜,冬暖夏凉,水位久不干涸,乃神奇之缘,也是学校历经磨难后的兴旺之福。

桂林王城：百废待兴，勇于担当

经过几天的舟车劳顿，重走西迁路活动最后回到桂林王城。国立桂林师范学院从贵州平越迁回桂林后，办学校址就选在王城。

1945年7月，在桂林沦陷近八个月之后，经过20多天的血战，我国军民于7月底收复桂林，在平越收到桂林已光复的消息，师生们归心似箭。1945年11月，曾作忠院长率领部分员工先回桂林，筹备迁返事宜。当时的市区经过日本侵略军的蹂躏，处处断壁残垣，满目疮痍，99%以上的房屋被毁，师院原在六合路、建干路一带的校园都荡然无存。

经过申请，广西省政府把位于明代靖江王城内的省府旧址拨给师院办学。曾作忠院长带领员工们清理废墟，修缮教室，在艰苦条件下很快建起了一座座茅草房，同时续招新生和保送生300余名。11月25日，曾作忠主持召开了桂林分部一年级的开学典礼。1946年1月26日，滞留平越的师生们全部迁回桂林。面对百废待兴的环境，师生们毫不气馁，积极参加建校劳动，很快就在王城里安顿好了学院本部以及附中。这是一支星火燎原的队伍，有他们在，大学的生命、民族的希望就会延续。

经过战火纷飞的西迁之路，再到百废待兴重建家园，师生们磨炼出勇往直前、百折不挠的品格。1946年4月1日，曾作忠院长在院庆纪念会上作了一个令人动容的演讲——《五年来的本院》，把西迁的历程总结为："师生被迫迁徙，跋山涉水于峦烟瘴雨之中，奔驰逃遁于冰天雪窖之下，漂泊在千里以外者，前后二年，弦诵之声，不绝如缕。"正所谓"艰难岁月孕育辉煌""不经历风雨怎能见彩虹"。

感悟思考：赓续基因，不负时代

在重走西迁路的几天活动中，我一直沉浸在追忆、感慨、敬仰、思考中。

追忆，我们的先辈在战火中坚持教学、坚持科研，传播"火种"，谱写了文化抗战、教育抗战的壮歌。感慨，我们中华民族文化生生不息，历史给了我们跨省域文化深度交融的机会，也给不同地域感受到一种新的文化的猛烈冲击，感受到一种近代文化与教育的脉动。敬仰，在西迁路上，一大批教授在曾作忠的带领下，团结一致、艰苦奋斗、任劳任怨、无私奉献，他们有教务长林砺儒和中共党员、作家彭慧以及左联作家穆木天等，还有西迁路上聘请的汪泽楷、谭丕模、张毕来等一批中共党员教授。在战火纷飞的年代，他们将生死置之度外，在风雨如晦的中国苦苦探寻民族复兴的前途，是多么的艰苦卓绝，是多么的勇于担当！

我尤其敬佩和感慨的一个人是院长曾作忠先生。这位美国华盛顿大学心理学博士、西南联大教育学系教授，1941年得知家乡桂林师资匮乏，毅然向西南联大辞职，回到桂林重建广西师专。仅仅用了不到三年时间，就让广西师专升格为国立桂林师范学院，开创了广西本科师范教育的先河，成为当时全国六所国立师范学院之一，在西南地区形成较大影响。日本侵略军入侵桂林后，他带领全校师生一路颠簸，先后在柳州丹洲和贵州平越继续办学。抗战结束后回到桂林，学校已经荡然无存，他又组织师生重建家园。可以说，曾作忠担任广西师专和国立桂林师范学院负责人期间，时局变化，一路奔波，没过上几天安定日子。他那种不畏艰难、不计得失、坚持办学、薪火相传的精神，以及当年一大批教授的为人、为师、为事的品格，永远值得我们敬仰和尊重；当年那种团结一致、勇往直前、百折不挠、勇于担当的西迁办学精神，永远值得今天的大学人学习和致敬。

马君武与近代高等教育[①]

虽然多次到梧州,却一直没有能兑现很早的一个想法,就是拜谒广西高等教育的源头——广西大学办学旧址。2020年年底参加在梧州学院召开的广西高等学校专业设置与教学指导委员会年会,才趁机了却这桩心愿。

梧州市区蝴蝶山,就是当年广西大学的创办之地。当时,选择这块宝地办大学,得益于它地处一条黄金水道旁边——梧州居西江上游,浔、桂两江交汇点,一直是西江流域物产的集散中心,且离广州、香港颇近,晚清以来,是广西最大的商品集散地,商品经济发达,财政收入占广西比例很大,文化教育事业发展基础较好,也是海上丝绸之路的重镇。同时,在这里办学,不但水路交通较为方便,外请教授也容易一些。

现在蝴蝶山留有广西大学建于1928年的六栋欧式建筑,其中有办公楼、学生宿舍和图书馆等,总面积约1.2万平方米。从建筑的风格看,一定程度上反映出当年大学的气派和受欧洲大学的影响。

据蒋钦挥著的《广西大学史话(1928—1949)》记载,1925年,以李宗仁、白崇禧、黄绍竑为首的新桂系统一广西后,除了军政之外,对民政也大加整理。1927年4月15日,广西省政府正式成立,政府委员有黄绍竑、李宗仁、白崇禧、夏威、黄蓟、雷沛鸿、朱朝森、伍廷飏、俞作柏等9人。由国民政府命令,特任黄绍竑为广西省政府委员兼主席(即省长)。当时,新桂系掌权的广西省政府,对于整顿广西的教育颇费精力。为培植建设广西的人才,1927年冬,省政府决定筹办广西大学,由黄绍竑邀请本省籍留德工学博士马君武

[①] 该文载《当代广西》2021年第4—5期。

(时任上海大夏大学校长)回桂一起筹办,正式成立省立广西大学筹备委员会。公推筹备委员有11人:黄绍竑(任委员长)、马君武(任教务主任)以及盘珠祁、黄华表、陈柱、雷沛鸿、岑德彰、苏民、刘宝琛、邓植仪和凌鸿勋。在相当一段时期,许多资料这样表述:1928年10月,广西大学由马君武博士创办。其实,这样表述不是十分准确,真正创办广西大学的应该是民国时期的广西省政府,马君武出任首任校长。

与广西近代高等教育的创建和发展有着千丝万缕关系的马君武(1881—1940),系德国柏林大学工学博士,是广西第一个留学生,曾任同盟会秘书长、中华民国临时政府实业部次长、护法军政府交通部长、广西省长等职。当他在政治生涯中遭到了种种挫折后,便执着地投身到教育事业中,先后担任过上海大夏大学、北京工业大学、上海中国公学、广西大学等4所大学的校长,作为广西近代高等教育的开创者,他提出了许多具有远见卓识的办学思想,为广西的教育事业做出了卓越贡献。

在那个社会动荡、战争频仍的年代里,创业维艰。经多方筹措,1928年广西大学建校,马君武出任校长。没多久,蒋介石集团与新桂系连年混战,给社会经济和人民生活带来极大破坏。经过大战,广西财政拮据,广西大学因经费无着,只好停办,马君武回到上海。1931年5月,粤军退出梧州,广西局势逐渐安定,马君武从上海回到梧州,第二次担任广西大学校长。当年9月15日,停学一年多的广西大学复课。10月10日,马君武在开学典礼上说:"广西大学成立了,广西经济贫困,是文化落后的省份,首先办实用科学。所设理、农、工3个学院,今年先招收农科和工科学生,以培养建设广西必需的人才。"他亲手撰写校训:"勤恳朴诚"。这几个字是广西大学精神的内核与灵魂,它凝练而又内涵丰富,反映学校整体价值追求和独特的"精气神",由此为广西大学在梧州的办学奠定了发展定位和大学精神文化。

在广西大学办学过程中,马君武怀揣民主革命救国的梦想,最终在高等教育这一领域找到了救亡图存和科技兴国的最佳契合点。学校起初只设理、工、农3个学院,兴办实用科学,以理工为先导,提倡依靠科学技术来发展广西的教育、文化和经济。建校伊始,资金、人员等各方面资源皆不充裕,他积极筹措经费,充实机械、化工、纺织、电机等4个系的实验器材,并新建图书馆,想尽办法购置图书,增加图书馆的藏书量,因为他认为"没有充足的图书资料和完善的仪器设备就办不好理工科大学"。他的这一观点,至今对理工学科的办学仍然有着借鉴价值。彼时,广西大学各系科所开的课程,着重于纯粹科学与应用科学相结合、理论与实验课相结合、必修课与选修课相结合,课程都采用"学分制",这样可以快出人才、多出人才。

1936年6月,省府根据高等教育整理方案,改组广西大学,由时任省主席黄旭初兼校长(1936年6月—1938年2月),废副校长制,改设秘书长。当年7月,马君武辞去校长职务,被聘为广西省政府高等顾问。这时,学校的组织结构发生了较大变化——1932年在桂林创建的广西省立师范专科学校并入广西大学,并设立文法学院;1934年在南宁创建的广西省立医学院并入广西大学,增设医学院,与校本部同设南宁;将理学院、工学院合并成为理工学院,仍在梧州。1936年秋9月省政府由南宁迁往桂林,10月广西大学校本部及文法学院随省府迁桂林,并在广西师专所在地西林公园(即雁山公园)办学。

1939年9月23日,马君武第三次出任广西大学校长(1939年9月—1940年8月)。到任的第一天,他就说:"在此国难期间,人人应该尽力救国。我已经休息了三年,精神业已恢复,不妨再来主持西大。"马君武以自身卓越的学识和巨大的人格力量,吸引了大批优秀学者,当时的知名学者如陈焕镛、马名海等执教西大,一时间人才荟萃,使西大蜚声国内。学者们带动了校园学术气氛,学生思想积极活跃、追求真理,能够学以致用。其后,陈望道、李四光、黄叔培、白鹏飞、郑振铎等大批学者都曾任教西大。1939年广西大学由省立改为国立时,短短十数年,学校已发展成为一所文法、理、工、农、医齐备的多学科综合性大学,成为当时我国南方著名的大学之一。

在蝴蝶山上,有几处遗址值得纪念。

一个是宋文政塑像。我们来到宋文政教授的塑像处,这是西大梧州校友会为纪念宋文政教授立的。据载,宋文政教授为湖北当阳人,曾赴日本留学,入京都帝国大学化学系,1925年毕业。后回国任中山大学、厦门大学教授,1935年秋任广西大学教授;同年10月10日,是西大成立7周年纪念日,因在科学馆实验室试验炸药时发生爆炸逝世,年仅37岁。他治学严谨,教学有方,颇为师生所敬仰。1936年5月,西大为他在校内树碑作纪念,马君武校长执笔撰写碑文,表彰他为教育事业献身的精神。

另一个是《国恨铭》石碑。我们一路来到古树葱茏的蝴蝶山顶,了解抗战中的广西大学。1938年9月,日军空袭梧州,美丽的蝴蝶山难以容下一张安静的课桌,广西大学多次被炸。这里立的《国恨铭》石碑旁边,保留了一块一米见方的断垣,为三合土墙基。其碑文曰:

此地曾经人文荟萃,科学昌隆,绿树掩映,学堂恢宏。风流辞章出于神思飞扬之艺苑,俊发宏论溢自妙悟沉潜之回廊。三代学子,八桂精英,借此灵蝶一飞冲天,望六合而向往。公元1938年,时在8至9月间,日军飞机侵袭梧州,投弹数十枚,西大部分校舍于罪恶之爆炸声中轰然坍塌,一片焦土,尽成废墟……断壁残垣犹在。愿后之学子谨记国恨,缅怀先贤,振兴中华,使灵蝶永翔。广西梧州师范学院,立于2000年4月。

这是西大在抗战中艰难办学的历史写照,也是当年在全民族争生存的激烈战争中,广大学子积极参加抗战的动因所在,是当今很有价值的爱国主义教育基地。

在广西近代高等教育发展和变迁过程中,我们看到,广西最早的3所大学(广西大学、广西省立师范专科学校、广西省立医学院)都有密切的亲缘关系,90多年过去了,一直发展到今天。2019年自治区党委和政府在全区教育大会上提出:"重点支持广西大学、广西师范大学、广西医科大学等高校建设成国内一流大学",可见无论从办学历史,还是办学实力等方面看,它们都是有历史渊源的。

在整理广西师范大学办学历史时,我曾经用"两合两分"概括广西师范大学与广西大学的关系。"一合":1936年6月广西师专并入广西大学,成为广西大学文法学院;"一分":1941年10月重建广西省立师范专科学校,1943年8月升级为国立桂林师范学院,并把国立广西大学师范专修科的中文、理化、史地3个并入国立桂林师范学院。"二合":1947年2月国立桂林师范学院迁至南宁更名为国立南宁师范学院,1950年2月国立南宁师范学院并入广西大学,成为广西大学师范学院(后称为文教学院),从南宁迁至桂林;"二分":1953年全国高校院系调整,广西大学撤销后以文、理各系留下的部分教师及师范专修科全体学生为基础,在广西大学原址(桂林市将军桥)组建广西师范学院,1954年学院奉命与中国人民解放军西南军区特科学校对换校址,从将军桥迁至桂林王城。

我于2017年年底带队走访广西大学时,为纪念这段历史,专门请学校美术学院的数名教授集体创作一幅广西大学在桂林办学历史的山水画,赠送给广西大学,作为两校的历史记忆。

广西大学与广西师范大学有着密切的历史渊源,广西师范大学的发展深受马君武办学思想的影响。马君武的长子马保之(1907—2004)为继承父业,不顾九十高龄,毅然从美国回到桂林定居,连续5年义务为学校授课,并在广西师范大学设立"马君武校长、夫人奖学金"。2004年,广西师范大学在育才校区图书馆塑立了马君武铜像,以此纪念马君武在广西近代高等教育发展中的卓越贡献。

梧州蝴蝶山之行,让我重温了广西大学创校之初的艰难岁月,马君武为广西大学办学殚精竭虑的付出,也说明了广西近代高等教育起步发展的不易。当时,在中国教育界有"北蔡(元培)南马(君武)"之誉,这足以说明马君武在近代高等教育发展中的影响力。

独秀书房:人文实验室

读书人,不是天生就与书店结缘,而是读书、找书、买书,没办法不与书店结了缘。在厦门大学工作期间,一次偶然的机会,走进了位于融合东西方建筑文化和闽南特色的群贤楼中的"厦大时光"书店,一头扎进去,一花一世界,一书一咖啡,在优雅的背景音乐中,读一本和"摩卡"咖啡的苦涩相匹配的经典作品,那样的感觉出神入化,令人陶醉。从此,爱上她,再没有回头。

一座城市,需要一些高品位、有温度的书店,它们代表着这座城市的一种文化,是一个时代的标志,也是一种读书人的情结。一所大学,同样也需要一个品质高雅的书店,它是一所大学品位、文化、历史的象征,同时也是大学这座象牙塔的文化标志,是学生毕业若干年后寄予母校情怀的留念之地。

2016年10月,在我的倡导和推动下,广西师范大学出版社旗下第一家"独秀书房"校园实体书店在我当时所在的玉林师范学院落户。对于创建在大学校园里的"独秀书房",我对它寄予了我对校园书店的所有想象与期待:第一,由于"独秀书房"的读者群体是大学生,书店的建设应该充分体现学术性、人文性、专业性等特点,提供给读者的书籍也要有选择性和针对性,要特别突出其人文特点。第二,"独秀书房"是出版社走进高校开办实体书店,创新文化服务的尝试,理应成为高校和出版社之间的纽带,特别是高校图书馆选书、采书的前哨。第三,在书房的功能方面,要具有卖书、买书、读书、藏书、讨论、交流、喝咖啡、上网等功能,同时也是举办文人学术沙龙的理想场

---

① 该文是作者以《我为什么推动"独秀书房"?这是大学"人文实验室"》为题发表在《中华读书报》2018年11月7日第6版。

所,充分体现"人文实验室"的特点。

"人文实验室"是什么呢？这是我针对高校校园书店首次提出的一个新概念。我们的大学有许许多多理工科实验室,却没有"人文实验室"。传统的书店以卖书为主,具有一定的营利性,而作为"人文实验室"的校园书店,它的内涵就更加广了,学生在这里,除了卖书、买书外,还有读书、藏书、讨论、交流、喝咖啡、上网等功能,它就是一家非营利性的"实验室",学生通过这种潜移默化的熏陶,在"实验室"成长的大学生,自然就具有人文气质、读书品位,达到"腹有诗书气自华"。

作为"独秀书房"的首倡者和见证者,从2016年至今,我见证了它从零起步,逐渐走进广西的各个大学校园,也欣喜地看到它在快速发展的过程中对卓然独秀的文化品质与学人气质的追求与坚持。依托"独秀书房"开展的阅读推广活动不仅为校园营造了浓郁的阅读氛围,也有效激励并发挥了高校师生在文化参与、文化创新方面的引领作用。可以说,一所大学里浓厚的阅读文化氛围的营造,必须有一些高品质的书店,"独秀书房"就是这样高品位的书店,这也是留给大家的校园文化记忆里很重要的一部分。

今年,"独秀书房"从玉林走到贺州,到南宁,再到桂林,赶在校庆86周年纪念日前一天回到母校广西师范大学,为学校献上了一份特殊的礼物。独树一帜的空间规划和高能量的美学品位元素相结合,渲染出满室书香,一堂雅气,为来到此处的每位"书生"提供了一种独特的文化体验。师生在这里,或手捧一本书,要上一杯咖啡,坐在一角,感知时光的流淌,在书中神游；或三五成行交流讨论,碰撞思想的火花。

我在《思考大学》一书中描绘了我心目中理想的大学：学生在这里自由成长,收获知识、自信和理想；教授们学术至上,追逐着科学和教育的梦想；师生的自由讨论常常碰撞出智慧的火花。这里,有人物,有故事,有书香,有回忆,还有爱。我想,未来的"独秀书房"也能成为理想大学的一部分,能让我们每个同学遇见那些人,那些故事,那些书香,那些回忆,以及那些爱。

校园景观与大学文化

2016年年初,学校①主办一次全区高校的外语教学研讨会,要我出席并致辞。这是例行公事,传统的套路就是介绍一下学校情况,并表达"热烈欢迎"之类的说辞。我不太喜欢这样的套路,更想通过我的介绍,让与会者对学校留下一些印象。说什么呢?学校的东校区是新校区,缺乏历史,也没有人文景观,能不能"无中生有"?沿着这个思路,前一天晚上我差不多用了整个晚上,将校园里现有的景观和未来可能的景观串联起来,形成一套说辞,这就是"一山三林三湖三广场"的最早想法。在第二天的会上,我将这"十大人文景观"作了生动有趣的介绍,果然引起大家的兴趣和关注。

我也十分兴奋,趁热打铁,于2016年1月11日带来班子现场办公,将我的想法沿着景观点一路描述和讨论,集思广益。因此,我就东校区十大文化景点建设规划作了说明,提出了东校区"一山三林三湖三广场"文化景点命名和规划建设思路。我认为,景点规划不是全部重新建设,在学校多年建设形成的文化和自然景观基础上,要着力做好王力湖、玉兰湖的后期建设;要在保护原生态林木不遭破坏的前提下将松树林打造成为学校一道靓丽的风景;要加快推进荔枝林美化绿化文化工程;要重点规划和推进图书馆周边坡地的开发利用。我特别强调,要做好十大景点建设和发展的宣传工作,集思广益,群策群力,紧紧围绕"树人、育师、圣人"的文化底蕴,充分体现历史与现代、自然与人文、教师与学生相融通的特点,丰富景点文化元素,凝练景点主题思想,以十大文化景点建设为主线和核心辐射,努力把玉林师范学院

---

① 指作者当时的工作单位玉林师范学院。

建设成为优美的生态园林大学。我提出的"一山三林三湖三广场"的建设规划,"一山"即挂榜山;"三林"即桃花林、松树林、荔枝林;"三湖"即天南湖、玉兰湖、王力湖;"三广场"即孔子广场、育师广场、读书广场。

经过一年多全力推进生态校园建设,重点打造特色校园文化,规划建设以十大文化景点为主线和核心辐射的生态文明校园,充分体现了学校的大学精神与文化,体现了最初提出的"历史与现代、自然与人文、教师与学生"相融通的特点。如今学校如同花园一般,景色迷人,人文氛围浓厚。于是,我还与学校宣传部和有关专家一起,对学校的"十大景观"做了一一解读,并成为学校旅游专业"导游"课程实习的导游词。

"一山":挂榜山。

挂榜山就位于校园里,自古以来,"郁州八景"名闻遐迩。其中的挂榜山,素称"魁星圣地"。古诗云"三山挺秀在郁州,挂榜山崩应六秋。文笔擎天官内阁,笔架山下几封侯",意即挂榜山若有石皮飞落,六年内本州必有科甲人才名题金榜。站在山麓,举目仰望,石壁灰赭,经年历月,破旧出新。立于山巅,低首鸟瞰,庠序之教,蒸蒸日上,气象大成。玉林师范学院之筑建,依挂榜山,顺巍然势,环百亩田,多有几分底蕴与灵气,不啻约伴登高、读书治学的大好去处,又正切合着"耕读传家久,诗书济世长"的耕读文化。

"三林":桃花林、松树林、荔枝林。

一是"桃花林"。桃之夭夭,灼灼其华;桃之夭夭,有蕡其实。桃花林,故名"桃花岛",是天南湖畔一座近似圆形的小山丘,因遍植桃树而得名。古人常以"桃李满天下"巧喻名师名徒辈出,桃花林亦借喻于此。几乎每年春天,师生都会结伴到此种植桃树、修剪桃枝,寄寓"桃李满庭芳"的美好企盼。而今,胜景初现,既可沿着碎石小路拾级而上,徐步悠赏片片红云与青青草色共舞,又可在林间凉亭小歌养神,于桃红映面中饱尝"若将人面比桃花,面自桃红花自美"的滋味。桃花林顶建有一亭,根据其位置,对望就是松树林,我命名为"望松亭",遂撰一副对联"天南湖畔飞春雨,挂榜山前读书声",并请学校书法老师书刻。对联将十大景观中的五大景观(松树林、挂榜山、读书广场、天南湖、桃花林)融入其中,寓意深长,表达了对于校园美好的期望与向往。

二是"松树林"。明月松间照,何其恬与静!在挂榜山的山脚,有一片常年葱翠、清幽别致的松树林。这里是前往挂榜山登高的必经之路，久而久之，渐而生长出"若想登上山巅，务须如松坚毅"的"隐寓"和"深意"。古语道，"寒暑不能移，岁月不能败者，惟松柏为然"。松树林中弥漫的坚韧、高洁、笃定的独特气息，已成为学人不懈追求的为人、治学品格。松树林中设计弯弯曲曲的林荫小道，顿时生机盎然，悠然自得。

三是"荔枝林"。古诗有云："日啖荔枝三百颗，不辞长作岭南人。"苏东坡笔下的荔枝，在王力湖畔的荔枝林中亦所常见。时节轮转，光露均活，及至盛夏，只知林间"飞焰欲红天"，但却不晓"红云几万重"。炎炎夏光，透过密密匝匝的荔枝林，写下一地的斑驳。飘香的硕果，惹得林中鸟儿欢唱，鼓励林下学子用功。他们在林中的石桌旁或学习，或高谈，流连忘返。

"三湖"：天南湖、玉兰湖、王力湖。

一是"天南湖"。仁者乐山，智者乐水；挂榜山高，天南水清。天南湖因天空被挂榜山遮盖，举目只见南天而得名。湖形如一弯明月，勾起游人乡思；湖色若一块碧玉，喻照大学的淳净。天南湖风姿绰约，七色彩虹桥凌湖而架，湖面彩波次第，湖中锦鲤成群，湖畔翠竹轻响，岸边假山奇石逗趣，绿柳与红花常在，承托了师生最美好的祈愿，正如校歌所唱：以德为先，艰苦奋斗，我们一起从天南湖出发，追求在这里锁定方向，人生在这里写下诺言，我们走向未来，播种阳光。

二是"玉兰湖"。明朝睦石曾写《玉兰》诗云："霓裳片片晚妆新，束素亭亭玉殿春。已向丹霞生浅晕，故将清露作芳尘。"玉兰花是玉林的"市花"。位于挂榜山下、教师公寓旁的一片湖水，即以"玉兰"冠名，这是对玉林本土文化的契合，也是对学校"立足玉林、服务地方"的地方性办学定位的昭示。只见湖边绿草为毯，湖水澄澈清明，湖面静若明镜，倒映着水边的新楼、绿树，生动荡漾。晨光微曦，丹霞生绿，清新之景，令人悦目。

三是"王力湖"。说玉林，道俊彦，不得不提语言大师王力。先生是我国现代语言学的奠基人之一，被称为"中国百年来最伟大的语言学家"，曾留下过"高山岌岌水泱泱，大好河山是我乡。禹迹茫茫多宝藏，原田每每足菰粱；献身甘愿为梁柱，许国当能促富强；永矢弗谖心似铁，匹夫有责系兴亡"这一极富使命感的不朽箴言，一直深深感召着后人。在图书馆旁，有一方映天碧水，即以先生的名字命名。湖畔，立着一尊先生像，既是一处文化地标，也寄托着后人对先生的缅怀。

"三广场":孔子广场、育师广场、读书广场。

一是"孔子广场"。孔子广场,位于厚德楼和博学楼前的开阔草地。广场中央,矗立着孔子圣像,是对中国历史上著名的思想家、教育家、中国的师德模范孔子的尊崇,以及对其所创立的"进德修业、有教无类、因材施教、乐教好学、诲人不倦"的教育思想的承传。孔子广场的道路铺装,借鉴中国传统纹样,简洁大方,与四周建筑立面、如茵草地互相呼应,使得广场尽显儒雅气息。孔子雕像名曰"万世师表",以穿越古今的慈眉善目,凝视着万千学子的习读;以旷世致远的大德高学,引领着千百师者的行止。

二是"育师广场"。著名的人民教育家陶行知曾说过,"捧着一颗心来,不带半根草去"。玉师育师育名师,这其中,不仅要有爱,也要有甘于奉献、不求回报的精神。承此精髓,育师广场紧依育师楼而建。这里花树相映、山石嶙峋,俨然一个充满生机的花园。广场上的陶行知塑像端方清雅、蔚为世范,读书长廊曲径通幽、书声琅琅,是师生共学、交流的好地方,其"育才成须满桃李""师学德智尚贤良"的定位,有着对"学而优则教"的期待,也有着对教育的"爱"与"奉献"的追求。我还主张立了陶行知的塑像,将伍纯道老师的书法"道"、韩愈的"师说"全文刻印在广场的文化石上,彰显"育师"的元素。

三是"读书广场"。计划建在新建的图书馆正前方,该广场建成后可容纳上万名师生,规划有中国历史文化名人园,罗丹的雕塑"思想者"。"一个人的精神发育史,是一个人的阅读史,而一个民族的精神,在很大程度上取决于全民族的阅读水平。"读书广场,正为鼓励更多人"好读书、多读书、读好书"而建。广场以图书馆大楼为中心,周边繁花似锦、绿树成荫,人们在此读书交流,追求"悦读"的生活方式,并由此厚积薄发,锻造出以"阅读"为基原的大雅兴、真性情和高境界。

除了以上的十大文化景观外,我还规划在玉林师范学院校园里建设以中国传统文化为主线,以桂东南历史文化为辅线,以各种奇石为载体,以书法名家的作品为呈现的各种景观。通过学校的校园文化建设,彰显现代大学的精神和大学文化,实现我理想中的大学人文环境。

2018年2月写于桂林自然坊

大学校训与大学精神[①]

《遇见好书》是广西目前唯一以解读好书和阅读推广为宗旨的电视栏目。广西卫视栏目组多次预约,希望我能对《大学之魂:中国大学校训故事》一书进行解读。2018年11月初,我刚好在南宁参加一个会议,就抽出一段时间在广西新闻中心接受了电视台的访谈。事先读过《大学之魂:中国大学校训故事》一书,平时对大学历史和大学校训比较关注,对访谈问题不算陌生。虽然过去也多次接受过电视台的采访,但作为专题访谈还是第一次,因此,所花费的时间要比我想象的多。

电视台的广告词也做得比较好:短短几句,描出了大学的名片;寥寥数字,道出了大学的灵魂;校训,大学文化传统的精神符号,讲述中国大学校训故事,领略大学文化精神传承。

主持人:有人说要了解一所大学的气质,有一条捷径是看它的校训。因为校训不仅是一所大学办学理念、治校精神的集中反映,同时也是校园文化建设的重要内容。请您谈一下您对大学校训精神的理解,为什么说校训是大学之魂?

贺祖斌:每一个时代、每一个国家都该有自己的价值观念。校训,乃社会主义核心价值观的题中要义。大学校训是一个大学的教育宗旨、人文精神、办学特色等全部内涵的集要和概括,是一所大学自身精神的高度抽象的价值追求和品格特征。大学校训,当然就是各个大学对其学生人格修养养成目标的提炼,它关乎大学的文化传统、精神内涵和学术气质,是一所大学

---

① 该文为作者接受广西卫视访谈的文字整理稿,《遇见好书》栏目2018年11月12日首播。

的灵魂,是一所大学存续的文化基因,是中国精神文化和价值取向的精髓。

许多大学的校训根植于深厚的传统文化,承接着中华优秀传统文化的真脉;校训中传递的理想信念,与中华民族的优秀传统文化与时代精神有着高度契合。就单个中国大学校训而言,它是核心价值观的浓缩;就整体中国大学校训而言,其所蕴含的中华优秀传统文化、时代精神、价值理念、理想追求,成为涵养社会主义核心价值观的重要源泉。

"大学之道,在明明德,在亲民,在止于至善。"社会主义核心价值观,其目的和根本是立德树人,校训亦是如此。人既是校训的逻辑对象,更是校训的价值主体。中国古代最著名的校训《白鹿洞书院揭示》,分为"五教之目""为学之序""修身之要""处事之要""接物之要",实际上包含了很多对品德修养以及修身养性的一种倡导。在我看来,白鹿洞书院最早所提倡的东西就是今天大学校训的一种表征特点,揭示着中国大学文化跟传统文化是一脉相承的。

主持人: 请您谈一下中国校训的发展脉络,中国大学校训特点和分类。校训和校史是分不开的。

贺祖斌: 其实中国现代大学制度也就是一百多年时间,如果要追溯到最早的话,那可能是从洋务学堂开始。对于中国大学一百多年时间,我在《中国大学十大演变》一文中曾经把它分了两个阶段、六个时期。这两个阶段分别是1949年以前和1949年以后。1949年以前有三个时期:第一个时期是洋务学堂的兴起,也就是现代大学制度的兴起;第二个时期是清末初创时期,像北洋大学,也就是现在天津大学的前身,后来的京师大学堂(北京大学前身),都是当时所初创的;第三个时期是民国时期,就是1912年到1949年。新中国成立后也是三个时期:新中国建设时期,从1949年以后到1976年;第二个时期是改革开放时期,也就是1977年恢复高考以后;第三个是大发展时期,就是1999年以后,也就是中国大学扩招之后直到今天。中国大学经过了不同阶段的不同发展,每所大学的发展历史,不同时期有不同的文化内涵,丰富的历史变迁蕴藏着珍贵的办学经验、文化传统和人文精神,是大学最宝贵的精神财富,特别是体现在校训上。大学通过校训建构起自己的身份,大学校训成为大学铭记传统、展望未来的重要载体。

新中国成立之前,特别是在初创时期,一些大学承接了西方的一些办学理念和办学特色,它的校训也体现了中西合璧的特点,有几所名校的校训具有一定的代表性。

一是**北京大学**。北京大学创办在清末维新运动时期,在中国历史上,随着中国的变迁确立了她的历史地位。北京大学现在不提北大的校训,她提"北大精神"。这是在 2014 年,就是教育部核准颁布《北京大学章程》的时候,她确定了"北大精神"。那么北大精神表述主要包括三个方面:继承爱国、进步、民主、科学的光荣传统,弘扬勤奋、严谨、求实、创新的优良学风,秉承思想自由、兼容并包的学术精神。实际上在北大的办学历史上,最初是由蔡元培先生提出"思想自由,兼容并包"的办学思想。蔡元培先生于 1916 年 12 月份出任北京大学校长,可以说开启了中国高等教育的新时期,因为这个时期对中国怎么办大学没有很好的设想,那只能从西方国家来吸取一些办学思想。蔡元培先生是从德国、法国留学回来的,也移植了很多西方国家的一些大学理念。他说:"我对于各家学说,依各国大学通例,循思想自由原则,兼容并包。"他是第一个提出学术本位的大学校长。"思想自由,兼容并包"的一些办学理念,实际上体现在老师的选人这方面,他不仅重用了像陈独秀、胡适、李大钊、鲁迅这一派新派人物,新文化运动的旗手,同时也吸收了像刘师培、辜鸿铭等一派旧派思想领衔人物,那么在学校里面就更具有这种学术讨论的氛围。蔡元培先生主张的"思想自由,兼容并包"的办学理念使得新文化运动的一些领袖们聚集在北京大学,北大也就成为五四运动的策源地。2014 年总结概括出来的这个北大精神,我觉得它把不同阶段的一种校训精神或者办学精神都体现在其中,因此也体现了北京大学一百多年来的立学、办学、求学、治学的一种价值追求,也突显出一所大学以及大学里面的成员的国家理想、社会责任和个人情怀,也反映出对教育规律、对学术精神的坚守和尊重。如今,"北大精神"已成为北大人的灵魂标志,是北大历久弥坚的精神动力。

二是**西南联合大学**。西南联大是一所特殊时期的特色大学,是中国抗日战争开始后高校内迁设于昆明的一所综合性大学。由国立北京大学、国立清华大学、私立南开大学联合组成。西南联合大学与中国抗战共始终,国立西南联合大学在昆明办学经过了整整 8 年时间。有人说过,如果说中国有过一所世界一流大学,那她就是西南联大。她在极其艰苦的条件下办学,培养了大批做出巨大贡献的杰出人才。据统计,在西南联大师生中,后来有171人,其中学生92人,成了中国科学院和中国工程院院士。她的校训"刚毅坚卓"真实地体现了当时办学的艰辛和对国家责任的精神追求。

三是**清华大学**。清华大学的校训是"自强不息,厚德载物"。当年,梁启超在清华大学任教时,给清华学子以《论君子》为题做了演讲,他在演讲中希望清华学子都能继承中华传统美德,并引用了《易经》的"自强不息""厚德载物"等话语来激励清华学子。此后,清华人便把"自强不息,厚德载物"八个字写进了清华校规,后来又逐渐演变成为清华校训,并得到清华人和社会的公认。

四是**厦门大学**。2012年到2013年我在厦门大学工作过一段时间,对其校训比较了解。1921年,陈嘉庚先生创办厦门大学,并确定校训为"自强不息",新校长林文庆上任后将校训改为"止于至善",后来又演变为"自强不息,止于至善"两者的结合。可以这么说,厦门大学建校之初将"自强不息,止于至善"定为校训,90多年来,一直都没有变化过,旨在激励厦大师生积极进取,继续弘扬校训精神,努力开拓、追求至善至美,以达到创办大学之目的。"自强不息"见于《周易·乾》"天行健,君子以自强不息;地势坤,君子以厚德载物",指的是自觉地积极向上、奋发图强。"止于至善"出自《礼记·大学》"大学之道,在明明德,在亲民,在止于至善",也就是说不达到十分完美的境界决不停止自己的努力。

有学者认为"大学都有深厚的历史底蕴,这种底蕴往往体现在学术传统和校风校貌上,也体现在学校的个性和气质上"。从某种角度来说,这种气质一定程度体现在她的校训内涵上。我们可以从国内众多名校的校训上看出她的"精、气、神"。比如,南开大学的"允公允能,日新月异";北师大的"学为人师,行为世范";天津大学的"实事求是";浙江大学的"求是创新";武汉大学的"自强、弘毅、求是、拓新";中山大学的"博学、审问、慎思、明辨、笃行";等等。这些大学久经沧桑,终成名校,实践着校训的思想,体现了校训的精神。大学校训是大学精神的表征反映。

主持人:在特殊历史时期,我国有部分教会办的大学,比如苏州大学的前身东吴大学,上海的圣约翰大学等,他们的校训有什么样的特点?

贺祖斌:在中国西学东渐时期,基督新教教会和天主教教会在中国开办的一些大学,被称为教会大学,对中国的文化、教育、医学等影响很大,比如辅仁大学、燕京大学、协和医学院、沪江大学、东吴大学、圣约翰大学等。1951年年底,所有教会大学都由人民政府接收,通过改名、合并等方式进行了改造。

苏州大学的前身是东吴大学。东吴大学是一所教会大学,她的校训是"养天地正气,法古今完人"。这个校训精神也充分体现了中华民族的精神;东吴大学的法学人才的培养具有世界的高度,世界的水平。在历史上曾经有一个影响非常大的事件:在1946年东京大审判的时候,曾经有十多位校友参与了这次审判,担任了法官或检察官。在这个世纪大审判当中,他们对日本的一些挑衅,对日本军国主义的战争罪行的强辞狡辩,以法律为依据,驳斥了相关的狡辩,也是为国家负责,为民族雪耻的这种精神,让那些给中华民族带来不幸的战争狂魔受到了法律的庄严审判。这也是东吴大学的校友们共同为国家、为民族做出贡献的一个记忆。东吴大学所培养出的人才在国家危难时期、在民族发展时期做出了他们应有的贡献。"养天地正气,法古今完人"的校训已经超出了一个学校的时空范围,成为中国精神的凝练表达。

主持人:新中国成立后发展起来的高水平大学,比如中国科技大学,他们的校训与办学历史比较长的大学有什么区别?

贺祖斌:中国科技大学是新中国成立以后所创办的一所非常著名的大学。1958年,为响应中央所提出来的向现代科技进军的号召,中科院包括华罗庚、钱学森等著名科学家提出在中国科学院雄厚的基础上,创办中国科学技术大学。这个提议得到当时的中央领导的高度重视,从筹办到开学仅仅用了四个月的时间,这在中国大学历史上是少有的。校训"红专并进,理实交融"直接源于校歌《永恒的东风》,歌词由首任校长亦是中国科学院首任院长郭沫若创作。科大的校训看起来很朴实,但是也反映出当时创办这所学校的历史背景和时代背景。"红"所强调的是一种理性,是一种信念,那么"专"更多突出的是一种专业特点,扎实的学术基础。"理实交融"也是我们当今大学里面所倡导的一种办学理念,所以说她的校训从创办到现在一直坚守着,我觉得它更加体现出这所大学的特点,也更加体现出中国共产党在解放之后所创办的高水平大学的办学理念。

主持人：请您具体谈一下，广西师范大学的校训及校训故事。

贺祖斌：有着八十多年办学历史的广西师范大学，经历了广西省立师范专科学校、省立桂林师范学院、国立桂林师范学院、广西师范学院、广西师范大学等不同的时期，其校训源自独有的精神气质和特有的文化品格。广西师范大学地处桂林，王城校区有着千年文脉，有南朝宋人颜延之在王城内独秀峰下的"读书岩"，也有唐朝李昌夔在王城内的独秀峰下建立了广西第一所府学，还经历了明朝靖江王府，清朝把王城变为乡试贡院，因此独秀峰下的王城具有千年文脉是有历史渊源的。

广西师范大学"尊师重道，敬业乐群"这一校训源自 1932 年广西省立师范专科学校时期。首任校长杨东莼在执掌广西师专时期，非常注重思想教育和优良校风的树立。他提倡集体精神、勤奋读书、师生合作、以诚相待。1932 年 10 月 12 日，杨东莼在广西师专隆重举行开校暨校长就职典礼，我在 2018 级新生入学典礼上回忆了这一段历史：在就职典礼上，杨东莼提出了师专是"建设广西之柱石"的口号，并指出，要"即知即行""教学做合一"，他还特别强调实施"自由研究"的办学方针。杨东莼所确立的校训"尊师重道，敬业乐群"这八个字看似平常，实则内涵丰富。现在，在雁山校区立有杨东莼塑像以示纪念。

"尊师重道"强调师与道相连，教师与学问相通，因而，尊师就是重道，尊重教师就是敬重学问；尊师重道体现了尊重师长、敬重师道的传统美德。"敬业乐群"："敬业"要求学生热爱并专注于学业，"乐群"则要求学生乐于并善于与他人合作；能否做到敬业乐群影响着学生日后能否"小成"乃至"大成"。"尊师重道，敬业乐群"是广西师范大学"师范"特征的集中体现，也是对培养优秀教师的一种教育自觉。

一所大学能留给后人的只有两样东西：大学精神和建筑，但只有精神才是永恒的、可传承的。然而，大学精神需要历史的积淀，数代人的不断努力和积极进取。大学校训就是一所大学的灵魂，是一所大学对历史的继承与对未来的执守，她彰显着大学精神的实质，反映着大学文化的传统，激励师生继承大学传统，光大大学精神。

主持人：您认为中西方大学校训有什么差异？

贺祖斌：西方大学和中国大学，大学本身就不一样，因此她的大学校训也不一样,比如哈佛大学校训,所提的就是"真理",西方大学民主、科学这方面提得多一些。像中国大学校训里面,倡导"德"比较多,像厚德、修德、明德等,这说明中国大学更多强调品德的修养,以德为先,我想这也是反映出中西方大学的区别之一。另外,在中国大学校训里面,特别是这些年的发展,更多是追溯于中国传统文化里面的一些精神和大学本身的发展能够结合起来。因此,有个特点就是中国大学的校训更多体现中国传统文化,西方大学的校训更多体现一种民主科学精神,我想这是中西方大学校训的一个区别。

回望喻家山①

岁月如梭,回望刚刚踏进喻家山下的华中科技大学教科院,一晃近20年。

那是2001年秋,我的心,像武汉的秋,有些火热。怀着忐忑不安的心情走进了仰慕已久的华中科技大学,来到美丽的喻家山脚下,开启了我人生的另一次征途。

校园里树木葱茏、碧草如茵,优雅和秀丽的生态环境,是读书治学的理想园地。青年园林荫道漫步休闲,四月天喻家山登高晨练,每每想起,魂牵梦绕。经过几年的学习和积累,老师们把我引入了全新的学术殿堂,拓宽了我的学术视野,扩大了我的学术交流范围,同时也将学到的知识直接用于教育管理工作中,提高了自己的管理水平。师从导师文辅相先生是我一生的荣幸,先生博学多才,思维敏捷,治学严谨,为人宽厚,温文尔雅。先生的指导既严格要求,又温笃善诱,令我终生感激与敬佩。博士论文选题中的三次易题,每次都在与先生讨论中得到新的启迪,在不断自我否定中得以升华。选择"高等教育系统的生态学分析"这一跨学科的博士论文命题也许基于我的本科、硕士阶段的学习专业:本科是生物学科,研究生是教育学科,又从事高等教育管理工作多年,使我总想在这两个学科之间找到一个结合点,"高等教育生态"正好满足了我这种特有的"学科情结"。同时,我坚信从一种新的视角切入必然对高等教育有新的解释,正是这种信心使我在认定的道路上坚持走下来。

---

① 作者为纪念华中科技大学教育科学研究院建院40周年而作,并于2020年10月19日在建院40周年庆祝大会上作为唯一的毕业院友代表致辞。

2004年毕业后一直在高校从事教育管理和研究工作,分别在广西师范大学、南宁师范大学、广西广播电视大学、厦门大学、玉林师范学院等多所高校任职任教。在校学的专业知识为后来的管理工作奠定更加坚实的基础。我在论文写作中提出"高等教育生态承载力"理论,并在工作实践中形成一套鲜明的理论体系,也是国内首次提出"高等教育生态承载力"理论并对其进行论证的。具体而言,主要可从以下三方面理解:高等教育发展的适度理论——在高等教育发展上主张"适度",把握教育的运行规律,造就大学教育可持续发展的良好状态;高等教育发展的适应理论——对于整个教育系统来讲,只有"适应"其生态环境才能使教育发展顺利进行,才能使教育系统与环境之间保持生态平衡;高等教育发展的适中理论——"适中"在现代控制论里就是适度调整,对大学教育发展而言,这是一种有效的控制方法。在工作实践中脚踏实地,在我所主政的三所高校,提出并实施的控制招生规模、扩大教师招聘数量、加强学校基础设施建设、调整和优化专业结构、高等教育可持续发展等措施无不受"高等教育生态承载力"的思想影响。

记得刘献君教授在读书时专门写给同学们的信中说:"人的一生有很多事情要做,其中不少事情,多做一件少做一件,无关大局,但有些事情,则影响自己的一生,必须抓住不放,攻读博士学位就属于影响一生的事。"语言朴实,蕴涵着深奥的人生哲理,催我奋发,至今铭记于心。别敦荣教授、张应强教授、赵炬明教授,他们既是我博学的老师,教我知识,又是我宽厚的兄长,教我为人。毕业之后,在后来的学术交往中,成为非常好的朋友,并一直得到他们的指导和教诲。另外,原教育部周济部长、老校长朱九思先生和杨叔子先生、著名哲学家涂又光先生以及冯向东教授、沈红教授、陈敏教授、杨德广教授、张楚廷教授等,他们在课堂上的教诲对开启我的研究思维、完善知识结构、提升科研能力都起到了很大的帮助作用。

在高校,有句话说:华中科技大学是培养大学校长的地方[①]。不管这句话是否有道理,但很多大学校长的办学思想深受华中科技大学教科院的教育思想和培养模式影响,这话不假。大学是人类永恒主题的守护者,大学校长应该是人类理想的坚定实践者和追随者。不少大学校长,从华中科技大

---

① 据统计,截至2020年6月,华中科技大学教育科学研究院毕业研究生2829名,其中博士531名,在高校担任校级领导者有155名,其中正职93人,副职62人。

学的办学思想中汲取营养,受院校研究的思想影响,按照现代大学的办学规律,追求有特色的办学模式、教育理念,这更加体现了华中科技大学教育科学研究院办院四十年的丰硕成果。

我在博士论文的后记中写道:"'和而不同,中庸为道'所倡导的多样性统一和适度协调发展的生态理念,这是我在做论文的同时产生的另外一种思想收获和人生感悟,并以此作为座右铭自勉之。"如今,这句座右铭一直挂在我的办公室,并成为我人生、思想和工作的指导。

回望喻家山,她那深邃、博大、包容,所承载的科技、人文相融的文化,是莘莘学子的精神家园和永远的骄傲。

● 大学小语

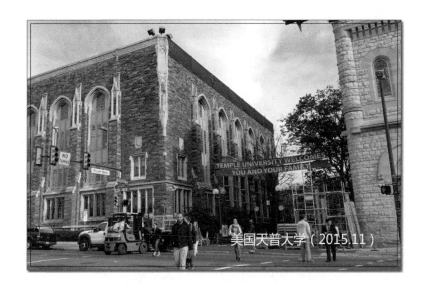

美国天普大学（2015.11）

　　人文教育指的是培养人文精神，提升人的道德、精神、价值观的教育，是指对受教育者所进行的旨在促进其人生境界提升、理想人格塑造以及个人与社会价值实现的教育，其实质是人性教育，其核心是涵养人文精神。

涂又光的"泡菜坛子"

罗海鸥教授是文辅相先生门下我的同门师兄,时任岭南师范学院校长,他是一个非常热心的人,做事执着,有股劲头。他电话告诉我,2014年12月初,在涂又光先生逝世两周年之际,准备与华中科技大学教科院在湛江共同举办"涂又光教育思想研讨会",嘱我写点文字参加会议,纪念涂先生。读博士期间,老校长朱九思先生、杨叔子先生、哲学家涂又光先生、时任教育部部长周济先生(曾任华中科技大学校长)、资深教授文辅相先生、刘献君教授等大家都给我们上过课,现在回想起来,大师云集,有幸聆听大家的教诲,真是荣幸之至。这次研讨会,来参加会议的又多数是华中科技大学教科院的老师和院友,我理所当然应该参加。于是,以《涂又光"人文·科学"思想与当代大学特色发展》为题撰写论文参加会议。

涂又光先生是当代著名的哲学家、教育家,学贯中西,德高望重,又是著名哲学家冯友兰先生的弟子。涂又光先生的教育思想很多,最著名的是"泡菜坛子"理论,即泡菜的味道取决于泡菜汤,泡菜的原料、制作工艺等会影响和决定泡菜的质量,但是真正决定泡菜口感风味的是泡菜汤。他认为,大学校园环境好比泡菜汤,它影响和决定了浸泡其中的莘莘学子的思维方式和行为风格。好的校园环境如同一缸好汤,学生进了这个环境,好比泡菜原料投入汤料之中,时间一长就会发生化学反应,最后形成具有完整人格、健康身心、满腹经纶、能力达标的高级专业人才。反之,所培养的学生出了问题,如果不是个别现象,就有可能是校园生态环境出了问题。其实,"泡菜坛子"理论实质就是"大学文化",因此,他的这套理论对当时的大学文化建设有相当的影响。

还好,我手上有一本华中科技大学出版社出版的《涂又光文存》,细细阅读,他的很多文章和观点从中可以分享。我研究的角度,就选他的"人文·科学"思想,这方面的思想给当代大学在特色发展的方向上带来很多启迪。涂又光先生的"人文·科学"思想的内涵十分丰富。

涂先生认为,我国高等教育的发展,经历了从传说五帝到清朝末年的"人文"阶段,民国以来的"科学"阶段,正在发展为"人文·科学"阶段。西方高等教育在大学兴起以前,是教会主持的"人文"阶段,大学兴起以后是大学主导的"科学"阶段,也正在发展为"人文·科学"阶段。① 在"人文·科学"阶段,两者之间的关系却相处得并不融洽,一方面是搞人文的人对科学的猜疑与敌视,另一方面是科学主义的横决。科学主义将科学真理视为唯一真理,将"经验的确定性"作为知识唯一的衡量标准。如此一来,人文学则被赶出了"知识"的庙堂。对于人文与科学之间的紧张形势,涂又光先生认为,在"人文·科学"阶段,人文与科技,是一个背包的内容,不是一副担子的两头。在"人文·科学"阶段以前,我们都将人文与科技看成了一副担子的两头,也就存在孰轻孰重的问题。② 在大学办学行为中,也潜藏着重科学轻人文的现象。

针对人文与科学之间的紧张关系,涂先生提出"文明的特色在于人文而非科学""人文为科学启示方向"的观点,不仅道出了两者的区别,也挑明了两者之间的内在联系。涂先生从认识论、文明两个角度来看。

从认识论角度看,涂又光先生将认识论分为"人文认识论"和"科学认识论",前者的根本原则是主客合一,后者的根本原则是主客二分。主客体关系的不同是区分人文与科学的关键。涂先生认为:"主客合一的认识论,就是《老子》第54章说的'以身观身,以家观家,以乡观乡,以邦观邦,以天下观天下',简言之,以自己认识自己。"③可见,人文是以人的生活为内容,科学是以自然世界为内容。以自然世界为研究对象则得出科学真理,以人的生活为研究对象则形成价值真理。人文由人文知识和人文精神两部分组成。人文知识对人文世界基本常识的学习,如,尊重他人、维护公共秩序等

---

① 涂又光.涂又光文存[M].武汉:华中科技大学出版社,2009:266.
② 同上书,第299页。
③ 同上书,第268页。

诸如此类,也即是《老子》说的"为学";人文精神是对人文知识的一种践行,如,在公共场合不大声喧闹,不随地丢垃圾,等等,也即是《老子》说的"为道"。高等教育不仅要向学生传授人文知识,以形成自己的人文传统,更应该鼓励广大师生在日常生活中践行自己的传统,以彰显学校独特的人文精神。

从文明的角度看,涂先生认为:"人类全部生活,固然是不可分割的整体,仍可大致分为物质生活、社会生活、精神生活等三个领域。"[①]精神生活对应着哲学、宗教、文学、史学等学科,社会生活对应着政治、经济、文化等学科,物质生活则对应着科学技术诸学科。从学科的适应性角度来看,物质生活领域(科学技术)的成果可以惠及全球;而精神生活领域(哲学、宗教、文学、史学)的研究成果是对某一地区生活的观照,其适用范围只能适用于本土。社会生活领域(政治、经济、文化)的研究成果有的可以适用于全球,有的只能适用于本土。可见,科学技术和部分与国际对接的政治、经济和文化成果适用于全球,而哲学、宗教、文学、史学等学科和与国内生活对接的政治、经济和文化成果只能适用于本土。

人类全部生活的总体,表现在文明。除了科学技术,其他都可以合称人文。于是文明就包括人文与科技,而人文适用于本土,科技适用于全球。可见,区分各个文明的标志只在人文,不在科技。因为科技适用于全球各个地区,从而形成了各个文明之"同",如,汽车的研制成功,就惠及全球各个地区。唯有人文适用于本土,始见各个文明之"异"。因此,各个文明内的科技,都是同质的过程,各处于不同的阶段,故有优劣之分,如火车的速度,快过马车数倍。各个文明内的人文,彼此是异质的过程,都有存在的资格,只有异同,不分优劣。因此,在各个学校的科学研究进程上存在的差异,只不过是同质过程不同阶段的差异。而在人文学科研究上的差异,则是异质过程的差异。

对于人文与科学之间的关系,涂先生认为人文与科学的关系是"人文为科学启示方向"。近数十年来,世界大学教育的趋势是科学压倒了人文。从各地每年的文理科招生的人数,我们可以清晰发现人文学科已然处在被压

---

① 涂又光.涂又光文存[M].武汉:华中科技大学出版社,2009:296.

制地位。而涂先生提出"人文为科学启示方向"的观点,不仅为人文找准了存在的依据,也为科学找到了存在的价值。科学举世皆同,人文因地而异。科学因人文的不同而展现不同的效果。火药是科技的产物,西方用其制造杀人的炮弹,我们中国人却用其制造绚烂的烟火。

我文章中以上的一些观点,就是涂又光先生关于"人文·科学"的核心内涵。

说起涂先生,有不少轶事。涂先生是华科(当时都惯称"华工")独一无二的人物,他身材魁伟、银染双鬓,走路时双目炯炯、目不斜视、步履沉稳。涂先生学贯中西,博大精深,选修涂先生教育哲学课的博士生们总结关于他的三大特点:奇、怪、怕。但是,无论喜不喜欢涂先生的人,无一例外地承认,他确实是独特的。涂先生是坚定的中国传统文化的维护者,而且在生活中尚行古风,对一切现代的东西深恶痛绝。华工的老师、学生间常常传诵着他的独到学说乃至逸闻趣事。我读博士时,涂先生给我们讲的是《中国高等教育史》,记得当年先生上课时身着褐色中山装,目光如炬,扫视一圈,正襟危坐,手执蒲扇,然后开讲,课前有助理帮扛来一块小黑板,绝对使用黑板粉笔教学。有时,上课当中突如其来的抨击时弊、声色俱厉、怒而骂人已经见怪不怪了,那种特立独行的性格让我们领教他的教学风格。虽然毕业多年,后来我们常常回忆起华工岁月,免不了会说起他,感叹在今天这个浮躁的世界上,在如今的讲堂上,敢于凭良心、立真言、有真学问的知识分子还有多少呢?

2007年8月,时任华中科技大学教育科学研究院院长的张应强教授在涂又光先生八十华诞庆祝会上,朗读了一篇千字文,算是对涂先生的一个客观评价。今天抄录部分内容于此,以示纪念。

> 没有大师出现的大学,不能被称作一流的大学;有了大师,而不知拥戴、崇仰的大学,是没有希望的大学。"先生"这个词语在我国古已有之,是对教师最悠久、最尊敬的称谓,已经流传了几千年,体现了中华民族尊师重教的传统和美德。先生的称谓应该送给像涂先生这样学贯中西、德高望重、声名远播,而又具有中国传统人文知识分子性格的人。
>
> 先生是说道讲道的,既讲"知道",又讲"体道"——"知道为智,体道为德";先生是治学的,治"道""德"之学、史论之学、人文教化之

学——"修辞立其诚";先生是育人的,知育人,德育人,身育人——"泡菜坛子化育人";先生是学贯中西的,既通西洋,又续孔孟老庄,强调大学要促进文明本土化。先生是静观世象的,观力象,观利象,观理之象,主张大学之准确定位在文化中。

2016 年 2 月记于桂林自然坊

再读蔡元培

多年前读过《蔡孑民先生言行录》,当时从高等教育研修者视角学习;历经多年后,重读该书,另有一番感慨。这是蔡元培先生的一部重要思想言论著作,1920年由新潮社编辑出版,其见解通达透彻,主张客观明晰,当时青年后学"莫不揣摩究察,以为立身必读之书,培根必由之途"。

蔡元培围绕大学教育、文化、艺术、社会政治等诸多方面提出自己独到的见解和主张,涉及大学教育方方面面,在他的众多思想中,其教师选聘思想和办法尤其让我有感触。他在1917年1月9日的就职演说上宣布:"大学者,研究高深学问者也,大学学生以研究学术为天职,不当以大学为升官发财之阶梯。"并向全校学生提出了三项要求:"一、抱定宗旨;二、砥砺德行;三、敬爱师长。"为实现这一目标,他实行"囊括大典、网罗众家、思想自由、兼容并包"的治校方针,除旧布新,开启大学改革之先河。

蔡元培提出学术研究为立校之根本。他反复强调:大学是教师和学生"共同研究学术之机关"。要办好一所大学,使其在学术方面有所建树,主要取决于教师、学生和教学制度等要素。在对教员的选聘上,蔡元培把学术造诣作为唯一标准,他说:"选聘教员,不但要求有学问的人,还要求于学问上很有研究的兴趣,并能引起学生的研究兴趣的。不但对世界的科学取最新的学说,就是我们本国固有的材料,也要用新方法来整理它。"他物色教员不重资历,注重学识,同时体现他"网罗众家"的办学思想,既聘请了李大钊、陈独秀、胡适、鲁迅、杨昌济等"新派人物"来校任教,又聘请著名物理学家夏元

---

① 该文以《蔡元培如何为北大选教师》为题发表在《南方周末》2017年2月9日第7版。

瑮任理科学长,其他学科有知名教授李四光、颜任光、任鸿隽、李书华等任教。他还特别注意从青年学者中选拔人才,比如梁漱溟到北大任教时年仅24岁,只有中学学历,但他的《究元决疑论》颇有影响,于是蔡元培聘请他讲授印度哲学。蔡元培也礼聘世界著名科学家居里夫人、杜威、罗素、杜里舒等外国著名学者来北大讲学,吸纳各学科的先进成就。

蔡元培主持制定了《教员选聘实施细则》,选聘教师坚持学术造诣一个标准;他还组织了一个教员聘任委员会,凡新聘或延聘的教授,都要通过委员会的审查决定去留。在广泛聘请具有真才实学教员的同时,蔡元培也淘汰一批不称职的教员,让教师队伍保持其优秀、年轻和先进性。蔡元培这一系列的措施,使国内各方面的名流硕学及后起之秀汇集于北京大学,很快便形成了崇尚学术的氛围,大大激发起学生的求知兴趣,衰颓的学风骤然为之改观,对"振兴学术"产生了极大作用。

中国大学经过百年的发展,今日大学的教师生存环境与过去大不相同。特别是在"双一流"大学建设背景下,各大学在师资队伍建设方面,十分重视,出台系列政策,投入大量资金引进和培养人才,但一些现象的出现不容忽视:一方面,现有的高层次人才引进,学位以"博士",人才以"院士""万人计划""长江学者"等各层面遴选的人才为主,混淆"高层次人才"和"高水平人才"的概念,缺乏明确的分类和标准,缺乏个性化遴选条件,造成优势学科与弱势学科之间发展不平衡。另一方面,一些地方大学过度偏重对学历、职称、学术成果的考察,或重学历轻能力,或迷信名牌大学,对道德、人文素质、心理、发展潜质、学科忠诚度等方面的考核不足,对成果的评价指标化、数量化,SCI泛化,用简单、量化的标准作为评价体系,对教师的个性尊重不够,不符合大学多样化的需求。另外,一些大学缺乏明确的目标和整体规划,迫于学科建设、教学评估等阶段性任务的压力,对学科需求、师资结构等方面缺乏深入分析和论证,导致盲目引进人才,没有充分发挥其作用。同时,东西部地区发展的不平衡,导致大学之间新的一轮人才无序竞争。这些现象的出现是对人才的伤害,需要我们警惕。蔡元培先生的选人用人之道更值得我们的大学管理者借鉴和思考。"钱学森之问"再次让我们思考:"为什么我们的学校总是培养不出杰出的人才?"这道艰深命题,需要整个教育界乃至社会各界共同破解。

曾国藩的读书

到访曾国藩的故居——"富厚堂",实属偶然中的必然。

深秋,应邀到湖南一所大学进行学术访问,学校有曾国藩研究所,收集有曾国藩研究的系列史料,学校有数名研究曾国藩的专家教授,访谈之中,就如何挖掘其本土历史人物价值相谈甚欢。活动结束之余,应邀前往"富厚堂"参拜,了我多年夙愿。

早些年,读曾国藩《治心经》:"治心之道,先去其毒,阳恶曰忿,阴恶曰欲;治身之道,必防其患,刚恶曰暴,柔恶曰慢;治口之道,二者交惕,曰慎言语,曰节饮食。"于我影响颇大,多年将其置为枕边书,一直以修为有襟怀、气量、品格之人为目标,志于"心如鼎镇,志如磐石"。虽然,内修心智,外练肃严,但内心常受外界世俗功名所困,无法成就圆融通达、超然物外之豁达心境。但曾国藩为世人所敬仰的德行操守、立身之本一直是我时时自省之样板。今日,有缘参拜故居,即使两次改签回程机票也不失此机会。因此,偶然,必然也。

在该校湘中文化研究专家石潇纯教授的陪同下,从娄底驱车不到2小时即到位于双峰县荷叶镇的"富厚堂"。出面接待的是曾国藩研究会的主任、曾氏家族的"管家"胡卫平先生,他专事富厚堂的修复、管理、开放等工作20多年,并孜孜不倦、广泛深入地研究曾国藩及其家族,成为曾国藩研究的著名"草根学人"。

由"宅西门"进入,富厚堂坐南朝北,背倚鳌鱼山,峰峦叠嶂,群山环抱,广阔田野,小溪东去,风水极佳。富厚堂又称"毅勇侯第",缘于同治三年(1864年),曾国藩被诏封"太子太保",加封"一等毅勇侯"。如今,门匾上

"毅勇侯第"四个古老斑驳的御赐大字,昭示着这座侯府曾经的辉煌和荣耀。人去楼空,这座标志着主人地位显赫的侯府,经历一百多年的风雨沧桑,主人费心营构的富厚堂,剩下的仅是一座回廊式的四合大院框架。从历史的遗迹中,我们试图找回那曾经的辉煌。

匆匆一行,在大致了解门前的半月塘、门楼、主楼、荷花池、后山鸟鹤楼、棋亭、存朴亭之后,对我而言,让我伫立思索的是藏书楼、八本堂、思云馆。

富厚堂的藏书楼平日不对外开放,同是爱书人,胡先生特地向我推荐,藏书楼才是富厚堂的"精神中心",那不能不看。富厚堂的藏书楼,分南北两端,南端是曾国藩的公记书楼和儿子曾纪泽的朴记书楼,北端是曾纪鸿的芳记书楼。藏书楼是富厚堂的精华所在,各类藏书约30万卷,是中国近代最大的私家藏书楼。公记书楼也称"求阙斋",科举入仕的曾国藩,自然深知通过读书达到"学而优则仕"是求功名的唯一途径,他一生与书结缘,读书爱书,终成晚清中兴名臣。曾国藩做官不嗜钱,但爱书。在京师为官时,即自辟书室曰"求阙斋",意喻"求自有缺陷不满之处"。富厚堂藏书楼是在曾国藩亲自敦促下建造的,"求阙斋"藏书楼为三层建筑,面积约一千平方米,主要收藏曾国藩的大量书籍和手稿。曾国藩有手不释卷的读书癖,更有孜孜以求的藏书癖,"余将来不积银钱留与子孙,唯书籍尚须添买耳"。他十多年京师为官,公务之余,流连书铺,遍访书友,广泛搜罗。身居高位之后,地方官和士绅投其所好,大量呈赠书籍字画,不乏珍品。他奋斗一生,除繁忙政务、带兵打仗之外,其嗜好就是读书、搜书、藏书、著书,生平著述繁多,著有《曾文正公全集》158卷,其思想、治学态度给予后人深远影响,尤其是他的子孙诗书传家,代有名人。藏书楼是曾府四代人的精神精华、四代守书人的精心保护而成的,一直是曾氏家族的"精神中心"。说他是中国传统文化之集大成者,是"中国古代历史上的最后一人,近代历史上的第一人"实不为过。

曾国藩自创读书"四法",注重持久、精读,"穷经必专一经,不可泛骛。读经以研寻义理为本,考据名物为末。读书有一'耐'字诀,一句不通,不看下句;今日不通,明日再读;今年不精,明年再读。"(《曾国藩家书》)他说:"万卷虽多,而提要钩玄不过数语。"读书注重消化归纳,提出自己的精当见解,其见解可谓精辟。曾国藩对自己读书的要求:"日课有程,持之以恒;博求约守,不拘门户;提要钩玄,善于概括;挈长补短,与时变化。"曾国藩的读书规矩和经验,道出了读书的态度、原则、方法和手段,成就他为治学严谨、博览群书的大家。时至今日,在学风浮躁、功利熏蒸的大环境里,其读书法则更值得现代读书人效仿。

  胡先生特别推崇"八本堂"。曾国藩说,凡事皆有至浅至要之道,不可须臾离者,因欲名其堂曰"八本堂"。"八本堂"黑底金字匾额为曾国藩所书,额下是曾纪泽所写其父的"八本"家训:"读古书以训诂为本,作诗文以声调为本,侍亲以得欢心为本,养生以少恼怒为本,立身不妄语为本,居家以不晏起为本,居官以不要钱为本,行军以不扰民为本。"这"八本"中,我认为,当下最缺失而且最应该倡导的是"侍亲以得欢心为本""居官以不要钱为本",即如何"为孝"和"为官"。当今,中国传统道德的沦丧,官员腐败的层出不穷,数千年来建构的传统道德体系崩溃,更应该强调做人做官的底线,即为孝以"欢心"为本,为官以"不要钱"为本,看似最基本的东西,恰恰是我们当今社会最缺失的。"不妄语"在个人修身养性中值得提倡,即不放肆、不狂妄,立身之事,忌轻浮和自满;"少恼怒"作为养生之道,曾国藩说:"古以惩忿窒欲为养生要诀,惩忿即吾前信所谓少恼怒也,窒欲即吾前信所谓知节啬也。因好名好胜而用心太过,亦欲之类也。"实可为今人养生养心之准则。

  以"八本"为代表的曾国藩家训,一直为后人所遵循,形成了湘乡曾氏文化世家,其一支优秀的人才群体构成了这个文化世家。在科举考试时代,有秀才、监生、优廪生、优贡生、举人、进士达20余人。废除科举考试之后,这个人才群体中有160多人接受了高等教育,不少人还留学欧美或日本等国,其中取得博士、硕士、学士和获得院士、教授、研究员、高级工程师等职称的多达百余人。他们分别在不同的时代有一大批杰出人才在许多领域为社会做出了积极的贡献。胡先生如数家珍将曾家后人成就一一罗列,娓娓道来,他还特别提到,尽管社会动荡,世事变迁,但曾家后人一直低调谦卑,遵循家训,极少在官场作为,为世人所称道。

  站在"思云馆"前,我试图从这里领悟曾国藩当时的心境和思想的转变。

  思云馆大门联为:"不怨不尤但反身争个一壁静;勿忘勿助看平地长得万丈高。"这本身就说明了当时曾国藩的心境。思云馆本是为纪念父母,取"望云思亲"之意而筑。此时,曾国藩在江西战场,每每失意,处境十分困难,心生退居之意。然而,通过在思云馆一年多的反思,其思想发生了重大转折,即用"黄老之术",通过"无为"而达到"有为"。他再次出山带兵,以"柔道"而行,集"敬胜怠,义胜欲;知其雄,守其雌",嘱与有"旧恶"的左宗棠为其书联,并和好如初。从此,曾国藩在政治、军事上极为顺利,节攀高升。这是曾国藩又一次思想变化的转折点,在这里他超脱自身,冷静思考,从外围看时局的变化,理清思路,确立行为方向。因此,人的思想变化,需要思考的时间和空间,不能过分忙于繁杂的事务中,不时给自己留一些空间,思考自己的行为和环境,才能有变化和进步。正是由于不断修为、反思,曾国藩一生严于治军、治学、治家、修身、养性,博学多才,为世人修身治家之楷模。

偏居一隅,宅院幽深,文脉深厚。静卧的大院,任凭岁月的流逝,社会的动荡,它仍然一如既往地保持着缄默,正如其主人身前为人行事一向谨言慎语一样,默默地看着浮华尘世,历史变迁,任时光荏苒,依然不动。

离开时,看着胡卫平先生那执着坚守、笃定务实、无怨无悔的表情,我想,家族的文脉传递,几代人的无怨守护,这正是中华文化薪火相传的精髓所在。

匆匆之行,偶有所感,点滴记录,敬仰之修身,感慨之读书,以此为记!

2012 年 11 月 26 日写于厦门大学

通识教育在我国台湾①

2011年夏,我带队"广西学位与研究生教育台湾考察团"到台湾清华大学、台湾政治大学、台湾大学、中原大学、逢甲大学等五所著名大学访问。我们一行10多人,分别来自广西教育厅学位办和广西具有研究生教育的几所大学,考察的任务重点当然是台湾几所大学的研究生教育制度和教育模式。同时,我还关注着大学的通识教育,台湾各大学的通识教育给我留下深刻的印象。

我们经常将"人文教育"和"通识教育"这两个概念混淆,其实,它们是有区别和联系的。

"人文教育"指的是培养人文精神,提升人的道德、精神、价值观的教育,是指对受教育者所进行的旨在促进其人生境界提升、理想人格塑造以及个人与社会价值实现的教育,其实质是人性教育,其核心是涵养人文精神。人文教育的内容主要包括人文社会学科的内容,特别是文史哲方面的内容。"通识教育"一词由台湾学者根据 general education、liberal education 的思想翻译转换而来,也有人称之为"通才教育""博雅教育"等。这一概念比人文教育要更加宽泛,它不仅包括人文社会科学的内容,而且包括自然科学和技术方面的内容,对它的探讨"不仅涉及其历史发展脉络、基本定理和操作方法,而且涉及其背后的哲学思想、方法论问题以及科学探究的精神"②。

---

① 该文发表在《南方周末》2015年2月25日。刊发时有删改,此处收录原稿。
② 陈向明. 对通识教育有关概念的辨析[J]. 高等教育研究,2006(3):64.

《论衡》中说:"博览古今为通人","读书千篇以上,万卷以下,弘扬雅言,审定文牍,以教授为师者,通人也","通人胸中怀百家之言"。通识教育可产生通才,即博览群书,知自然人文、知古今之事、博学多识、通权达变、通情达理,兼备多种才能的人。这里的通人,即通才。

当我们考察团来到中原大学教学大楼时,有一幅醒目的标语引起我的注意——"育自由思考,重责任伦理,秉全人教育",这就是中原大学一直倡导的"全人教育"办学理念。

接待我们的是副校长胡为善教授,为人低调,儒雅博学,正像他的名字一样蕴含着传统文化的要素——"为善",但他向我们介绍中原大学的"全人教育"的办学理念时,激情澎湃,侃侃而谈。中原大学,是一所综合性的私立大学,也是台湾最早开始全人教育与通识教育的大学。中原大学的"全人教育"吸收美国等发达国家的理念,同时融入中国传统文化的内涵,形成了独具特色的"全人教育"理念和实践,突出了教育的本土性和主体性,体现了现代社会对人才素质的全面要求。

就其内涵而言,"全人教育"是人之为人的教育,是传授知识的教育,是和谐发展心智、以形成健全人格的教育。从某种意义上讲,"全人教育"就是培养"全人"或"完人"的教育。就其教育目的而言,"全人教育"把教育目标定位为:在健全人格的基础上,促进学生的全面发展,让个体生命的潜能得到自由、充分、全面、和谐、持续发展。简言之,"全人教育"的目的就是培养学生成为有道德、有知识、有能力、和谐发展的"全人"。雅斯贝尔斯在他的《大学之理念》中说:"有三件事情是大学必须要做的:职业训练、整全的人(the whole man)的教化和科学研究,因为大学以一身而兼备职业学校、文化中心和研究机构这三重身份。"我想他这里讲的"整全的人的教化"与中原大学"全人教育"的理念一脉相承。

这让我想起我还在华中科技大学读博士时,我的导师文辅相先生的《文化素质教育应确立全人教育理念》一文是中国大陆最早介绍台湾中原大学"全人教育"办学理念的,他经常跟我们谈起他对"全人教育"的理解,他也介绍了中原大学的"全人教育"的理念和做法。

中原大学多年来一直以"全人教育"理念为办学宗旨,其核心思想是

"尊重自然与人性的尊严,寻求天人物我间的和谐"。他们因此达成三个共识、四项平衡和三大目标。"三个共识"是"育自由思考,重责任伦理,秉全人教育"。"四项平衡"是"专业与通识的平衡,学养与人格的平衡,个人与群体的平衡,身心灵的平衡"。"三大目标"是"学术与伦理之卓越,领导与服务之风范,宽广与全球之视野"。为达此目标,学校设计了"全人化的通识课程",采取了"融渗式的教学方法",强调"学术自由,理念治校"。

根据接待人员的介绍,在课程设置上充分体现了"全人教育"的理念,"全人教育"理念提出了如何办出中原特色的系统构想,"专业与通识、学养与人格、个人与群体、身心灵"等四个平衡的推动,在即知即行中追寻教育的真谛,很有特色。特别是在"四项平衡"中的"身心灵的平衡","身心"我们容易懂,"灵"是什么？就是一种"信仰"或"宗教信仰",倡导慈爱、博爱、公义与公平,这是与大陆大学的办学理念很不同之处。在我看来,主张中西文化的相互融合,人文科技的互相整合乃是"全人教育"之核心要义。

中原大学的"全人教育"理念的落实,关键在于课程的设置。中原大学依据"天人物我"和谐的哲学基础,设计了全人化的通识课程,内容涵盖文学、音乐、艺术、舞蹈、戏剧、电影、哲学、婚姻、交友、恋爱、生死学诸多方面。从传统到现代、从本土到世界,认识现世,关怀终极。学生依天、人、物、我四大类最少各必修满2学分,选修通识合计共修满12学分,含共同必修应修满34学分,才具毕业资格。学校开设的各种通识课程应有尽有,从胡校长的介绍材料中,我们看出,开设的通识课程,除语文、历史、宪法外,还有如环境伦理、企业伦理、工程伦理、经济伦理,日本、德国、法国等国的语言与文化,电影欣赏、音乐欣赏、艺术欣赏、山水画欣赏、中国书法欣赏、中国绘画欣赏、台湾民间音乐欣赏、台湾民间艺术、歌剧欣赏、性教育、两性关系、婚姻与家庭、法律与生活、法律与人生、人际关系与沟通、两岸关系、大陆问题、国际关系探讨、心理学与你、心理卫生、心理与人生、生死学、生命奥秘探索、媒体传播、从媒体看天文、思考探微、人生的艺术、创意思解、中医科学观、诠释学、管理与人生、压力管理、现代企业管理、当代教育问题探讨、认识全人教育……学生可根据兴趣与需要,自由选修。

除专任教师外,授课教师大多是兼任教师。在教学方法上,中原大学强调融渗式的教学方法,这是一种潜移默化的教学方法,将所要教学传播的知识与观念化整为零,融合于主体课程之中,在介绍讲解相关主题时,以渗透的方式,将目标主题介绍给学生,使学生于不知不觉中受到教育,潜移默化,日积月累,养成全人关怀。正如一位教授所说,在你长大成人的过程中,你不知道哪一餐饭将你养大。

中原大学的"全人教育"理念,让所有在这里熏陶的学生感受人文关怀,并逐步形成健全的人格,也是对理想人才培养和理想教育的追求。

除中原大学外,我们在台湾清华大学、台湾大学的考察也有很多的体会。我们在台湾清华大学考察时,副校长、教务长陈信文教授接待我们,他对两岸清华的历史渊源、台湾清华大学的行政组织架构等做了简要说明,对台湾清华大学通识教育发展历史、开展通识教育的动因、通识教育特色及成果、通识课程的发展与施行等做了系统阐述。

中午,陈信文教授邀请我们在清华校园一家书店式的餐厅用餐,餐厅很典雅古朴,很有品位。他还邀请了清华的相关学者与我们一起边用餐边讨论,类似于"午餐沙龙",我们与其他学者就大学教育开展了讨论和交流。其实,他们对台湾高等教育也有诸多的不满,其中有两点比较突出:一是教育功利化,教育直接或间接为政治服务,致使教育部门的自主性为之丧失,这些年台湾的政坛乱象直接冲击着大学教育;二是教育商业化,从投资报酬的观点看待教育问题,使教育为经济服务。他们认为台湾社会过于注重经济利益,在物质方面的确进步了,可精神方面即相形落后。大学教学偏重于专业课程,学生追求高分,无意接触多方面的知识,使学生疏于人生价值的思考。因此,他们主张全面推行通识教育,其目的是建立完整的人格,促成人的自我觉醒。他们对台湾大学教育的有些观点和激烈的批判,我是没有想到的。其实,两岸大学虽然管理体制不同,但文化同根同源,教育教学方式相似,当然也存在相似的问题。

在回大陆的前一天,我漫步在台湾大学椰林大道,去寻找校园里那一口为纪念台大第四任校长傅斯年而铸的"傅钟"。"傅钟"上刻傅斯年提出的台大校训"敦品、励学、爱国、爱人"。学校上下课的时刻,"傅钟"都会响21声,缘于傅斯年说过:"一天只有21小时,剩下3小时是用来沉思的。"我们的经济发展了,物质生活丰富了,大学规模变大了,争取了很多世界"第一",但我们大学的人文精神淹没了,我们的精神家园失落了……我更期望大学能够重树大学精神,更能够引领社会道德理想之风尚,造就更多的高素质"全人"栋梁。

通识教育在美国[①]

带着问题到美国大学寻找答案,是这次中西部大学校长海外研修目的之一。

美国大学的通识教育(general education)是我关注的一个问题。上学期,学校在向厦门大学学习的基础上成立通识教育中心,并倡导加强通识教育,以"博通古今中外,雅致科学人文"为宗旨,面对全校开设多个模块的系列通识教育课程。值得一提的是"博雅大讲坛",我们要求全校所有的教授、博士面向全校学生开出至少一门通识讲座,保证学校每周至少有5门讲座,同时教学计划要求学生在4年学习中自由选听15门讲座。虽然试行时间不长,但颇受学生欢迎,教师参与的积极性很高,学校学术氛围变得浓厚。我想,此时赴美学习,美国大学的通识教育一定会给我带来新的启示。

在天普大学(Temple University),该校教务总长、执行副校长 Hai-Lung Dai 博士给我们做了题为《中美高等教育之相通、差异及未来发展》的报告,其中特别谈到在美国大学特别是天普大学实施的通识教育。

从1636年哈佛大学创立至今,美国高等教育已有370多年历史,经历了学习英国、法国和德国阶段,直到最后形成自己的独特风格,成为世界上高等教育最发达的国家之一,其中通识教育在美国高等教育体系中颇具特色。

通识教育,又称为通才教育或普通教育,起源于1917的哥伦比亚大学的教学实践;经过若干年发展,通识教育在美国大学形成普遍共识。2006年,哈佛大学在《通识教育工作小组初步报告》中提出通识教育的目标:使学

[①] 该文发表在《广西日报》2015年12月4日第11版。

生成为全球社会民主制度下的公民,教会学生理解自己是传统艺术、思想和价值观的产物和参与者,使学生学会适应变化,使学生对自身语言行为在道德方面的理解得以发展。虽然美国大学的通识教育在发展史上一度有过反复,但从20世纪末期以来,通识教育已经成为美国大学本科教育的核心。

通识教育是一种办学理念和一种教育思想,是高等教育的组成部分,是一种针对全体学生、非专业性、非功利性的教育,其目的是培养健全的个人和社会健全的公民,造就具备远见卓识、博雅精神和优美情感的人才,实施完备的人性教育。

美国大学通识教育的实施形式多种多样,极具特色,但最普遍的形式还是开设核心课程。多数美国大学根据自身特点,开设系列核心课程,要求本科生必修或限制性选修。各大学认真研究、精心挑选与组合,确定本校的核心课程,由此也形成各大学不同的通识教育风格。如天普大学的核心课程包括:语言、数学、古典文学等基础课程,艺术、人类行为、种族与多样性、世界社会、科技、美国社会等扩展课程;哈佛大学的核心课程包括外国文化、历史研究、文学与艺术、道德思维、数量思维、科学与社会分析等;波士顿学院的核心课程包括艺术、历史、文学、数学、哲学、自然科学、社会科学、神学、多元文化等。近年来,美国大学从教育观念变革开始,推动课程体系的改革,以社会、自然和人文科学为基本内容,建立了合理的课程结构。比如,麻省理工学院要求学生必须跨学科选课,本科生必修不少于8门人文、艺术和社会科学的课程,课程计划中社会科学占27%,自然科学占33%,技术科学占40%。此外,美国大学还大力实施跨学科教育,跨学科课程通常占课程计划50%以上。在选修时间上,美国大学一般要求本科生在大学前两年内完成核心课程的学习,第三年开始进入主修专业课程的学习。

正如Hai-Lung Dai博士所说的:相对于当下大学人才培养的职业性、功利性,通识教育更加强调人才知识、能力、素质结构的合理性,强调培养人才知识的全面性、能力的创新性,要回归大学教育的本质,即"君子务本,本立而道生"。

通识教育涉及理解、分析、想象、思考、创造等多种能力的培养,其内涵可涵盖基础教育、全人教育和终身学习教育,终极目的指向人的全面、自由的发展。近年来,通识教育作为一种教育理念,逐渐被我国教育界所认同,像厦门大学等高校积极尝试通识教育的探索。通过对美国大学通识教育的考察,我认为,它给我国大学和我校正在实施的通识教育带来很多启示。

一是以学生为本,重视个性化教育。以学生为主体的教育理念应贯穿大学本科教育的全过程,提倡人才培养的厚基础、宽口径、强能力,构建适应终身教育和社会发展需要的知识、能力和素质结构。要针对学生的个性,重视学生的个体差别化教育。二是以人文为主线,打破学科界限。大学既要重视学生的成"才"教育,更要重视学生的成"人"教育,以人文为主线,融合自然科学、社会科学知识,开阔学生视野,构建合理的知识与思维结构,弥补因专业学习可能带来的局限性。三是以课程为载体,发挥教师积极性。课程设置是通识教育的关键,可以包含文学、自然、历史、社会、艺术等多个学科模块,同时,要充分发挥教师的教学积极性,在专业课程基础上通识课程更加注重其基础性和拓展性。四是以校园为依托,重视环境教育。情境教育是达成通识教育不可忽视的一环。美国大学的校园和建筑,处处体现其肃穆优雅,让每位身处其中的师生感受其人文情怀,学校建筑除了实用功能外,还应考虑其体现大学精神和文化的功能。

我想,美国大学通识教育的经验,对我们正在实施的通识教育势必会起到积极的推动作用。

通识教育在玉师[①]

我对在大学里实施通识教育情有独钟。

为此,我曾经写过两篇文章——《通识教育在台湾》和《通识教育在美国》,分别谈到我在中国台湾和美国大学考察大学通识教育的体会和观感。

2011年我带队考察台湾几所大学,并在《通识教育在台湾》一文中写道:《论衡》中说:"博览古今为通人。""通人"即通才,通识教育可产生通才,即博览群书、知自然人文、知古今之事,博学多识、通权达变、通情达理,兼备多种才能的人。"通识教育",也有人称为"通才教育""博雅教育"等,其内涵比人文教育要更加宽泛,它不仅包括人文社会科学内容,而且包括自然科学和技术方面的内容。这是对通识教育的理解,文中对中原大学一直倡导的"全人教育"办学理念作了介绍。中原大学在通识教育课程设置上充分体现了"专业与通识、学养与人格、个人与群体"等平衡,充分体现了中华传统文化精髓。

2015年我参加大学校长海外研修班在美国大学学习,根据自己的观察和学习,撰写了《通识教育在美国》一文,对美国大学实施通识教育做了介绍:美国大学通识教育的实施形式多种多样,极具特色,但最普遍的形式还是开设核心课程。多数美国大学根据自身特点,开设系列核心课程,要求本科生必修或限制性选修。各大学认真研究、精心挑选与组合,确定本校的核心课程,由此也形成各大学不同的通识教育风格。如天普大学的核心课程包括:语言、数学、古典文学等基础课程,艺术、人类行为、种族与多样性、世

[①] 该文为作者为《走向博雅——玉林师范学院通识教育系列讲座》(广西师范大学出版社,2017年)所作序言。

界社会、科技、美国社会等扩展课程;哈佛大学的核心课程包括外国文化、历史研究、文学与艺术、道德思维、数量思维、科学与社会分析等;波士顿学院的核心课程包括艺术、历史、文学、数学、哲学、自然科学、社会科学、神学、多元文化等。近年来,美国大学从教育观念变革开始,推动课程体系的改革,以社会、自然和人文科学为基本内容,建立了合理的课程结构。比如,麻省理工学院要求学生必须跨学科选课,本科生必修不少于8门人文、艺术和社会科学的课程,课程计划中社会科学占27%,自然科学占33%,技术科学占40%。此外,美国大学还大力实施跨学科教育,跨学科课程通常占课程计划50%以上。

在玉林师范学院推行通识教育,源于我在厦门大学工作期间,参与厦门大学通识教育中心的筹建和通识教育的实施过程。因此,在向厦门大学学习的基础上成立学校通识教育中心,当时,还邀请了厦门大学通识教育中心李晓红教授专门到校指导和培训,教学管理由文学与传播学院和教务处负责实施。之后,在学校大力推广倡导加强通识教育,以"博通古今中外,雅致科学人文"为宗旨,面对全校开设多个模块的系列通识教育课程。值得一提的是"博雅大讲坛",我们要求全校所有的教授、博士面向全校学生开出至少一门通识讲座,再加上外请的一些专家学者,确保学校"天天有讲座"目标的落实,同时教学计划要求学生在4年学习中自由选听至少12门讲座。我记得,"博雅大讲坛"开讲时,我带头主讲第一期——《中国大学文化的演化》,就这样,通识教育讲座在我校逐步推行起来。虽然试行时间不长,到目前为止,开讲了200多期,颇受学生欢迎,学生"听讲座成为一种习惯",教师参与的积极性很高,学校的学术氛围变得浓厚。

我认为,通识教育是一种办学理念和教育思想,是高等教育的组成部分,是一种针对全体学生、非专业性、非功利性的教育,其目的是培养健全的个人和社会健全的公民,为造就具备远见卓识、博雅精神的人才,实施完备"人"的教育。其实,这也关系到培养什么样的人、如何培养人以及为谁培养人这个根本问题。

在我国的大学,推进通识教育面临不少的挑战。从社会来说,对高等教育的期望值越来越高,功利主义的追求、就业和职业目标的追逐,使得不少人不看好通识教育。从大学内部看,通识教育理念似乎得到普遍的肯定,但一到具体实施,就会受到种种质疑——通识教育的实用性有多大?在我看来,大学实施通识教育应着重处理好几个问题:一是以学生为本,重视个性化教育。以学生为主体的教育理念应贯穿大学本科教育的全过程,提倡人才培养的厚基础、宽口径、强能力,构建适应终身教育和社会发展需要的知识、能力和素质结构。要针对学生的个性,重视学生的个体差别化教育。二是以人文为主线,打破学科界限。大学既要重视学生的成"才"教育,更要重视学生的成"人"教育,以人文为主线,融合自然科学、社会科学知识,开阔学生视野,构建合理的知识与思维结构,弥补因专业学习可能带来的局限性。三是以课程为载体,发挥教师积极性。课程设置是通识教育的关键,可以包含文学、自然、历史、社会、艺术等多个学科模块,同时,要充分发挥教师的教学积极性,在专业课程基础上通识课程更加注重其基础性和拓展性。四是以校园为依托,重视环境教育。情境教育是达成通识教育不可忽视的一环,一所大学的校园和建筑,应处处体现其肃穆优雅、环境优美,让每位身处其中的师生感受其人文情怀,因此,学校建筑除了实用功能外,还应考虑其体现大学精神和文化的功能。

  当《走向博雅——玉林师范学院通识教育系列讲座》出版之际,写下这点感受,也算是通识教育实践的一点体会。

2017 年夏写于玉兰湖畔

通识教育在师大

回到广西师范大学工作已有一段时间了,通识教育一直是我关注的话题。于是我与教务处相关同志一起研究和探讨在原有基础上如何进一步完善学校的通识教育。我认为在师大开展通识教育有更好的基础。

记得2003年,我在师大教务处任处长时,就与校团委合作建立"独秀大讲坛",以此为平台开展通识教育,当时广邀社会各界名家精英开坛讲学,在桂林各大高校和桂林的文化界引起了很大反响。到2006年,由我们牵头联合桂林电子科技大学、桂林理工大学、桂林医学院等三所地处桂林市的本科院校教务处申报国家大学生文化素质教育基地并获得教育部批准,并建成第一个国家级平台——国家大学生文化素质教育基地。后来,整合校内优质资源,推出了以"中国传统文化""音乐欣赏""美术欣赏""桂林山水文化""女大学生素养""创新的奥秘""中国—东盟社会历史与现实问题""历史与科学的交响""话说桂林"等系列讲座为代表的素质教育文化品牌,涵盖了文化、科技、历史、社会、心理等多个方面,为学生的成长提供了丰富的、高质量的文化知识,极大地提升了其文化素质。同时,利用我校在人文学科方面师资的优势,为桂林市其他高校开设了相关的人文课程,受到其他高校大学生的欢迎。

近几年,学校与东西部高校联盟、中国大学MOOC、学堂在线、超星尔雅等合作,引进了380余门次网络通识课。学校还自建了大学英语、计算机基础课程、创新创业基础课程等一批线上线下混合式课程,为学生提供多渠道、多样化的课程选择。

2019年年初,我沿袭在玉林师范学院提出的"天天有讲座"通识教育开设理念,根据师大的实际情况,我又提出"天天有讲座,人人有选择"的通识教育新理念,除了"有"以外,还要可"选",这就要求开出更多的通识教育课程。在实施通识教育多年的基础上,对通识教育升级改版,在全校范围内开展通识教育主题讲座,进一步推动通识教育的落地实施。

在通识教育课程开设的理念方面,我认为:通识教育课程应该坚持立德树人,以学生发展为中心,本着价值导向与知识导向相融合的原则,在教学过程中弘扬社会主义核心价值观,培养正确的世界观、人生观和价值观,培养学生的健全人格;引导学生拓宽视野,提高学生思想品德水平、人文素养、认知能力,提升学生的独立思考能力、有效交流能力、批判思维能力和价值判断能力;培养爱国主义精神、科学精神和社会责任感,凸显通识教育课程的价值引导功能,推动全员全过程全方位育人。

在通识教育课程目标方面,我认为:通识教育课程是专业课程的补充和完善,一方面,成就复合型人才培养,打破分门别类的学科壁垒,建立不同专业领域知识之间的联结,培养多学科交叉、文理交融、宽口径、厚基础的高素质创新型、复合型、综合性优秀人才,成为根植中国文化、关注国际热点、具有国际视野的优秀学子。另一方面,融通多学科内容,在人才培养方案修订的基础上,以"独秀大讲坛"为载体,精心设计通识教育方案,整合校内优质资源,优化课程体系,建立了包含人文艺术、社会科学、自然科学与技术等内容的通识教育讲座及课程体系,在内容上涵盖了传统文化与政治理论、历史哲学与语言文学、经济法律与社会文明、自然科学与信息技术、形势热点与创新创业、艺术体育与生命健康、教师教育与职业发展等模块,体现通识教育的多元化、多选择性的特征。

经过与教务处、相关专家多次沟通,并在实践中不断完善,同时,通识教育课程的开设与运行需要科学、高效的管理,因此,学校探索和建立相关的管理机制,在通识教育课程设置和管理方面逐步形成独具特色的"师大方案"。

一是面向全体学生的通识教育讲座。为实现通识教育培养目标,学校及时修订本科专业人才培养方案,在培养方案中专设"独秀大讲坛"学分,以"讲座+写作"为核心作为学生毕业的要求。"独秀大讲坛"主题讲座面向全校本科生开设,每个工作日至少开设一场,采取"线上+线下"相结合的方式覆盖学校不同校区,实现"天天有讲座,人人有选择"的理念,营造浓厚的校园文化氛围。在课程运行机制方面,通识教育讲座依托国家大学生文化素质教育基地,立足本校,以"独秀大讲坛"为载体,广邀国内外名师大家进校讲学,积极组织我校具有博士学位或教授职称的专任教师,鼓励符合条件的高水平教授、博士、教学名师、教学能手、教学新秀积极参与通识教育讲座的申报与开设。

二是建设具有品牌的核心通识课程。经过组织专家评选出"中国传统道德""女大学生素养""中国传统音乐视听""美术鉴赏与艺术人生""营养学概论""社会学与生活""性别文化与中国现代女作家研究""中外美术欣赏""生命科学与人类健康"等首批通识核心课程。学校对于列入通识核心课程建设计划的课程给予每门课程团队建设经费,支持课程开展相关建设工作。通识核心课程探索大班授课、小班讨论的多元化教学模式,注重以教师的教学方式引导学生学习方式的转变,因材施教,运用启发式、探究式、讨论式、开放式教学方法,充分调动学生的主体能动性,向更符合认知规律的方向转型,提高学生的学习质量。

三是构建网络通识选修课程。学校与东西部高校联盟、中国大学MOOC、学堂在线、超星尔雅等合作,引进了380余门次网络通识课,通过网络选修并获得学分。网络通识选修课程利用现有的现代教育技术设备,借助第三方力量"智慧树"的先进技术,推动信息化技术与通识教育课堂的深度融合,积极开展线上线下混合式教学改革,调动学生参与教学互动的积极性,扩大通识教育的辐射度和影响力,形成学校独具特色的本科教育模式。目前推出了"观石读史""女大学生素养"等代表性课程,取得了良好的实效,为我校通识教育探索混合式教学改革提供了优秀样本。

因此,我觉得,通识教育课程必须根据本校的学科、师资、学生等实际因素而开设。在广西师范大学实施的通识教育,我认为有如下几个特点。

一是通识教育与思政教育相融合。围绕政治认同、家国情怀、文化素养、宪法法治意识、道德修养等重点优化课程思政内容供给,系统进行中国特色社会主义和中国梦教育、社会主义核心价值观教育、法治教育、劳动教育、心理健康教育、中华优秀传统文化教育,提高学生思想品德水平、人文素养、认知能力,培养爱国主义精神、科学精神。

二是通识教育与专业教育相结合。通识教育理念贯穿到专业教育的过程中,建立了通识教育与专业教育全程不断线的教育教学体系,在人才培养方案实施全过程中将通识教育与专业教育交织实施,两类教育全程不断线,形成二者相互支持、共同作用于大学生成长的教育教学体系。

三是学生为主体与教师为主导相结合。我校构建的通识教育教学模式,以学生为中心建立教学学习共同体,在师生互动中实现通识教育的功能,同时使这种教学学习共同体延展到其他课程的教学中去。师生互动、集体研讨是训练思维、提高表达的重要方式,而"第一课堂"和"第二课堂"则打破传统课堂模式,是培养"完整的人、全面的人",促进"全人发展"不可或缺的重要环节。

四是课程多元化与课程优质化相结合。学校积极提倡通识课程的多元化,从课程的知识结构、专业类型、育人效果等方面引导教师开设类型多样的课程,满足不同学生的需求。为此,学校深入实施精品课程战略,完善课程教学质量标准和准入退出机制,坚决淘汰"水课"和不达标课程。在政策、机制等管理措施上给予倾斜,打造更多具有高阶性、创新性、挑战度的"金课",推动通识教育质量的进一步提升。

除了通识教育的普及和推行实施外,同样将我在别的高校试行过的大学生"体育俱乐部制"引入,从2020级开始在师大实施,提倡"你爱什么就学什么"的体育教学新理念。我相信,这种体育教学理念将让学生在大学里养成能够保持终身锻炼的体育爱好。

关于教育教学改革理论很多,但我认为,最根本、最朴素的观点就是:能够让大多数学生受益的教学改革就是好改革。

2020年12月于桂林自然坊

● 校长有约

每年的毕业典礼（2021.6）

面对社会,保持我们的善良之心:善待父母,那是生命之源;善待自然,那是和谐生活;善待规则,那是踏实清白;善待别人,那是境界胸怀;善待未来,那是生命美景。善待一切,用你的善良温暖我们的世界,让社会变得更加有温度。

永怀心中梦想[①]

  今天,看到诸位身着漂亮的学位服参加隆重的毕业典礼,等一会儿学校领导还要给每位同学举行"拨穗礼",这是一个神圣而庄严的时刻,我和大家一样感到无比的幸福和骄傲!

  经过四年寒窗苦读,同学们圆满实现大学梦想。在这里,我代表学校向2015届全体毕业生表示热烈的祝贺和衷心的祝福!同时,我特别提议,大家与我一起,用最热烈的掌声,向为了我们成长而辛勤付出、默默耕耘的老师们、家长们表示最衷心的感谢和崇高的敬意!今天,我还邀请了几位特别的客人,她们是食堂的阿姨,是她们为我们一日三餐辛苦操劳,让我们用热烈的掌声欢迎她们!

  四年是短暂的,但大学四年,对同学们而言,却是人一生中最为宝贵、最为难忘的一段时光。有诗曰"三山挺秀在郁州,挂榜山崩应六秋",指的就是学校里挂榜山下人才辈出。在挂榜山的光辉岁月,已经成为我们的精神家园。在未来人生的任何阶段,无论你是杰出或是平凡,玉师,都会以她的博大和包容,对待从母校走出去的每位学子。这就是我们的玉师精神!

  四年来,同学们一定留下了难忘的回忆。玉师,朴实无华,有着良好的学风。在教室、实验室、图书馆、运动场,处处留下了你们青春的身影。我欣喜地看到,你们勇于拼搏,敢于付出,坚守理想,努力奋斗,执着前行。这就是我们的玉师学子!

---

  ① 该文系作者在玉林师范学院2015届毕业典礼上的致辞,原题为《梦想有多大,路就有多远》。

四年来，来自五湖四海的同学们，共同生活，共同学习，共同进步，结下了真挚而深厚的同窗友谊，收获了生命中最为宝贵的财富。这既是校园独特的风景，又是同学们难忘的青春记忆！

四年来，我们一起经历了很多。有同学写信问我，新宿舍楼前的泥土何时清理？新图书馆什么时候才能用上？为什么食堂的饭菜总不是那么可口，总不如妈妈做的？同学们，学校的办学条件、管理服务还有诸多不尽如人意的地方，我与你们感同身受。但我在这里告诉大家，学校正在千方百计地努力改善学习、生活条件，争取把学校建成花园式的美丽校园，争取新图书馆能尽快启用。尽管这些对于即将离校的你们来说稍微有点晚，但你们对学校的那份关爱从来就没有晚！衷心感谢你们对学校的理解与包容！谢谢你们！

亲爱的同学们，你们即将背起行囊，离开母校，开始新的人生旅程。我希望，无论你在何时，无论你在何方，你们都要铭记"厚德博学，知行合一"的校训精神。

厚德博学。我们要做一个有崇高道德修养的人，"大学之道，在明明德，在亲民，在止于至善"，将"止于至善"作为人生理想的最高追求，要坚守信念，不为名利所缚，绝不随波逐流；要以"博学"为目标，为理想奋斗，活出我们玉师人的风采。

知行合一。我们倡导身心合一、知行合一、天人合一。要立足高远，从小处着眼，从小事做起，踏踏实实走好每一步，兢兢业业做好每件事，面对困难决不轻言放弃！只有勤奋才会赢得信任，只有担当才会赢得尊重，只有努力才会取得成功！

有人问我，理想的大学是什么样的？我这样描述：我理想的大学，应该而且可以是这样的：学生在这里自由成长，收获着知识、自信和理想；教授们学术至上，追逐着科学和教育的梦想；师生的自由讨论常常碰撞出智慧的火花。这里，有人物，有故事，有书香，有回忆，还有爱……

同学们，今天，我已经从你们身上看到理想大学的实现！

大学时光见证了你们的成长和成才，母校共享你们的骄傲和荣光。梦想有多大，路就有多远！我相信，经过时间的洗礼，每一位玉师学子都会实现自己的梦想。亲爱的同学们，母校永远是你们的坚强后盾和精神家园！母校的心将永远牵挂着你们！我希望你们常回家看看！

亲爱的同学们，祝你们一帆风顺，一马当先，一生平安！

诚信善良包容[①]

今天,我们在这里隆重举行2015级新生开学典礼,在此,我谨代表学校,向你们表示最热烈的欢迎!作为校长,在开学典礼上,我总得给大家说点什么。我想在这里只谈两个方面。

一是刚刚入学,注意什么?

进入大学后就意味着新的生活的开始,就意味着你要独立地去面对一切。习惯于无忧无虑的生活,突然面对各地来的新同学,住集体宿舍、吃食堂饭、远离父母的呵护,可能有些陌生感,有些不适应。我希望大家要注意三点。

第一,适应新环境,多跟妈妈打电话。学校和所在城市,对大家来说都是陌生的,在家里,衣、食、住、行有妈妈的照顾,因此,刚刚上大学出现一些不适应是正常的。到了我们美丽的玉林,也许对本地饮食口味、气候、方言、风俗等会感到不习惯,要调整好自己的心绪,尽快了解熟悉新环境,尽早了解熟悉玉林的风土民情、历史文化,尽快适应大学新环境。同样,家里也很惦记着你,要多跟妈妈打电话。适当调节自己的生活节奏和方式,就能很快适应新的大学生活。

第二,和谐新关系,不与同学闹矛盾。刚到新环境,同学关系很重要。要学会如何与同学相处、与同学联络感情、了解别人和得到他人的理解,以便尽快适应新的同学关系。同学之间的真诚关心和帮助是非常宝贵的,这

[①] 该文系作者在玉林师范学院2015级新生开学典礼上的致辞,原题为《少刷屏多阅读多思考》。

也是好同学和好朋友关系建立的起点。每个同学都有自己的优势、特长,同学间学习、交流、互相借鉴,对各自都是一种促进。每年新生入校时,常常会有同学因生活小问题而引发一些不愉快,千万不要因为小事与同学闹矛盾,会影响心情。同时,要主动去帮助、关心别的同学。将来会慢慢知道,帮助和关心别人的同时自己也会获得很多快乐。

第三,养成好习惯,规律生活勤锻炼。好习惯一辈子受益。一是好的生活习惯。宿舍是集体活动的重要场所,是大家的"家"。过集体生活要共同遵守宿舍公约,必须要有宽阔的胸怀,团结友爱,妥善处理生活小节,保持良好的、有规律的生活习惯。古人云:"惟宽可以容人,惟厚可以载物","己所不欲,勿施于人"。二是好的锻炼习惯。"身体是革命的本钱",有一个健康的体魄,永远保持旺盛的精力,才有资格去迎接来自各方面的挑战。将你的爱好与体育锻炼结合起来,这将是一生健康的基本保障。

二是四年大学,学点什么?

未来的四年将是你与学校一同成长的四年,也是你人生中最重要、最珍贵的四年。如何珍惜时光、把握未来?同样有三点建议。

第一,要学会做人,诚信尊重不张扬。教师节前夕,我在广西"师德论坛"上谈了一个观点,什么是教育?简单说就是学生走出校门若干年后仍然留在心中的那些东西,这些东西就是始终坚守的那些信念、原则和道义。我想,我们在学校除了学习专业知识外,要学会做人所应具备的诚信、善良、尊重、感恩、宽容等社会核心价值。学会做人决定了一个人梦想飞行的方向和高度,人生走得最远最好的一定是做人做得最好的。希望同学们对人、对社会要多些宽容、少些抱怨,对自己要求严格,低调、谦卑、不张扬。在关爱他人和社会中体味人生价值、享受生活快乐。

第二,要学会学习,勤学善问多实践。大学有什么?除了大楼外,还有大师!还有大校园、大图书馆、大信息,这些都是为同学们准备的。同学们在大学这座知识的殿堂中,要勤学善问,慎思笃行,学会本领;要博览群书,增长智慧和知识;要加强实践,提升创新创业能力。另外,我一向主张,理科生学点人文,文科生多了解自然。告诉大家一个好消息,学校从今年开始,开设了100门通识课程,保证每天都有学术讲座;学校体育课实行俱乐部制度,你爱什么就学什么。一个人只有博学,才能有大视野、大格局和大气度,才能不会为自我的思想和利益所局限。

  第三,要学会思考,少玩手机多读书。我今年五月份去台湾大学访问,校园里有一口为纪念台大第四任校长傅斯年先生而铸造的"傅钟",在学校上下课的时刻,"傅钟"都会响21声,为什么?缘于傅斯年说过:"一天只有21小时,剩下3小时是用来沉思的。"人的进步是要有思考的时间,但我们现在的课余时间,被大量无谓的信息占用,变成了"低头族""刷屏族",没有时间阅读和思考。为此,我建议大家,从今天起,除了上课和休息外,每天关机3小时。我们的学校,不是培养第一的,是培养唯一的,即每位同学都有自己的个性品格。因此,同学们都应该具有自己的独立精神、批判精神、创新精神。

  我衷心希望,同学们经过玉师未来几年的学习和熏陶,实现"厚德"的目标,都能成为"博学"之士,能够走"知行合一"之路。最后,祝同学们学习进步,梦想成真!

责任担当坚守①

在玉师,夏季总是她最欢乐的季节。这不仅因为天南湖的荷花绽放、荔枝林的荔枝果熟,更因为一张张喜悦的青春笑脸,成了校园里最美的风景。今天的毕业典礼既是一种庆贺,也是一次告别。我谨代表学校,向圆满完成学业的 4553 名毕业生,表示最热烈的祝贺!

四年来,我们一起走过了不平凡的岁月。这些天,看到同学们穿着学位服在校园里穿梭往来,我强烈地感受到了大家对母校的那份眷恋:无论是课堂上、教室里的热烈探讨,还是实验室、图书馆里的忘我求索,还是运动场上、晚会中的精彩表现,乃至天南湖畔的闲游漫步、宿舍里的彻夜卧谈,都成为青春电影里抹不去的画面。当然,我们也曾经历过烦恼、失意、忧伤与挫折,但我们从中学会了从容、乐观、坚强与自信。所以今天,无论是欢笑还是泪水,荣光或者遗憾,我们都将一同打包,装进我们的行囊,伴着我们去寻找"诗和远方"。

四年来,我们一起见证了学校的变化和发展。去年搬迁的新图书馆,明亮大气、温馨现代;"一山三林三湖三广场"的校园文化景点,成了每个人的文化记忆;花园式校园、生态化大学、应用型大学的建设,也都融进了我们的期待与汗水。当然,学校也见证了你们的担当与奉献、成长与荣耀:你们创立的"四点半课堂",彰显了志愿服务精神;你们创新创业的精神,为成长插上了理想的翅膀;李金铭同学参加世界大学生自行车锦标赛,获得了中国女

---

① 该文系作者在玉林师范学院 2016 届毕业典礼上的致辞,原题为《用你的善良温暖我们的世界》,被新华网转载。

子代表队的最好成绩;你们集体创作的玉师版《南山南》,让人们知道"玉师如歌";在升学考研中,你们以史上最好成绩证明了最好的自己。当然,我们也不会忘记,上个月还有同学用他最幸福的婚礼将学校送上了头条。

去年,我们有幸共同庆祝了母校的70华诞,共同回顾了母校70年的峥嵘岁月。今年3月,我特地到母校的诞生地——北流市新圩拜谒。1945年10月,广西省立鬱林师范学校诞生时,首届学生仅有两个班。从两个班发展到今天有近2万名在校生,学校的发展筚路蓝缕,成就辉煌。就在前段时间,我收到一位来自外地、年近九旬的老校友的来信,他是第二届入学的学长,一直从事小学教育直至退休,他托我带给大家一句话:毕业数十载,一生最牵挂的就是母校,祝福母校兴旺发达、同学们事业有成。我想,他的愿望,也是母校近十万学子的共同心声。谢谢他们!同学们,我们一定将校友们的这种期盼,内化为学校发展的动力和能量。

在你们即将成为校友之际,作为校长,我希望同学们记住三句话:坚守梦想、担当责任、保持善良。

坚守梦想。梦想就是那个你一直在努力、今天还没有实现,但你永远不想放弃的东西。人生不能没有梦想!对同学们而言,梦想既可以是奉献社会、服务大众,也可以是追求个人事业的成功和生活的美好。诚然,人生不如意事常八九,但更重要的,是当我们迷失方向的时候,要学会安静下来,辨认和听从内心的召唤,找回那份让你觉得坚持就是幸福的人生梦想。无论如何,请大家坚守心中梦想,决不轻言放弃。

担当责任。人的一生必须承担各种各样的责任,有社会的、工作的、家庭的、朋友的等等,对于自己应承担的责任要勇于担当。无论是高居庙堂,还是身处茅庐,无论是做学术科研,还是当乡村教师,服务基层、回馈社会始终是玉师人永恒不变的承诺和誓言。同学们,今生注定烙上了玉师的印记,勇于担当那是玉师人的责任和荣光。

保持善良。社会是复杂的、多变的,同样也有许多不美好的东西,但无论如何,都要坚守自己的信仰和目标,不盲从、不迷失、不懈怠、不焦躁。面对社会的各种诱惑,保持我们的善良之心:善待父母,那是生命之源;善待自然,那是和谐生活;善待规则,那是踏实清白;善待别人,那是境界胸怀;善待未来,那是生命美景。善待一切,用你的善良温暖我们的世界,让社会变得更加有温度。

　　同学们,离开母校,带走老师的嘱咐,带走大学生活的回忆,带走刷了四年的饭卡,也带走母校的重托。我曾经这样描述理想的大学:这里,有人物,有故事,有书香,有回忆,还有爱……我想,有同学们的支持,我们一定会将玉师建设成为我们理想的大学。值此临别之际,学校送给大家一份珍贵的礼物:"2016青春记忆版"手绘地图!我希望10年、20年后,大家都能拿着地图回到母校,寻找我们曾经的足迹和青春记忆!

　　亚里士多德说过:让优秀成为一种习惯!我将它延伸一下送给大家:让尊重成为一种习惯,让读书成为一种习惯,让回母校也成为一种习惯。

　　最后,衷心祝福同学们,一帆风顺、鹏程万里!

保持优秀习惯[①]

今天,我们在这里隆重举行2016级新生开学典礼暨军训动员大会。在此,我谨代表学校,向你们表示最热烈的欢迎!同时,我要向辛勤培育你们的父母和老师表示最衷心的感谢和最崇高的敬意!站在崭新起点上,我想在问候大家的同时,跟你们说几句家常话。

走进学校的大门,大家首先看到的是刻着鲜红校名的大理石碑,从那一刻起,玉师在你们的眼中变得清晰,而你们也拥入了她的怀抱。大家要做的第一件事,就是认识大学。你可以去校史馆探寻她的过往,也可以向学长学姐了解她的辉煌,还可以在校园各处看看她现在的模样。今天,我们还要送给大家一份珍贵的礼物——校园手绘地图,其中有"一山三林三湖三广场"的校园十大文化景点。你们可以在挂榜山上揽胜、天南湖畔赏景、松树林里阅读、王力湖边抒情。初来乍到,希望你们多找时间,跟同窗到处走一走,逛一逛,看看学校美丽的风景。

新生报到那天,我看到好多同学的爸爸妈妈都来陪送,临走时,更是依依不舍。你们是幸运的,因为在你们开启人生新篇章时,他们同样也在开启着他们的新篇章。大家要做的第二件事,就是加强沟通。你可以告诉父母,"我在宿舍""我在食堂""我在教学楼",他们就能想象出你是在怎样的环境中,和什么样的人一起,就能放心。父母在,不远游,游必有方。让父母知道你在哪儿、在干什么、过得怎样。只有你安身了,父母才能安心。

[①] 该文系作者在玉林师范学院2016级新生开学典礼暨军训动员大会上的致辞,原题为《把优秀当成一种习惯》。

只有依规矩,才能得方圆。大家要做的第三件事,就是遵守规矩。大学规矩的意义,在于自我坚守,这也是走向社会之前遵纪守法的具体体现。另外,尊师重道、长幼有序、正直为人、诚信治学、洁身自好,都是规矩之下大家应有的修为。请大家记得,规矩从来就不是自由的选择,而是主动的恪守。

同学们,学校的目标是要建设成为国内知名、区内领先、以教师教育为特色的地方应用型高水平大学。为此,我们提出要办一所特色鲜明、学科专业结构合理、应用型师资队伍好、应用型人才质量高、文化自信、环境优美的大学。在这里,大家将迎来新的学习环境,思考我们在大学里如何度过。为此,我要给同学们提出几点希望。

希望同学们上善若水。大学是一块净土,在于她的单纯、清净。人们常说,习惯和修养是人的"第二身份"。在大学,所谓习惯,就是要学会与人为善,以最大的悲悯和善意与人相处;所谓修养,就是要替人着想、顾及和尊重他人。同学们来自五湖四海,家庭环境、成长经历、生活习惯不尽相同,怎样才能和睦相处呢?需要相互理解、彼此包容,多一点嘘寒问暖,多一点关心帮助。

希望同学们刻苦求学。今年6月,广西应用型高校建设与转型发展高峰论坛在我们学校举行。其间,我们迎来了96岁高龄的"高等教育学泰斗"、厦门大学潘懋元先生,他用从教80余年的经历告诫青年学子,求学需要"板凳敢做十年冷,文章不写半句空"的精神。生命是丰富多彩的,只要踏踏实实、勤勤勉勉,做到"知行合一",就最为可贵。我一向主张,理科生学点人文,文科生多了解自然。今年,学校"博雅大讲坛"将继续为大家开设100多门通识课程,保证每天都有学术讲座;学校体育课实行俱乐部制度,提倡"你爱什么就学什么"。一个人只有博学,才能有大视野、大格局和大气度。

希望同学们宁静致远。在玉林北流市一个边远的小山村里,有一对特岗教师夫妻,他们就是我们的校友李丕昆老师和他的妻子。2008年9月,李老师主动请缨到边远山区任教,安静地在深山里做起了孩子们的启蒙老师。转眼八年过去了,大山里没有Wi-Fi,也基本上不使用QQ和微信。他们的生活看似简单而乏味,然而他们却是那么的快乐和充实,并愿意一辈子扎根在那里,用自己的爱心与行动去诠释教师的意义。正是因为这份淡泊中的坚守,李老师成了2015年全国30名"党和人民满意的好老师"之一。李老师的精神追求值得每位同学学习。刚进大学,大家都有自己的梦想,每一个梦想都值得尊重,我希望同学们都能有松柏精神,不为名利所累,不为繁华所诱,能够从容淡定,少一些刷屏点赞,多一点博览群书,专注追求,获得最大的宁静、快乐与幸福。

同学们,今年是长征胜利80周年,也是你们大学长征路的开端。长征的真正生命力,在于它的信仰,而"长征精神"的内涵,就是不怕牺牲、前赴后继、勇往直前、坚韧不拔、众志成城、团结互助。我希望同学们不忘初心,在军训中继续弘扬"长征精神",坚实走好大学长征的第一步。

我在2016届毕业典礼上引用了亚里士多德的一句话:让优秀成为一种习惯!今天,同样,我将它延伸一下送给大家:让尊重成为一种习惯,让阅读成为一种习惯,让创新成为一种习惯。

另外,在未来的两周,部队官兵同志会与我们一起度过难忘的时光,在这里,让我们用热烈的掌声对他们表示感谢!

最后,祝同学们学业有成,身体健康,梦想成真!

自信自立自强[①]

今天,我们在这里隆重举行2017届毕业典礼,在这喜庆而又神圣的时刻,我代表学校党委、行政,代表全体师生员工,向顺利完成学业的4728名同学表示热烈的祝贺!向家长和亲友表示崇高的敬意和诚挚的感谢!向为同学们成长付出艰苦劳动的各位老师道一声:你们辛苦啦!

人的一生,有很多记忆注定无法抹去,值得永久珍藏。今天的典礼,对于同学们来说,不仅标志着美好大学生活的结束,更预示着新的生活开始。此时此刻,我要感谢大家,感谢你们把人生最美好的青春和年华留在玉林师范学院。在你们即将踏上新的征程之时,作为校长和老师,也作为你们的朋友,我想送给大家一句嘱咐:带着自信走向未来!

是自信创建了我们的母校。

让我们重温一下学校发展的历史。1945年4月,抗日救国战争胜利前夕,省教育厅根据当时的实际需要和实际困难,提出了在北流县新圩筹办省立鬱林师范学校的建议,其办学经费按照清末民初废科举兴学校的规定,由玉林所属五县按粮赋额的比例分担,招生名额按负担办学成本比例分到各县。当时,靠的就是对民族胜利的希望和信心,就这么把学校创建起来。1952年改名为玉林师范学校,1958年升格为玉林专区师专,1978年恢复玉林师范专科学校;1988年进入全国先进师专26强;2000年升格为玉林师范学院。建校以来,几易校名,数迁校址,筚路蓝缕,依托地方,苦心经营。从首届两个班学生,发展到今天有近2万名在校生,我们靠的是对国家发展的

[①] 该文系作者在玉林师范学院2017届毕业典礼上的致辞,原题为《带着自信走向未来》。

信心,对高等教育发展的信心。

靠自信取得事业的成功。

我们学校校园里有三尊塑像,其中一尊是图书馆旁的我国著名语言学家王力先生。他1900年出生于博白,13岁小学毕业后失学,16岁在小学任国文教员,24岁考入上海南方大学,1926年考进清华大学国学研究院,1927年赴法国留学,博士论文是以家乡语言为背景所作的——《博白方音实验录》,并获巴黎大学文学博士学位。1932年回国,历任清华大学、西南联合大学、北京大学等校教授。王力先生一生勤奋刻苦,著作等身。他说:一个民族的语言对这个民族来说是生死攸关的事情。一位从玉林山村走出来的著名语言大师,靠的是什么?是对国家和民族语言的责任和自信。

1955届校友谭丕嫂,任教玉林镇古定小学,长期从事小学教学工作,教书育人,成绩突出,当选第六届全国人大代表,荣获"全国优秀教育工作者"等180多项荣誉。她独创"三封信"教学法,广受老师、家长和学生赞誉。她的成功在于对教学的自信、对知识的把握、对学生的爱。

1957年,我校生物科蒋少芳老师成功试验"教育高粱稻"(玉师号),证明了水稻和高粱远缘的可交性,突破了遗传学上的一大"禁区",为遗传学研究开拓了重要的基因资源,1959年被聘为中国科学院遗传研究所特约研究员,其科研事迹曾被拍摄成电影全国宣传推广。她的成功,靠的就是对科学研究的探索和自信。

另外,桂平三中的范伟杰老师一家三代20多口人,有12人从玉师毕业,被称为"玉师之家",这源于对学校办学和教育的自信。我校体育健康学院的沈柳红老师,2011年一场交通事故使她下肢截瘫,她没有消沉,而是走出悲伤与疼痛,用顽强的意志,自创轮椅健美操,并组建了广西第一支轮椅舞蹈队,开启了生命中的第二次起航,这是对生活的热爱和对命运的信心。

让自信成为我们的基因。

经过几年的大学学习,我们有这份自信,这份自信来自对知识的获取和能力的提高,来自心胸的宽广和视野的开阔,来自奋斗的经历和意志的磨炼,来自老师的教诲和玉师校园文化的熏陶。四年来,我们有成功的喜悦,也经历过了风风雨雨:求职的艰辛、清贫的困扰、挂科的沮丧、失恋的痛苦。但可喜的是,我们面对困难,自信自强,不屈不挠,成就了今天的自己。

同学们，今天收获的不仅仅是文凭，更是一份自信！我们从年轻走向成熟、从青涩走向从容，这是终身受益的财富，更是走向成功的保证！同学们将步入一个全新的社会环境，历史让我们遇上民族复兴的大时代，也给予我们许多机遇和挑战，在坚定"四个自信"的同时，我希望大家带上这份玉师人的自信，迎接新的挑战。请大家也记住：自信不任性，自强不自私，自爱不自恋，自谦不自卑。因为，我们可以大声说：我是玉师人！

我上个月去外地出差，有位校友去看我，他是2007届毕业生，非常关注学校发展，我特地邀请他回母校看看，他笑着说，其实我每年春天都要带着家人专程回母校逛逛，而且在桃花林里种上一棵桃树，已经有十年了。当时，令我感动的不仅仅是那十棵无名的桃树，还有他那份对母校的热爱和信心。我相信，从今以后，学校的桃花林会有更多来自2017届毕业生种植的桃树，为什么？因为我对大家有信心。

今天的毕业典礼，学校准备了两份礼物送给大家。一份是"甜美记忆"的点心，那精美的盒子，上面有母校的风景和祝福，我相信大家会好好品尝，留下甜美记忆。另一份是"校园地图"，它是迄今为止我见过的最美地图，它不但有学校"一山三林三湖三广场"的十大文化景点，还记载着四年来的学习、生活的点点滴滴，也有我们奋斗、成长和爱情的足迹，希望你们若干年后带着它回母校，再寻找我们青春的记忆。

亲爱的同学们，无论是学校的创建、事业的发展、科学的研究，还是创业的成功，靠的就是那份自信。请记住：无论你在何处，无论你做什么，母校永远是你的人生驿站和忠实的朋友，让我们带着自信走向未来。

最后，衷心祝福各位同学万事如意，一路平安！

温度厚度深度[①]

昨天在迎新现场,我遇到一些独自扛着行李来报到的同学,我为他们的独立自主而点赞;也遇到一家三口、一家三代一起来报到的同学,我同样为这样分享喜悦的家庭而高兴。作为校长,我恭喜大家并欢迎大家来到山水甲天下的桂林,来到美丽的广西师范大学。

回想34年前,我与大家一样,成为广西师大的学生,从此,与师大结下了一辈子的缘。由于工作需要,10年前我离开学校,但母校一直是我的精神家园。10年后,我和大家一样又成为学校的新成员,对学校充满着期待。学校即将迎来85周年的校庆,回想建校之初,首任校长杨东莼先生在就职典礼上提出"师专是建设广西之柱石",是为适应广西的社会结构和经济状况而创办的。

从第一届招生100人,到现在每年招生一万人,学校发生了巨大的变化。学校目前有三个校区,位于市中心的王城校区,现在是全国唯一一家5A级景区的校园,在这里,"南天一柱"的独秀峰巍然屹立,读书岩依山傍水,月牙池宁静温婉。著名的"桂林山水甲天下"就刻于读书岩。王城的文脉延续和传承了1000多年,集读书文化、科举文化、抗战文化和大学文化于一体。位于三里店的育才校区,20世纪50年代到70年代,越南一批学校迁到桂林办学并得到中国人民的无私帮助,越南学校纪念馆就是中越友好的见证。今天的雁山校区,雁山园曾经是学校办学的起源地,被称为"岭南第一园"的雁山园曾经是民国大师聚集的地方。现在的雁山校区,既有"中国

[①] 该文系作者在广西师范大学2017级新生开学典礼上的致辞,原题为《做一个有温度、厚度、深度的人》。

馆"风采的新图书馆,又有今天所在的有"小鸟巢"之称的体育馆,大气磅礴。85年来,学校曾经六次更名,八次迁址,四度调整,但每一代的师大人秉承"尊师重道,敬业乐群"的校训精神,始终与民族的命运和时代的发展紧密相连。作为校长,今天,我想跟大家交流我的一些感受。

  做一个有人文温度的人。四年的大学生活,希望大家带着温度、怀揣着真情,做一个有人文温度的人,爱自己、爱他人、爱父母、爱学校、爱国家。德国哲学家雅斯贝尔斯说:教育的本质意味着一棵树摇动另一棵树,一朵云推动另一朵云,一个灵魂唤醒另一个灵魂。大学里,让你的善良温暖我们的世界,用你的力量与我们一路同行,使学校的事业发展,"敬业"精神发扬光大,"乐群"文化深入人心。

  做一个有学识厚度的人。厚度意味着要有扎实的专业知识和能力,厚度的积累,需要我们勤读书、善思考。小时候,父亲常对我说:喜欢读书的人不会变坏。这个话虽然很质朴,但却意味深长。我也一直遵循父亲的教导,做一个善良、有用之人。同时,我一向主张无论是文科生还是理科生,要多读一些人文书籍。我们要好好静下心来,留点空间去阅读去思考,用书卷气累积我们生命的厚度。

  做一个有精神深度的人。深度就是不随波逐流,不人云亦云,不盲目跟风,而是有卓尔不群的品质。我认为,我们应该培养的是有精神高度和深度的人。人是要有精神的,这个"精神"可以理解为一种不同于他人的深度,一种情怀,一种境界。习总书记说:祖国的青年一代有理想、有追求、有担当,实现中华民族伟大复兴就有源源不断的青春力量。我们坚持有深度、有内涵,我们的求学之路才能愈走愈远,越走越宽。

  前段时间的电影《战狼》中有这么一句话:请记住,你背后有一个强大的祖国。同样的,无论什么时候,师大永远是你坚强的后盾。也许,你们来到学校以后会发现,我们的宿舍还不够宽敞、网络也不怎么给力、环境有待改善、食堂的饭菜也不怎么可口……作为校长,我深感责任在肩。我所能做的,是和大家一起携起手来,共建我们理想的大学。理想的大学是什么呢?我认为,应该而且可以是这样的:学生在这里自由成长,收获着知识、自信和理想;教授们学术至上,追逐着科学和教育的梦想;师生的自由讨论常常碰撞出智慧的火花。这里,有人物,有故事,有书香,有回忆,还有爱。

  最后,衷心祝愿同学们学业有成,成就人生梦想。

活出生命精彩[①]

今天,我们在这里隆重举行2018届毕业典礼,我代表学校向圆满完成学业、开启人生新征程的同学们表示最热烈的祝贺!对辛勤培育你们的老师、家长致以最衷心的感谢和最崇高的敬意!这些日子,我多次行走在校园,经常看到大家穿着学位服,在美丽的校园留下灿烂的笑脸,处处洋溢着青春的味道。我既有深深的不舍,更有满满的祝福。

我回到师大工作差不多一年了,我和你们一样,在这一年里曾经在独秀峰读书岩下驻足过,在雁山校区孔子广场漫步过,在育才校区红枫林树下留恋过,在朝阳和晚霞不断更替的静谧时光里,深刻感受到了学校每一天的变化,都充满着期待和希望。去年,学校召开了第十一次党代会,提出了建设"国内高水平大学"的奋斗目标,扎实推进综合改革和"双一流"建设,学校发展迈入了新时代。一级学科博士点、一流学科建设取得了好成绩,学校的发展平台越来越高,取得的成就越来越令人骄傲。作为师大人,我和你们一样,深深地爱上了这所融入生命的美丽大学。

在这里,我们有一大批立德树人、可亲可敬的老师,他们中有获得脱贫攻坚先进个人的生命科学学院邓荫伟教授,有潜心桂学研究获得全国高校黄大年式教师团队的领军人物胡大雷教授,有三次申请延迟退休的马克思主义学院谭培文教授,等等。正因为有了这样一大批"敬业乐群"的老师,我们才有了更温暖的依靠和前行的力量。同时,陪伴大家成长的,还有我们可

[①] 该文系作者在广西师范大学2018届毕业典礼上的致辞,原题为《坚守梦想,活出生命的精彩》。

爱的辅导员,尽职尽责的宿管员和食堂阿姨,深夜巡逻的"阿保"们,等等。让我们一起向他们表示感谢和敬意!

当然,在师大学习的岁月里,我们还有获得20多项专利的生命科学学院陈宁同学,有考研录取率达到89%的化学与药学学院独秀班的学霸们,等等。同学们在各种专业大赛、体育比赛、学术文化活动、考研深造中取得了辉煌的成绩,我为你们骄傲,为你们点赞!为你们喝彩!

此时此刻,我要感谢大家,感谢你们把人生最美好的青春年华留在了广西师范大学,也感谢同学们长期以来对学校的支持和理解。在大家即将踏上新征程的时刻,作为校长和老师,也作为你们的朋友,我想和大家分享几点感悟:

第一,做人要永葆正直和善良。朴实无华是生命最高的理想境界,正直善良是为人该有的本真底色。步入社会,必然会经受各种诱惑和考验。希望大家保持本真,坚守底线,与正直为伍,与善良为伴,不依附,不媚俗,不妄自菲薄,不伤害他人,用你的善良温暖我们的世界。多年以前,我们的老校长张葆全先生曾经送我《论语》中的一句话:君子务本,本立而道生。我一直将它牢记在心,现在我将此话转送给大家,希望大家求实务本、善做善成。

第二,做事要心怀责任和担当。今天,我们进入了新时代,正如习近平总书记讲到的,"广大青年既拥有广阔发展空间,也承载着伟大时代使命"。天地有念无对错,莫使前景负日月。希望大家珍惜时光,不负使命,肩负责任,勇于担当。对自己、对家人、对国家、对社会,保持一颗热心,满怀十分热爱。读万卷书,行万里路,不断追寻自己的目标,实现人生的价值。因为,"幸福都是奋斗出来的"!

第三,成功要坚守自信和梦想。生命的美好在于不断地创造。自信是成功之基石,梦想是前进的动力。将来你们也许会遇到各种意想不到的艰难险阻,希望大家不轻言失败,不轻言放弃。人生远比我们想象的漫长,所以不要争一时的得失,所有的挫折从来不是绝境,只是成功的必由之路。我们要坚守梦想,活出生命的精彩。用自己所学,奉献和造福于国家和社会。我们决不会辜负这个伟大的新时代,因为,我们有一个共同的名字——师大人。

寒假期间,我参加了我校77级政治系的入学40周年纪念活动,其中一位校友拿了一大叠照片跟我说：毕业数十年，我每年都会带着家人回到母校来看看，目的是来寻找精神的力量和依靠；另外一位校友，将她在校期间认真听课的38本笔记本，捐献给母校收藏，这是学校发展中校友珍贵的历史记忆。今年5月份，我参加北京研究生校友联谊会成立大会，从我校走出去的硕士、博士们，他们关注母校，情系师大，他们团结、年轻、热情。我被他们对母校的深情和热爱深深感动，我坚信，即将成为校友的你们，一样会关心、热爱、支持母校的发展。

亲爱的同学们，在山水之城，在王城学府，在育才校区，在相思江畔，记载着我们学习、生活的点点滴滴，这里有我们奋斗、成长和爱情的足迹，有我们青春的记忆。大家即将背起行囊，深情道别，走向未来。请记住：无论你在何处，无论你做什么，母校都会深情地凝望着你们，祝福着你们，等待着你们。

最后，衷心祝愿各位同学一生顺意、平安、幸福！

涵养人文精神[①]

今天,我们齐聚雁山校区,隆重举行2018级新生开学典礼,具有特殊的意义。86年前的1932年10月,我校的前身——广西省立师范专科学校在雁山创办。距离学校不远的良丰河畔,有一座被称为"岭南第一园"的雁山园,那是我们学校的诞生地,也是广西近代文化的发源地之一。马君武、胡适、陈寅恪、陈望道、薛暮桥、夏征农等多位名人大家曾经在此传道、授业。学校曾六次更名,八次迁址,几经辗转,于2007年又回到学校的诞生地——雁山,传承历史,寒暑耕耘,不忘初心,继续前进。从今天起,你们的生命也将与广西师范大学息息相连,不可分割。在这里,我对大家的到来,表示热烈的欢迎!

建校伊始,年仅32岁的北大才子杨东莼先生出任我校首任校长,在就职典礼上,他提出了"师专是建设广西之柱石"的口号,并指出,要"改变传统学习方法,改变依赖教科书的习惯",要"即知即行""教学做合一"。自此,学校开启了广西高等师范教育的征程,引领着广西高等教育的发展。86年来,得山水灵气、承历史底蕴,一代代师大人砥砺前行,学校发展蓬勃向上,形成了从学士、硕士到博士完整的人才培养体系,如今正在向建设"国内一流、国际知名、教师教育特色鲜明的国内高水平大学"迈进。

学校的发展离不开我们可爱的同学们。今天,零零后已经成为大学新生的主力军,我看到一组数据,2018级共有8741名新生,男女生比例为

[①] 该文系作者在广西师范大学2018级新生开学典礼上的致辞,原题为《涵养"六气",成就最好的自己》。

3∶7;新生中年龄最小的14岁,最大的45岁;与学校同生日(10月12日)的有27位,特别是今天(9月17日)生日的同学有22位,他们很幸福,让我们共同祝愿他们:生日快乐!看到大家洋溢着青春的面庞,看到父母对你们满怀着期待,我感到由衷的高兴。就在前几天,雁山校区新图书馆刚刚向大家开放。我们可以自豪地说,她是目前广西乃至西南地区单体建筑最大的图书馆!也是最现代化的图书馆!她将给大家更加人文、智能、多样化的阅读体验。此外,学校还是全国高校中唯一一个5A级景区的大学,那是我们的王城校区;还有连接越南友谊、与七星公园相邻的育才校区。我们还有一大批敬业乐群的老师,希望大家在这美丽校园度过人生最美好的青春岁月。

今天,你们将在师大开启人生新的征程。去年我在开学典礼上,倡导做一个有"人文温度、学识厚度、精神深度"的人。今年,作为校长,也作为你们的朋友,我想和大家谈谈成为怎样的"师大人"的一点感悟。

第一,坚守底线,做浩然正气的师大人。孟子曰:"吾善养吾浩然之气。"浩然之气,就是刚正之气,是人类社会共同拥有的主流之气,是"象牙塔"生生不息的永恒之气。希望大家坚持正义讲原则,老老实实做学问,用行动维护学校、学科、学术、学风的和谐发展。大学就要有这种正气,不依附、不媚俗、不作假,引领社会发展潮流。作为师大人,我们具备这种自信。

第二,追求品位,做优雅文气的师大人。文气源于多读书、多思考、多观察。读书本身就是一件十分美好的事情,读书的多少和读书的品位决定了一个人的厚度和高度;学会独立思考,思考将给人以启迪,给人以智慧;观察的意义在于,不仅要知道外在的表象,而且要探究内在的缘由,做一个真正的明白人。同时,我在这里号召大家:不沉迷于手机,少刷屏,多阅读,多锻炼,每天关手机三小时。大家能够做得到吗?

第三,终身学习,做满腹才气的师大人。有才气才能有底气。在大学阶段,希望大家结合兴趣爱好寻找专业方向,通过专业实践强化专业能力,参加科研实践培养创新能力。要修炼才气,增强底气,要立大志,要善实践,要敢成功。不管你将来是从事科学研究,还是做中学老师,还是自己创业做老板,当你走出师大校门的时候,你应该是才华和帅气兼备的模样。

第四,坦荡真诚,做胸怀大气的师大人。古人说:"有容乃大,无欲则刚。"大气会让你有着幽兰的清雅,竹子的气节,松树的风格,寒梅的傲骨,有大山的浑厚，大海的渊博。修炼大气，事业要有大视野，"登高才能望远"；修炼大气，个人要有大胸怀。胸怀大气，便会散发出一种堂堂正正、坦坦荡荡、信得过、靠得住的人格魅力。我坚信，师大人就应该是大气之人！

第五，积极进取，做永葆锐气的师大人。古人说"锐而不挫"，彰显的是不畏困难和挫折的精锐士气。锐气就是始终保持一种向上的进取姿态，保持高昂的工作热情和工作韧劲。既要积极、创新、批判、个性，又要脚踏实地。有锐气，才能有所作为，有所建树。大学，重要的不是培养第一，而是培养唯一——独特的个性品格。希望大家成为具备独立精神、创新意识的现代公民！

第六，乐观阳光，做蓬勃朝气的师大人。朝气，是乐观健康的生命哲理、充满情趣的生活状态和蓬勃向上的精神面貌。这就是我们常常说的"阳光心态"。生活不可能都是一帆风顺，也不可能事事十全十美，总会有些挫折，无论得意还是失意，要永远保持健康向上的蓬勃朝气、奋发进取的顽强意志、科学严谨的治学风格和锲而不舍的学术精神。希望大家的大学生活朝气蓬勃、健康快乐。

可以这么说，正气是一个人的道德品质，文气来自文化素养修炼，才气是专业知识的积累，大气是为人处世之道，锐气反映人的进取精神，朝气是心理健康的表现。希望大家在大学期间涵养这"六气"，不断修炼提升，成就最好的自己！习近平总书记说："广大青年既是追梦者，也是圆梦人。追梦需要激情和理想，圆梦需要奋斗和奉献。"

同学们，今年是我国改革开放 40 周年，我们看到了国家一步一步走向富强；今年也是自治区成立 60 周年，我们感受到了八桂大地日新月异的变化。另外，在未来的两周，部队官兵同志会与我们一起度过难忘的时光，在这里，让我们用热烈的掌声对他们表示感谢！

最后，衷心祝愿同学们在师大收获知识，收获梦想，收获幸福！

未来一路同行[1]

今年是第一次集中在雁山校区举行2019届毕业典礼盛大仪式,从同学们的笑脸我看到对未来的信心和希望。在这里,我代表学校党委、行政向2019届全体毕业生表示热烈的祝贺和衷心的祝福!同时,我特别提议,用最热烈的掌声,对精心培育你们的老师、辛勤养育你们的父母、陪伴你们成长的朋友们,一并致以最衷心的感谢和崇高的敬意!

昨天下班的时候,我忽然听到一首似乎熟悉的歌曲,歌曲唱道:"育才的歌唱不够,雁山的梦在回首,王城学府依旧,等你回来停留,从今以后再想起青春年少的眼眸,有我不舍的守候。"我再一看,是创作团队专门为2019届毕业生创作的《岁月·独秀》。我反复听了很多遍,说实在的,这是我近年来听过的最让我充满感动的歌,最让我满怀激情的歌,因为,那是真正属于"我们"的歌。

同学们,大学时光见证了你们的成长和成才,母校共享你们的骄傲和荣光。

许多教师告诉我,你们身上有太多可圈可点的业绩和感人的故事,2019届毕业生中有4968人次荣获国家级和区级奖学金,有35个班集体荣获"先进班集体"称号。让我自豪的是,大家不仅增长了专业知识,历练了理论与实践的交融,提升了独立思考和解决问题的能力,特别是,大家关注社会发展,传递着真诚的爱心与对社会的责任,为你们这一代赢得了社会的信赖与期待。

四年来,我们共同见证了学校的发展:2016年我们共同接受了教育部本科教学工作审核评估,2017年我们一起战胜了百年未遇的大洪水,2018

---

[1] 该文系作者在广西师范大学2019届毕业典礼上的致辞,原题为《未来的路,我们一路同行》。

年我们举行了"点赞师大·年度致敬"系列活动,2019年我们用快闪形式歌唱《我和我的祖国》、迎接新中国成立70周年;这期间,学校新增了四个一级学科博士授权点、六个广西一流学科,学科评估成绩名列广西高校前列;大气雄伟的雁山图书馆正式启用,生态美丽的雁山校区展现在眼前,绿色生机的校园美景刷爆朋友圈……这一切将永远铭记在我们每个人心中。

上个月,在"校长有约"座谈会上,同学们谈起在校的学习经历,表达出对老师的感恩之情和对朝夕相处同学们的眷恋,就大学生就业创业进行了讨论,并对学校在专业教育与课程设置、服务管理、校园文化和社会实践等方面提出了很好的建议,表达了对学校的热爱之情。学校正在建设与发展中,有不少地方做得还不够,但大家给予学校很多包容和理解,在这里,我要向大家说一声:谢谢你们!同时,请同学们相信,学校绝不会停留在过去的成绩与教育模式中,一定会在改进中发展和超越,这样母校才能赢得持久的发展和尊重。

"我们面临的新时代,既是近代以来中华民族发展的最好时代,也是实现中华民族伟大复兴的最关键时代。"而此时的我们,即将走向社会,进入了一个充满发展机遇的新时代,也是一个应该并能够大有所为的时代。同学们,在这里我想与大家分享几个校友的故事,并与大家共勉。

一是坚定自信。人有了自信,才充满睿智,才能对未来充满希望,才能让人生过得精彩。我们知道,去年我校在第四届中国"互联网+"大学生创新创业大赛中获得了金奖。他们在全国265万名同学组成的63万支战队中,经过各层次激烈比赛,进入总决赛,竞争十分激烈,最后决胜58个金奖。我校音乐学院2012级帅圳兴同学的"趣弹音乐"项目,夺得了全国总决赛金奖,同时还有2个项目获得一银一铜。当他们站在全国关注的决赛舞台上时,他们灿烂的微笑,充满着青春的自信,充分展示了学校的力量。青春如我,不负时代,热爱成就事业,自信锻造辉煌。我认为,这就是师大人的自信。

二是责任担当。学校王城校区的独秀峰,孤峰突起,气势雄伟,有"南天一柱"之美誉。它是学校"独秀"精神的文化象征,是广西师大存续发展的文化基因,也是学校精神文化和价值取向的担当。我校理论物理专业2011届梁丽娜校友,毕业后辞掉城市里的工作,回到家乡做起了村干部,担任陆河村党支部书记。"我从小就有个梦想,让父老乡亲过上幸福的日子。"这是她最大的心愿。回村工作八年来,她带领村民脱贫攻坚,让陆河村实现了脱贫。她的努力得到大家的认同,她当选全国人大代表和党的十九大代表,得到中央领导的接见和表扬。我想,她对基层工作的责任和担当,一定来源于她在学校受到的"独秀"精神的文化影响和气质熏陶,这,就是我们师大人的骄傲和自豪。

三是坚守初心。不忘初心,方得始终。生命是有限的存在,而不是一个无限的过程,坚守就是坚守住那些生命中不应该丢弃的东西,比如人格、精神、良知、原则、忠诚、荣誉、健康、友情、爱情等。我校生命科学学院2004级野生动植物保护与利用专业韦华校友,毕业后在四川卧龙从事大熊猫野化放归研究。他在这几乎与世隔绝的野外工作多年,每天在深山里穿梭,潮湿的气候,漫长的雨季,他在工作中曾被大树砸伤,差点被滚石掩埋,曾经被大熊猫严重咬伤,面临着生命危险。但他从不抱怨工作环境的恶劣,他说:保护大熊猫,就是保护好绿水青山,保护好生物多样性。他的事迹得到社会广泛关注,他是无数师大毕业生在各行各业的代表,他的故事,演绎着师大人那份无怨无悔的执着和坚守。

亲爱的同学们,习近平总书记说:"广大青年既是追梦者,也是圆梦人。追梦需要激情和理想,圆梦需要奋斗和奉献。"当大家走向现实的社会,我希望你们,把事业与责任共同铭记,并通过服务国家的事业,承担自己的责任。前两周,自治区陈武主席在学校做报告时说:舞台再大,自己不上台永远是观众;平台再好,不参与永远是个局外人。因此,缺乏自信,难以面对挑战;没有担当,难以创造业绩;不能坚守,更加难成大器。生命是单程票,要让它少些遗憾。我们青年一代肩负着实现中华民族伟大复兴的历史使命,我相信,我们的梦想一定会在坚定自信、责任担当与坚守初心中实现。

亲爱的同学们,尽管你们将马上离开母校,离开留恋的美丽校园,但未来的路,我们一路同行。古希腊哲学家亚里士多德说过"把优秀当作一种习惯",我将它延伸一下送给大家:把创新当作一种习惯,把阅读当作一种习惯,把尊重当作一种习惯。当你们累了、想家的时候,你们回母校来看看,母校永远是你们的坚强后盾和精神家园!母校的心将永远牵挂着你们!

亲爱的同学们,祝大家一帆风顺,一马当先,一生平安!

面对百年变局[①]

  盛夏的桂林,骄阳似火,就像我们此刻激动澎湃的心情。今天,我们在美丽的雁山校区,举行2020届毕业典礼,这是有史以来最特殊的毕业典礼,分"线上"和"线下"同时进行。学校还决定,为参加今天典礼的每一位毕业生举行学位授予和拨穗仪式。

  此时此刻,作为校长,我的心情特别复杂,你们即将离开校园,展翅高飞,在为你们祝福的同时,有太多的不舍。2020年是极为特殊的一年,新冠肺炎疫情席卷全球,引发了全世界的剧烈震荡。面对疫情,我们这届同学,度过了人生最漫长的一次寒假,赶上了人生中网课最多的一段时期,体验了人生最严厉的一次返校,遇上了人生最难的一个就业季,也经历了继2017年之后学校最严重的一次洪灾……"我们太难了!"然而我欣慰地看到,面对困难我们同心协力、抗击疫情,守望相助、积极防汛,同学们充分理解、主动配合,以高度的责任感和进取心顺利完成了学业,即将踏上人生新的征途。在此,我代表学校党委、行政向2020届全体毕业生表示最热烈的祝贺!同时,我特别提议,对精心培育你们的老师、辛勤养育你们的父母、关心关注你们成长的朋友们,致以崇高的敬意和衷心的感谢!

  我也了解到,有部分同学由于疫情影响未能返校,只能通过在线直播参加今天的毕业典礼。在这里,我承诺:只要你们愿意,今后的任何一届毕业典礼,欢迎你们回来参加,到时我一定为你们亲自拨穗!

---

  ① 该文系作者在广西师范大学2020届毕业典礼上的致辞,原题为《面对百年大变局,我们能做什么?》。

同学们,大学校园是难忘的,这些年你们见证了学校的发展与变革;大学时光也是美好的,学校也见证了你们的青春和成长。习近平总书记曾指出:"我国处于近代以来最好的发展时期,世界处于百年未有之大变局。"这种大变局,包含政治、经济、科技等引发的世界结构性发展趋势的变化,由此带来未来世界的不确定性,同时又迎来了百年未有之机遇。此时此刻,我想和大家交流一下近期我在思考的问题:面对百年未有之大变局,我们能做什么?

一是明识大局,找准自身定位。大局就是历史潮流,历史发展趋势不可阻挡。今天,中国的大局是什么?我想,这个大局就是"两个一百年"的奋斗目标,是实现中华民族伟大复兴的中国梦,是推动构建人类命运共同体的大国担当。突如其来的疫情,让我们的世界充满了无数未知的挑战,但改变不了中国向前发展的大局。新时代的中国,既见大局更见定力。在这样的大局里,我们每一个同学,就是大局中的一员。我们要了解这个世界的基本态势,理解这个世界的分歧,加深对国家发展的道路自信,学会找准自己的定位和方向,然后不断去突破自己。在这样充满机遇和挑战的时代,坚定目标,永葆奋斗精神,一往无前!

二是提升格局,实现长远发展。格局决定人生的高度,古往今来,凡成大事者,必有大格局。面对国际形势的风云变幻,中国致力于构建人类命运共同体,在世界发展中贡献中国智慧和中国方案,拥有了自己独特的格局和气度。国家如此,个人也应如此。格局如何养成?一是多学习。学以立志、学以正德、学以增智、学以养心,把学习当作信仰来追求,真正把学习作为一种生活方式、一种工作习惯、一种思想境界和一种价值追求。二是多思考。古希腊著名哲学家苏格拉底曾说过:未经省察的人生没有价值。我们要学会留给自己独立的空间,多思考,多自省。三是多实践。实践出真知,在社会大实践中不断求知、善思、明察,这样才能有所收获,增长见识,提升格局,实现长远发展。

三是适应变局,以不变应对万变。在这个百年未有之大变局的时代,未来的生活将更加依赖物联网、人工智能、大数据、云计算等新技术的支撑。新技术为我们所用,却不能完全应对一切变局。生活每天都在变化,变是永恒的,不变也是相对的,不变的应是初心、使命和担当等。正如今年的新冠肺炎疫情和学校遭受的两次洪灾,这种生动现实的实践课,教会了我们如何适应环境,如何解决问题,让你们比任何一届同学都多学了一门课,多修了一个学分。因为疫情和灾难,同学们不仅要思考这个世界的巨变,还要在巨大的变化面前,懂得如何改变自己,去适应未来,承担自己的责任。希望你们在朝着梦想奋进的新征程上,适应新环境,努力践行我校首任校长杨东莼先生提出的"建设广西之柱石"的精神,进而成为"建设国家之柱石"。

四是开创新局,成就美好人生。在危机中育新机,于变局中开新局,抓住机会,开创新局,才能成就不一样的自己。前人已经铸就历史,昨天的历史不能被改变,未来靠我们自己去创造。谁都没有到过未来,"预测未来最好的办法就是去创造未来"。当我们走出校门、走向社会之际,我们将会面临社会的选择,你的态度,你的行动,决定着你的未来。不管你将来是从事科学研究,还是做中学老师,还是自己创业做老板,你应该带着"独秀"的精神气质,走向更好的未来,成就美好的人生。因为,你是师大人!

同学们,毕业是校园生活的终点,更是人生新的起点。"你们有幸遇见这样的时代,但时代更有幸遇见这样的你们。"只要大家心里有火,眼里有光,脚下有路,那么,奔涌吧,后浪!

前几天,我参加了以"重游我的大学"为主题的"校长有约"活动,与30多名同学代表在"校友林"种下了代表2020届毕业生的纪念树,她象征着我们共同的记忆和美好的回忆,欢迎大家常回家看看!千川江海阔,风好正扬帆。同学们,请记住,母校永远是你们的精神家园。

最后,衷心祝愿同学们前程似锦,一生平安美好!

读懂大学意义①

9月的桂林，秋高气爽，硕果累累。今天是学校非常重要的日子，我们满怀喜悦的心情，齐聚美丽的雁山校区，隆重举行2020级新生开学典礼。踏入师大门，我们就是一家人，从此，我们就与师大血脉相连。值此机会，我代表全校师生对大家的到来表示热烈的欢迎和诚挚的问候！对辛勤培养你们的父母和老师表示崇高的敬意和衷心的感谢！

1932年10月，我校前身广西省立师范专科学校创办于雁山。八十八年来，学校经历六次更名，八次迁址，四度调整。2007年，学校重回雁山办学。今年，是我校首任校长杨东莼先生诞辰120周年，学校举行了系列纪念活动。1932年，32岁的杨东莼先生出任广西师专首任校长，当时的广西，高等教育刚起步，杨东莼先生将广西师专的办学使命确定为"建设广西之柱石"，其深远意义影响至今。办学期间，他所提倡的"团体训练"的集体主义精神、"自主研究"的学术探索理念、"民主和谐"的平等师生关系等教育思想，使学校形成了优良的校风、学风、教风。正是凭着这股勇于变革的精神，杨东莼先生为学校留下了这份珍贵的精神遗产。师大人在这块热土上继往开来，接续奋斗，追逐梦想。今天，我们正朝着建设国内高水平大学的奋斗目标重整行装，再出发！作为师大人，我们倍感骄傲和自豪！

学校的发展凝聚着前辈们的辛勤付出，也离不开新生力量的加入。自今年8月，我们向桂林资源县勤奋上进的侯雨萍同学亲自送达"0001"号录

---

① 该文系作者在广西师范大学2020级新生开学典礼上的致辞，原题为《如何度过有意义的大学生活？》。

取通知书以来,我们就期盼着大家的到来。我在今年高考后《致2020年高考生的一封信》中描述过我们的学校:她拥有自然山水与历史人文交相辉映的王城校区,"桂林山水甲天下"这千古名句真迹题刻在独秀峰下,在这里孕育着大学的"独秀"精神,她是全国唯一一所拥有5A级景区的大学;她拥有与七星公园相邻的育才校区,美丽而生态,人文而现代,是连接中越友谊之桥;她拥有美丽的雁山校区,这里有西南地区最大的图书馆,这里将给大家更加人文、科学、生态的学习和生活体验……这里是"让优秀的人更优秀"的地方,在这里,有人物,有故事,有书香,有回忆,还有爱。

作为校长和老师,此时此刻,我想和大家一起交流:我们如何度过有意义的大学生活?

一是成为坚定信念、勇于担当的理想青年。习近平总书记曾寄语我们:"青年一代有理想、有本领、有担当,国家就有前途,民族就有希望。"古希腊著名哲学家苏格拉底说:世界上最快乐的事,莫过于为理想而奋斗。实现中华民族伟大复兴的中国梦,广大青年既是追梦者,也是圆梦人,我们要将自己的人生理想融入国家的发展中,实现同频共振。我们应该经常思考,我们能为他人、班级、学院做点什么,我们能为家庭、家乡做点什么,我们能为学校、祖国做点什么。我希望,每位同学尽早尽快融入集体,勇敢地担当起我们的职责,为学校、为国家做出积极贡献!

二是成为勤学善思、卓然独秀的睿智青年。大学,是同学们收获知识、自信和理想的地方,只有勤学和思考,才能学有所获。勤学,就是要多读书,读好书。学科有文理工之分,但生活没有学科之分。学理工科的同学,多读一些人文书籍和多听一些人文讲座,有助于人文素质的提高。读文科的同学,也要了解当代科技的发展,阅读相关的科学书籍,有助于开阔视野,培养自己的逻辑思维。学校开设"每天一讲座"的通识课程,满足大家"人人可选择"学科交叉、文理渗透的需求。读书,贵在思考。独立思考,自主探究,勇于创新,方得真理,才能够达到"卓然独立天地间"的境界。

三是成为投身实践、知行合一的实干青年。实践出真知。教师节期间,我去看望我们的老校长、著名古代文学专家、85岁高龄的张葆全教授,他希望:当代的大学生要多关注国家命运,多参与社会实践,积极投身改革发展之中。他语重心长的话给我们很多启示。学校位于美丽的桂林,桂林本身就是一部山水与历史文化厚重的书籍。希望大家在完成学校学习任务的同时，充分发挥专业特长，积极参与社会实践，知行合一，读懂桂林这本书，了解我们国家、社会的变革和发展，在"小"服务中展现"大"情怀，在社会这本"无字"的"大书"中汲取成长的力量，展现青春亮丽的色彩。

四是成为朝气蓬勃、从容大气的阳光青年。朝气，是人生活力的表现，有健康的心态才会有积极向上的精神动力。面对同样的顺境或逆境，不同的心态，有不同的结果。学校校园美丽宽广、体育设施完备、阳光明媚、蓝天白云、青山绿水……这些大家所期待的，在这里能触手可及！因此，在学习之余，我主张"少刷屏，多运动"。学校将实行体育俱乐部制，提倡"你爱什么就学什么"的体育教学新理念。希望大家能每天坚持锻炼一小时，以健康的体魄、阳光的心态过好每一天。不负韶华不负心，不负青春不负梦！

同学们，今年6月底，我在2020届毕业典礼上分享了《面对百年大变局，我们能做什么？》。其中，我提倡：大家要明识大局、提升格局、适应变局、开创新局。我还记得我读大学的上世纪80年代，人手一本前苏联作家奥斯特洛夫斯基所著的《钢铁是怎样炼成的》，其中书中主人公保尔·柯察金的一段名言至今铭记在心：一个人的一生应该这样度过，当他回首往事的时候，他不会因为虚度年华而悔恨，也不会因为碌碌无为而羞耻。当今，我们身处伟大的新时代，更需要我们为实现中华民族伟大复兴的中国梦而努力拼搏，更需要我们在奋斗的征程中度过有意义的大学时光！

同学们，大学生活是美好的，让我们从现在开始，养成优良的品德，锻炼过硬的本领，成就优秀的自己，实现人生的价值。

最后，衷心祝愿同学们尽情地在美丽的师大，绽放你们最美的青春和光彩！

无畏无惧无私[①]

  时光飞逝,毕业在即。我还清晰地记得,四年前,我刚刚回到母校工作,在2017级新生开学典礼上,我分享了我理想中的大学模样,并寄语大家:做一个有人文温度、学识厚度、精神高度的师大人。四年来,我们一起成长共同进步:我们攀登过千年学府的独秀峰,漫步过育才校区的枫叶小道,欣赏过相思江畔的美丽风光,寒来暑往,春华秋实,我们深深地爱上了这美丽的校园。四年来,我们一起见证了世界和国家的变化,共同面对世界百年未有之大变局,经历了席卷全球的新冠疫情,切身感受中美关系的急剧变化。同时,共同感受了祖国70周年大庆的成就喜悦,脱贫攻坚战取得全面胜利的伟大时刻。四年来,我们一起见证了学校的变化:我们荣获了全国文明校园,启用了高大上的图书馆、理科综合楼、田径游泳馆、综合体育馆等现代化设施,校园环境不断变好变美;今年,学校被列为广西3所重点建设的国内一流大学之一,迎来了更好的发展机遇。同时,我们一起面对疫情、洪灾,众志成城,相守相依,携手共度了一个又一个难忘时刻。四年来,我们一起践行着师大的"独秀"精神,保持独树一帜、卓尔不群、追求超越、勇于创新的精神,刻苦学习,奋发图强,服务社会,展现风采,你们成为师大的骄傲和亮丽的名片!你们给母校留下了灿烂辉煌的青春印象!

  今天,你们就要毕业,踏上人生新的旅程。在这个特别而温暖的时刻,让我们向全体2021届毕业生,表示最美好的祝愿和最热烈的祝贺!向为你

[①] 该文系作者在广西师范大学2021届毕业典礼上的致辞,原题为《面向未来,我们无畏、无惧、无私》。

们成长进步付出辛勤汗水的父母、老师、亲友们,致以崇高的敬意和衷心的感谢!

今天,在离别之际,我和大家分享三个故事。

第一个故事,是学校的红色故事。前几天,学校震撼首演的原创红色校史剧《育才赞歌》,这是一堂生动精彩的红色教育课,里面讲到了一个人物:陈望道。他是首位翻译《共产党宣言》的语言学家,他"真理的味道非常甜"的故事被世人所传颂。非常荣幸,陈望道先生与师大有着较为深厚的缘分。1935 年,陈望道先生离开上海,任教于我校中文系首任系主任,期间,他倡导新文学,传播新文化,创办《月牙》校刊,最早在学校开展马克思主义理论实践。而今,学校主干道就命名为"望道路",就是为了纪念望道先生。同学们,今年是建党百年,红色是师大永不消退的底色,希望大家,都像望道先生那样,坚定理想信念,心怀梦想,矢志不渝,追求真理,成为"心里有火,眼里有光"的积极向上的新一代。

第二个故事,是华为的故事。最近,华为正式发布了鸿蒙操作系统,其影响深远,意义巨大,绝对超乎想象。华为的成长之路,代表了民族企业发展之路的艰难,遭遇了美国的举国打压和遏制,一直被"卡脖子",一次又一次被推上生死存亡的境地。华为痛定思痛,勇往直前,集中攻关,研制出了自己的麒麟芯片和鸿蒙系统,逐步打破了外国的核心技术封锁。即使今天的华为,已成为全球 50 强,任正非先生仍表示:华为没有成功,只有成长。华为的坚韧和气度,是我们民族发展的缩影。同学们,华为之路,告诉我们,要想活下去并且活得更好,就必须艰苦奋斗,要靠自己,要有强烈的创新能力、创造意识和创业精神,只有这样,民族才能自立自强,国家才能兴旺发达。

第三个故事,是袁隆平院士的故事。大家对袁老应该都比较熟悉了,前些日子,袁老仙逝,举国悲痛,亿万网友追思,无数群众自发送行。出生于 20 世纪 60 年代以前的人都知道,饥饿是一种什么感受。袁隆平考大学时报考农学专业,并立志"解决粮食增产问题,不让老百姓挨饿"。他将广西灌阳县作为超级稻高产攻关示范基地,在基地创下亩产超 1561 公斤的世界高产纪录。他尊重科学,相信科学,探索科学,不懈追求"禾下乘凉梦",他常说"人除了吃饱肚子,还需要一股子精神",他一生淡泊名利,心无旁骛,朴实无华,深刻诠释了什么是科学家精神。同学们,他留给我们宝贵的精神财富,我们应当学习他信念坚定、勇于创新的高贵品质,学习他一辈子躬耕田野、脚踏实地,把论文写在祖国大地上的崇高风范。

今天,我讲了三个人的故事:一个理论家、一个企业家、一个科学家。他们的故事,集中体现了追求真理的大无畏精神,不怕艰难险阻的大无惧精神,奉献科学和祖国的大无私精神。正是这样的精神,构成中华民族的精神谱系,是我们民族复兴的精神动力。同学们,我希望大家心怀"国之大者",把小我融入大我,把理想追求融入党和国家事业之中,面向未来,我们无畏、无惧、无私。

去年,有一部反映我国改革开放的电视剧《大江大河》,我与主人公宋运辉是同时代人,我们的经历十分相似,在片尾,他有一段独白,深深打动了我。他说:一代人有一代人的担当,小时候,我的世界是自己的家,家人,就是我的全部。读大学后,我的世界,是图书馆,是实验室。因为我坚信,知识可以改变命运,技术能实现理想。现在我明白,这些不是全部,世界很大,我们很小。只有打开胸襟,拥抱变化,才能获得进步。人是如此,国家亦然。如今,中国迎来一个开放的时代,我们张开双臂,以前所未有的积极姿态融入世界,要用智慧和汗水去换取发展与进步。我格外珍惜这个时代。所有的变化都可能伴随着痛苦和弯路,开放的道路也不会是阔野坦途,但大江大河奔涌向前的趋势,不是任何险滩暗礁能够阻挡的。道之所在,虽千万人吾往矣。面对艰难险阻,我愿意为之奋斗。今天,我把这段话送给大家,一起共勉,生逢盛世,大有可为,青春因奉献而厚重,青春因奋斗而精彩,伴随着奔涌的大江大河,为实现中华民族伟大复兴的中国梦,我们坚定决心,我愿意为之奋斗!

在去年毕业典礼上,因为疫情,很多同学未能参加。当时我承诺:只要你们愿意,今后的任何一届毕业典礼,欢迎你们回来参加,到时我一定为你们亲自拨穗!今年的毕业典礼,有部分2020届毕业的同学,他们特地赶回来参加今年的毕业典礼,等会儿,我将兑现我的承诺,谢谢你们,欢迎你们!

同学们,明年就是母校90周岁生日了,我们今天相约,欢迎大家重回母校,共庆母校盛典。山高水长,未来可期。"大道坦荡君行健,志存高远万里翔",衷心祝愿大家鹏程万里、健康平安、一路顺风!谢谢大家!

底色亮色本色[①]

今天,我们相聚在美丽的雁山校区,在此隆重举行2021级新生开学典礼。此时此刻,你们步入大学殿堂,开启人生新的篇章!在这里,我谨代表广西师范大学,对大家的到来表示最热烈的欢迎!并向支持你们成长的父母、师长和亲友,表示衷心的感谢!

这些年,每到高考填志愿阶段,就有不少家长和同学向我咨询,广西师范大学是一所什么样的大学?我是这样描述的:她是一所历史悠久的大学,办学历史将近90周年;她是一所光荣的大学,她具有光荣的革命历史和文化传统;她是一所美丽的大学,是全国唯一拥有5A级景区校园的大学;她是一所省部共建的大学,也是广西3所重点建设的国内一流大学之一;她是一所培养体系完备的大学,拥有从学士、硕士到博士完整的人才培养体系;她是一所重要的大学,多重要呢?我们看看三个校区所处的位置:王城校区位于王城路1号,雁山校区位于雁中路1号,育才校区位于育才路15号(但同时也叫朝阳路1号)。当然,我们知道1号不仅仅意味着地理位置的重要,在近90年的办学历史中,我校经历了六次更名、八次迁址、四度调整,培养了40多万名各类人才,为广西乃至全国经济社会发展做出了重要贡献,在中国高等教育史上书写了绚丽的一笔!

同学们,我校将近90年的办学历程并不总是一帆风顺,尤其是在抗日战争中,在民族危难紧要关头,有一段非常艰难的岁月,那就是在1944年6月到1946年1月,广西师范大学前身国立桂林师范学院被迫踏上了西迁之

---

① 该文系作者在广西师范大学2021级新生开学典礼上的致辞,原题为《底色、亮色、本色》。

路,从桂林辗转迁到柳州三江的丹洲、贵州的平越(今福泉市)等地,一路上弦歌不辍,坚持办学。今年暑假,我带领学校部分师生开展了"重走西迁路,再启新征程"——红色校史寻访社会实践活动,深入挖掘红色校史。今天,我在这里分享前辈师生们在西迁路上的三个故事,也是我的三点感悟。

第一个故事,曾作忠院长的骨气。用攻坚克难、百折不挠的骨气,镌刻爱国主义的底色。

作为国立桂林师范学院院长的曾作忠先生,他是美国华盛顿大学心理学博士、西南联大教育学系教授,1941年,他得知家乡桂林师资匮乏,毅然向西南联大辞职,回到桂林重建广西师专。经费困难,他就拿出多年积蓄;校舍紧缺,他带领师生们一起参加建校劳动;图书缺乏,他通过各种途径购买图书和抢救古籍。仅用了不到3年时间,就让广西师专升格为国立桂林师范学院,开创了广西本科师范教育的先河,成为当时全国6所国立师范学院之一。1944年,日本侵略军入侵桂林,学校被迫西迁,曾作忠院长带领全校师生一路颠簸,先到丹洲,刚刚安顿好开始恢复教学,又遇日军追袭,被迫迁徙到贵州平越,重整旗鼓,招兵买马,恢复教学。抗战胜利后,我校回到桂林,校舍已荡然无存,曾作忠立即组织全体师生在废墟中重建家园,继续办学!将爱国的情怀植根在祖国大地上。

同学们,在命运的颠沛中,最可以看出一个人的气节。希望大家秉承曾作忠院长攻坚克难、百折不挠的骨气,在困难面前,绝不屈服。始终爱党爱国爱社会主义,树立远大志向,把青春奋斗融入党和人民事业之中,成为实现中华民族伟大复兴的先锋力量,不负强国一代的光荣使命!

第二个故事,林砺儒教授的志气。用坚定信念、勇于担当的志气,擦亮艰苦奋斗的亮色。

桂林师范学院成立之初,曾作忠院长聘请林砺儒教授兼任教务长,讲授教育哲学等多门课程。在西迁路上,他与曾作忠院长协作分工、密切配合,率领师生们打头阵、先撤离。他坚定信念,敢于担当,以自身的乐观、豁达引领着艰难岁月中的师生们,因此,被称为学校的"精神支柱"。在西迁办学的艰苦过程中,他仍不忘教学科研,坚持大量阅读,研究国内外教育名著并勤于笔耕,他的很多教育思想和理论形成于这段时期,他一边教学一边著述,被誉为"服务最有恒心的教育家"。他后来出版的《教育哲学》《教育危言》

部分内容就是在这个时期完成的。他离开桂林后，历任厦门大学教授、北京师范大学校长、教育部副部长等职，成为我国当代著名的教育家。

同学们，志气是一种大品格，越是在困难落后的条件下，越是能显示志气的精神和力量。希望大家学习林砺儒教授坚定信念、勇于担当的志气，无论处于何种困境，有大无畏精神气概，不惧任何困难，热爱学习，多读书，读好书，敢于创新，掌握过硬本领，让奋斗成为人生的亮色，不断实现人生的价值！

第三个故事，西迁师生的底气。用团结自信、勇往直前的底气，铸牢新时代青年的本色。

70多年前，面对学校西迁路上校舍简陋、设备不足、生活艰苦、空袭频频的情况，师生没有被困难打倒，他们团结一致，井然有序，在"与敌人赛跑"的日子里，不停教、不停学，同时在当地积极宣传抗日、呼唤民主，传播科学和文化知识。正如曾作忠院长总结的："敌人来袭，长途奔逃，教师视学生如子弟，学生敬教师如父兄，鼓励扶掖，在饥寒交迫之时，未忘礼让，伤痛呻吟之际，倍加同情，友好之爱，随时可见。"当年，时局变化，国难当头，但他们一路披荆斩棘，勇往直前。经历了西迁岁月的师生们，后来有的成为中共地下党组织的中坚力量，有的成为参加解放战争、抗美援朝的英雄战士，有的成为社会主义建设的中流砥柱，有的成为科教领域的领军人物。在那艰苦的岁月里，勇往直前，就是他们的信心；团结一致，就是他们的底气。因为他们坚信，中国必将取得最后的胜利！

同学们，作为今天新时代的青年，我们更应有这样团结自信、勇往直前的底气。希望大家坚定信心，保持青春的本色，永怀赤子之心，常怀感恩之心，永远坚持追求卓越的勇气和力量，为中华民族伟大复兴做出积极的贡献，活出人生的精彩！

同学们，我们王城校区的独秀峰下，镌刻有南宋诗人王正功的诗句：桂林山水甲天下，玉碧罗青意可参。士气未饶军气振，文场端似战场酣。这首诗不但描写秀甲天下的桂林山水，同时表达读书人的理想志气，要胜过军人作战的士气，文场上的较量就像战场上一样激烈，勉励学子们努力学习，用战士的勇气和智慧为之奋斗拼搏。

同学们，今年7月，习近平总书记在庆祝中国共产党成立100周年大会上指出,新时代的中国青年要以实现中华民族伟大复兴为己任,增强做中国人的志气、骨气、底气。不负时代,不负韶华,不负党和人民的殷切期望!希望大家牢记使命,牢记责任,传承我校特有的西迁办学精神,弘扬"尊师重道,敬业乐群"校训精神,重整行装,向国内高水平大学建设再出发。

最后,衷心希望大家在新征程上,心中有阳光,脚下有力量,在这里自由成长,收获着知识、自信和理想!不断成长为更加优秀的自己!谢谢大家!

大学精神家园[①]

又是一年高考季,又是一个收获的时节,你们即将步入大学殿堂,翻开人生新的一页。未来充满了未知和挑战,更蕴藏着梦想与期待!你们正面临人生中一次重要的选择:如何选择实现梦想的地方?

遵从本心去选择。人生就是一场马拉松,一时的长短快慢并不能代表什么,请放眼远眺、遵从本心、勇敢选择最适合自己的道路。真正起关键性作用的是伴随一生的胸怀、精神和勇气。好的大学一定会滋养你们"成人",在追寻理想中成为最好的自己。

带着思考去选择。在这样一个瞬息万变的时代,深度思考与勤奋努力同样重要。习近平总书记说:"学习就必须求真学问,求真理、悟道理、明事理,不能满足于碎片化的信息、快餐化的知识。"好的大学一定会滋养你们"成才",在不断探索创新中创造价值。

肩负使命去选择。肩负使命,追求卓越。"大学之道,在明明德,在亲民,在止于至善。"君子务本,在理想与现实之间,做一个有责任和担当的人。好的大学一定会滋养你们"成功",在服务社会发展中实现自我价值。

这,也是我理想的大学和精神家园:学生在这里自由成长,收获知识、自信和理想;教授们学术至上,追逐着科学和教育的梦想;师生的自由讨论常常碰撞出智慧的火花。这里,有人物,有故事,有书香,有回忆,还有爱。

广西师范大学正是这样的大学。她拥有自然山水风光与历史人文景观交相辉映的王城校区,"桂林山水甲天下"这千古名句真迹题刻在独秀峰,在

---

① 该文系作者致2019年高考考生的一封公开信。

这里孕育着大学的"独秀"精神,这里还是全国大学中唯一一个5A级景区;她拥有与七星公园相邻的育才校区,美丽而生态,人文而现代,是连接中越友谊之桥;她拥有建有西南地区最大图书馆的雁山校区,这里将给大家更加人文、科学、生态的学习和生活体验。建校近90年来,得山水灵气、承历史底蕴,一代代师大人砥砺前行,学校发展蓬勃向上,形成了从学士、硕士到博士完整的人才培养体系,如今正在向建设国内高水平大学迈进。

我们还有一大批"尊师重道,敬业乐群"的老师、同学,大家正张开热情的双臂,诚邀你来到这美丽的漓江之畔,在这里,你将开启新的征程、谱写新的传奇、创造新的辉煌。

衷心地祝愿你们在未来的岁月里,飞扬梦想,马到成功!

2019 年 6 月 19 日

适应大学生活[①]

亲爱的小乔：

  你好！当你接到大学入学通知书那一时刻，我就想给你写封信，与你谈谈心。你问我为什么不当面谈，也许我们这一代人大学时代习惯于文字的交流和沟通，相信文字更加注重理性的表达吧。

  我首先要告诉你的是，我为你骄傲！为你取得优秀的成绩，为你多年寒窗的辛勤付出，为你一步一步走向成熟，为你的自信和努力。

  进入大学后就意味着新的生活的开始，就意味着你要独立地去面对一切。习惯于依赖父母过着无忧无虑的生活，突然面对各地来的新同学、住集体宿舍、吃食堂饭、远离父母的呵护，可能会有些不适应。不要紧，这都是每个大学生必经的过程，适当地调节自己的生活节奏和方式，就能很快适应新的大学生活。

  社会上一些人对90后的评价惯用一些词贴上标签，但我觉得这一代人最大的标签就是：阳光和快乐。作为父亲，我知道你和你们这一代人自身有突出的特点：追求独立却难以摆脱家庭依赖，张扬个性有时却显得叛逆，乐于助人但有时责任心略显不足……90后大学生似乎是一个矛盾体。其实，每一代人都会有时代的标签，不存在好与不好之分，只有不同特点之别。因此，大学生活的开始，肯定会受这代人的共同特点影响。因此，刚刚入校时，

---

  ① 《广西日报》编者按：作者以一个父亲、大学教师的双重身份写给即将上大学的女儿的一封信，包括了大学适应期、学习方法、大学生心理调适以及该做的十件事等内容，反映了大多数父母对即将上大学的儿女的叮嘱和牵挂，同时也是大学生入学必须了解的事项。我们将陆续选刊，以飨读者。该文以《谈大学生活的适应期》为题发表在《广西日报》2010年8月20日。

我提醒你需要注意的几个方面。

克服环境的陌生感。环境对人的心理具有重要影响。学校和所在城市,对你来说都是陌生的,"独在异乡为异客"。在家时,衣、食、住、行都是妈妈照顾,因此,在进入大学不久,出现一些不适应的事情是正常的,关键是要缩短适应期。这就要尽快了解熟悉新环境,适应大学生活的新特点。到了新的城市,当地饮食口味、气候、方言、风俗等也许会感到不习惯,但关键是不要因此而烦躁不安,要调整好自己的心绪,尽早了解熟悉当地的风土民情、历史文化,逐步地去适应,减轻恋家的情绪负担。

建立和谐的同学关系。在高中阶段,你阳光、开朗的个性得到老师和同学一致的好评,也正因为这样你与同学相处得十分和谐。上大学,刚到一个新环境,我相信你知道怎么与同学友好相处、怎么表达自己、如何与同学建立友谊、如何了解别人和得到他人的理解,以便尽快适应新的同学关系。因此,你将不会陷入人际关系的窘境。你虽然不是第一次出门,但也许还很想家,这就需要同学间互相关心和帮助。在这种情况下能得到同学的真诚的关心和帮助,那是非常宝贵的,这很可能就是好同学和好朋友关系建立的起点。大学校园内,聚集着许多学习上的佼佼者,分别来自全国各地不同的中学。同学往往带有当地学生特有的学习习惯与风气,各个同学总有自己的优势、特长。同学间学习、交流、互相借鉴,对各自都是一种促进。这时候除了你自己尽快适应环境外,你还要主动去帮助、关心别的同学。你将来会慢慢知道,你帮助和关心别人的同时自己也会获得很多快乐。

养成良好的生活习惯。生活中你喜欢整洁,这是好事。但在家时,由于学习紧张,后勤服务都由妈妈包办,或多或少有一些不良生活习惯,如粗心大意,自己的衣物、东西摆放不太注意等,当然这些都是小事,但不良的行为习惯将会损害自己在同学中的形象。生活上,寝室是集体活动的重要场所,是自己的"家"。尤其你在中学阶段没有住过集体宿舍,对于大学里几个人住在一间屋子里很不习惯。过集体生活要共同遵守宿舍公约,必须要有宽阔的胸怀,乐于助人,团结友爱。据我所知,在每年的新生入校时,常常会因扫地、打水、睡觉早晚等生活小问题而引发一些不愉快,造成人际关系的紧张,这将会加剧对大学生活不适应的感觉。古人云:"惟宽可以容人,惟厚可以载物","己所不欲,勿施于人",我相信你会妥善处理这些生活细节。

　　亲爱的女儿,你将要离开一起生活18年的家,独自去远行,独自去面对一切,像天下所有的父母一样,心里总有些放心不下,总有些忐忑不安。但儿女总会有放飞的一天,也许别人只会关心你飞得高不高,但我们更在乎你飞得累不累。亲爱的女儿,我们相信你!

　　祝:展翅高飞,鹏程万里!

爱你的老爸
2010年8月16日

大学学习方法[1]

亲爱的小乔：

你好！上一封信跟你谈了如何尽快缩短大学生活的适应期，开启新的生活。这次我想跟你谈谈大学的学习方法。

我知道，在中小学阶段你养成了比较好的学习习惯，比如学习自觉性强、做事有条理、问题意识较强等。显然，大学与中学属于学习生活的不同阶段，但大学的学习有自己鲜明的特点，了解这些特点对你的大学学习会有帮助。这些特点归纳起来主要表现在：

一是学习方式上有其独立性和自主性。大学改变了中学那种老师讲多少，学生学多少，即"领着走"的学习方式，而采取老师的课堂讲授和学生自学相结合，学生要自主安排课外学习时间、学习计划，自主掌握学习内容，自主选择学习方式和方法。大学老师的课堂讲授常常是提纲挈领的，有时，课堂上讲授的只是自己最有心得的部分或是该教学内容的关键部分，其余的部分要由学生自己去攻读、理解和掌握。老师也不会布置大量的复习题和练习题。古人云："学而不思则罔，思而不学则殆。"因此，大学生必须学会独立地学习，要善于抓住学习的重点，懂得自我督促和自我检查，在老师的引导下，顺利实现从被动学习向主动学习的转变。二是学习途径的广泛性。课堂教学是大学生获取知识的主要途径，但不是唯一途径，随着社会的发展和教学条件的改善，大学生的学习渠道非常广泛。大学生在学习过程中既可以通过不同的途径和渠道吸收课本知识，也可以按照自己的学习兴趣去

---

[1] 该文以《谈大学的学习方法》为题发表在《广西日报》2010年8月27日。

探求、获得课外的知识,例如通过跨校、院、系选修相关的交叉学科课程或者通过互联网、各种学术报告、知识讲座、专题讲座、查阅图书资料、社会调查、参观考察、动手实验等途径获取知识。学习渠道的广泛性,使学习形式变得更加灵活,但对学习的自觉性、自主性、创造性的要求相对提高。三是学习内容具有其专业性和选择性。大学教育的目的是培养专门人才,具有一定的职业倾向,大学生的学习活动具有一定的专业方向性,教学课程是围绕着专业的方向和需要开设的。你学的是生命科学,是基础学科,通过学习使自己掌握生命科学的专业知识和专业技能,为未来进一步深造打下基础。因此,专业性是大学学习的重要特点之一。但是,在未来的职业生涯中,要想适应社会发展需要,要想在竞争中立于不败之地,光有专业知识是不够的,还必须培养自己多方面的专业技能等实践能力。在校期间,可以根据自己的兴趣,跨校、院、系之间辅修专业或选修课程,来扩充自己的知识面,努力使自己成为高素质的人才。选择性是大学学习的又一重要特点,专业课和选修课是相辅相成的,专业是基础,是前提,在学好专业之外,才能选择其他课,扩充自己的知识面。四是学习方法具有一定的创新性。在校期间,我希望你还要注意培育自己的创新意识,提高自己的科技创新能力。在系统学习专业知识、不断掌握专业技能的过程中应注意开拓自己的思维能力。在老师的引导下,可根据学科发展的新观点、新理论以及当前学科研究的重点、难点和热点问题进行探索、思考,培养自己的创新意识;可通过积极参加社会调查,参与老师的科研课题,写作相关论文等途径来培养自己的创新能力;也可以在课堂上对老师或书本上的观点提出质疑和公开讨论,摆脱思维定式,善于提出新问题,从新的角度思考和解决问题。我希望你在专业学习领域有自己独到的见解,哪怕有些观点是错误的。

另外,我还想跟你谈一谈大学的自学问题。

著名物理学家钱伟长先生曾说过:"在大学四年里,能不能养成自学的习惯,学会自学的本领,不但很大程度上决定着他能否学会大学的课程,把知识真正学懂学活;而且影响到大学毕业以后,能否不断地吸取新的知识,进行创造性的工作。"可见,自学不仅在大学四年重要,而且在人的一生中也很重要。古话说"授人以鱼不如授人以渔",在知识更新周期越来越短的现代社会,善于"渔"是大学生顺利成才乃至终身学习的一个基本条件。因此,在大学期间,你必须加强自学能力的培养和自学习惯的养成。如何培养自学能力呢?一是要有学习的自觉性和好奇心。自学主要是自己学习,如果缺乏学习的自觉性,自学也就不能成立;没有好奇心就不可能对科学有探索和追求的欲望。二是自学要有计划性。《中庸》说:"凡事预则立,不预则废!"事先有准备,就能成功,不然就会失败。没有计划的学习容易缺乏动力,就容易受到外界因素的干扰,因此,要根据自己的能力、专业学习进度,制订出科学的自学计划。三是自学要有时间保证。要充分利用好种种课余时间,并合理地支配和利用好它。如安排好课前的预习和自学;课后及时地复习和巩固;对自学中一些问题感到疑惑,要主动请教老师,或者查阅文献、图书等,解决问题。四是要善于充分利用各种条件和手段。现在获取知识的途径非常广泛,要学会利用图书馆、网络、实验实习、科研活动等专业性训练环节来丰富拓展自己的知识。

当然,大学的学习方法很多,但最关键的是适合自己的学习方法。"未来的文盲,不再是不识字的人,而是没有学会怎样学习的人。"

大学的学习方法非常重要,它决定你在大学期间知识的厚度和宽度,因此,在你进入大学学习之初,一定要对大学的学习特点和方法有所了解,尽快地找到一条适合自己学习的最佳途径。

祝

勤勤恳恳,学习进步!

爱你的老爸
2010 年 8 月 22 日

必做十件事情[①]

亲爱的小乔：

你好！也许你觉得，我可以要求你在大学必须做十件事情,但对其他大学生,我就没有这种权力要求他们去做了。当然,对你的要求或许对其他同学有一定的参考价值,从这个角度出发,我想这样写也未尝不可。

大学本科四年,有很多很多事情要去做,除了完成专业学习规定的计划外,我想向你提出必须完成以下十件事情的要求,你可以列入你的大学学习、生活规划,等到你大学毕业时我会做一一检查。

一、阅读名著和中华传统文化经典。世界的文学和科学名著浩如烟海,中国传统文化博大精深,在短短的四年不可能读完,但可以挑选部分经典阅读,我会专门列一些书目给你,有些你在中学已经读过,你可以从中挑选部分开始阅读。除了你读过的中国古代名著外,"四书"中的《论语》和《大学》,老子的《道德经》是必读经典。另外,有关中国文化、历史、哲学方面的书籍应该涉猎,国外的文学名著你可以选择自己喜欢的阅读。阅读方式可以是精读,也可以是泛读,根据你的需要而定。对于理工科学生而言,"参读古文诗赋","朔望恭谒圣贤",读一些文学名著和文化经典对于自身的人文修养尤显重要。现在虽然电子书很发达,但我还是主张你用传统方式阅读,读书就有读"书"的样。

二、选择一项自己爱好的运动并坚持。可以根据自己兴趣爱好选择一项适合自己的运动项目,比如羽毛球、排球、乒乓球或跑步等,它将改变并丰

---

① 该文以《大学生要做的十件事》为题发表在《广西日报》2010年9月3日。

富自己的生活。不过,在做这种运动以前,一定要先确定有足够的条件支持你持之以恒,直到对这项运动发生兴趣。大学里的运动场所和运动人群是最集中的,运动既锻炼了身体,同时也有利于养成良好的生活习惯,何乐而不为?《孝经》说:"身体发肤,受之父母,不敢毁伤,孝之始也。"你要知道,健康不仅仅是你一个人的事。

三、养成写日记的习惯。记得我读大学时写了整整八大本日记,记录了我大学时代丰富多彩的大学生活,它是我人生中一段最绚丽的彩虹,20多年后的今天,重温当年时光还让我激动不已。同时,它不但是自己练笔的好机会和好方法,而且也是自己心灵自白最好的表达方式,它会使你不感到孤独、疑虑,在笔墨倾诉中找到自己心灵的平衡。另外,要做好每学期的总结和计划,对每学期的学习、生活全方位地总结,肯定成绩,分析不足,制订改进措施;制订下一学期的学习、生活计划,使自己生活得更加有目标。

四、坚持用毛笔写家书。现代社会通信设备发达,信息传递速度快,电话、E-mail、QQ、微信等方式使人近距离接触,拉近了跨区域的空间距离和情感距离。但我总觉得少了些什么,缺乏了一种等待、盼望的情结,少了那种令人激动的期待,没了那种在纸上的倾诉。《岳麓书院学规》有"时常省问父母",信息的发达并不能取代情感的交流,尝试用毛笔书写传统书信交流,也许是我们这代人为父为母与新生代的"另类"的交流方式。尽管我不知道我们能否坚持下去,但试想,当我打开女儿寄来的散发着墨香味的书信时,那将是怎样的一份期盼和父女情怀!

五、独自去旅行一次。在大城市、在学校里待得太久就会有一种窒息的感觉。高中阶段,你曾组织了三次同学集体旅游,分别到上海、杭州、云南等地,有一定的外出旅游经验。我现在主张你在大学四年中合适的时候,做一次独自旅行,避开大城市,到乡下、牧场、森林和草原等可去的地方,新鲜的空气加上人们和善的脸庞,你将会得到人生完全不同的体验和感悟。将你所有的行囊塞在背包里,做一次徒步旅行。没有别的理由,用这种方式完成旅行,你将是在所有的旅行者里最累的,但笑容肯定是最多的。一个人的旅行,你可以一边看风景,一边思考。要能完成这次独自旅行,你必须准备好相应的身体素质、人文地理知识和社会交往能力。它是一次综合测试和考验。

六、到乡下住一段时间。记得初中时期,你与同学到乡下住了一周,并完成了一次社会调查,以《农村与城市的小学生学习生活的比较调查》为题开展了研究,并写出调查报告。这次调查让你明白了许多道理,明白了城市与农村小学生的教育现状和差距,也切切实实深受了一次教育。大学期间,你还应该再去农村住上一段时间,带着与专业相关的课题开展调查研究,同时,体验一下中国农村的生活,比较一下城市与农村的差距,关注我们这个社会中困难群体的生活状态,我想你现在长大了,会更加独立思考。

七、争取无偿献血一次。从道义上讲,无偿献血能净化人的心灵,用自己的献血延续、挽救他人的生命,使心灵得到慰藉,使人生更加充实。在大学期间,你无力用物质去帮助别人,但可以用属于自己的部分延续他人的生命,把自己的血无偿献给那些没钱又需要血的人,以德施善,在帮助别人的同时也帮助了自己。

八、择交若干好朋友。张潮在《幽梦影》云:"天下有一人知己,可以不恨。"大学四年,必择善而交,可以是闺中密友,也可以是同学知己。大学时代的好朋友同窗四年,情感纯真,可以终生为友。

九、发挥你的钢琴和绘画等艺术特长。你在小学、初中练习钢琴九年,在初三时你勤学苦练,通过了钢琴九级考试,中小学阶段曾多次获教育部等全国性的书画比赛一、二等奖。这是你的艺术天赋,在大学里应好好珍惜你的特长,尽可能发挥你的优势。你天资聪慧,生有所长,必有所用。

十、至少担任一次学生干部。做学生干部,可以锻炼自己的组织协调能力、社会工作能力、人际交往能力等。当然,学生的主要任务是学习。因此,在很好完成学业的前提下,至少担任一次学生干部,彰显一下你的能力和魅力,争取为同学们服务的机会,我相信你在中学时代的学生干部经历一定会做到让大家满意。

大学生活何止十件事情要做?但我将这十件事情选列给你,必有其人文内涵和生命意义。亲爱的女儿,我希望你在大学期间能把它们逐一完成,这将与你的毕业证书一样在你的人生之路上光彩亮丽。

祝

十全十美,心想事成!

爱你的老爸

2010年8月31日

大学心理调适[①]

亲爱的小乔：

你好！这次我想跟你谈一谈大学新生的心理矛盾及其调适问题。

当你告别了中学时代，戴上大学校徽，从熟悉的环境进入陌生的环境，胜利的终点变成了新的起点。由于生活时空的变化、老师同学的更新、学习方式的改变、角色的转变、生活经验的缺乏等诸多因素，常使一些新生产生焦虑、抑郁、自卑等情绪，如果不及时解决，会给后续年级留下"后遗症"。面对一系列的心理矛盾，需要尽快适应并调适。这几年，大学生由于心理问题没得到及时的调适而引发的各类问题有增无减，值得社会和家长去思考。

作为大学新生的一种普遍现象，你也许将遇到相似的心理问题。我认为产生这种心理矛盾主要有以下几方面原因。这一切，你应该开始了解。

一是求学动力的暂时消失和目标未定的彷徨。在高考之前，读书的目标非常明确——上大学。一旦上了大学，还没建立新的求学目标，暂时失去了求学动力，同时也没有外在压力，有意无意地放松自己。多数学生进了大学后，需要一段时间适应，才能从彷徨迷失中找到自己，建立新的追求目标。在这之前，有的同学则常表现为情绪低落，无所适从。二是社会角色的突变。进入大学后，新生的社会角色发生了急剧转变，社会、学校、家庭将开始以成年人的标准对其评价。作为一个独立的社会成员，你将体验到社会和家庭对你的尊重和厚望。在自豪、自信的同时，也可能会感到莫名的恐慌。客观上由于涉世未深、经历尚浅，缺乏社会经验和能力，在自我意识中常会

[①] 该文以《谈大学生活的心理调适》为题发表在《广西日报》2010年9月10日。

表现出自我情绪的失控、自我评价的片面,常常不易得到外界的理解。三是客观环境的变化。在学校的学科差异导致专业的冷热升沉,加之大学人才荟萃,在知识、才艺、人际关系、家庭背景的差异,致使一些新生或孤傲或孤僻。人格上的独立、经济上的依赖、自学能力缺乏、思想比较单纯、社会阅历不够,这些常常发生自身观念上的冲突。再者,处于青年期的大学生,其感情丰富而又敏感,往往会产生既不愿轻易向人表露自己的心迹又迫切需要与人交往的心理矛盾。

如何进行心理调适或化解心理矛盾?我认为可以从以下几方面尝试。

一是正确认识自己。生活在当今社会的人,不能单靠被动地顺应环境,须主动地去适应环境,保持个人与环境之间的和谐。《孟子》云"行有不得,反求诸己",应客观认识个人能力的优势和劣势,确定适合自己的追求目标,并通过艰苦努力实现目标。二是克服应试教育造成的积弊。中学阶段的学习是应试学习,大学阶段的学习是以自学为主的求知学习。应该改变读书的观念,把"念书"提升到"求知",逐渐改变自己在应试教育中养成的学习习惯,在学习和处世中养成独立思考和判断的习惯,逐步使自己在大学文化环境中心智成熟。三是建立和谐的人际交往理念。应主动积极地发展与同学的交往,获得准确理解别人和与人和睦相处的经验,并促进自己的和谐相处,积极参与社会活动,多了解社会,将自己融入集体和社会。四是主动适应新的生活方式。大学生的学习、生活、闲暇娱乐、社会交往等有其独特的模式,应逐步形成有节奏有规律的生活方式,以达到学习、生活、休息的和谐统一。五是正确运用心理调适方法。自我激励法有助于调整自己的不良心理,情绪迁移法有助于把注意力从消极方面转移到积极方面去,尽量避免或减轻对自己情绪和心态的影响。

另外,作为女生,心理上有一定的特殊性,我还要叮嘱几句:一是要自尊,在尊重他人的同时,更应该尊重自己、自重自爱,这样才能获得别人的尊重;二是要自信,正确认识自己,发挥自身特有力量、潜能和优势;三是要自立,只有具备真才实学和良好的知识结构、更新知识的能力,才能获得社会和他人的承认;四是要自强,通过自己的努力,未来一定要拥有立身的事业、专业。作为女生,要克服来自社会及自身的一些障碍,培养优良的心理素质,才能超越自我。这些话,你也许觉得有些空洞,但你把它放在现实中又是那么实在。

亲爱的宝贝,作为父亲,有一个必须面对的问题,必须得跟你谈谈,那就是理性对待感情问题。在大学四年或多或少你将会遇到感情问题,爱情是美好和值得向往的事情,渴望爱情是大学生的共同心愿。爱情的出现具有一定的偶然性,在大学四年中,一二年级年龄偏低、心理尚不成熟,因此,我不太主张过早地恋爱。在现实生活中,由于生活阅历的缺乏和恋爱中盲从心理的影响,导致相当多的女生都有恋爱受挫的经历。过早恋爱势必影响你的学习和专业发展,同时也将影响到积极参与同学的集体活动,客观上阻碍了与其他同学的人际交往。因此,到了高年级,如果有心仪的、情投意合的朋友,我当然也不会干涉。不过,一旦建立了恋爱关系,就意味着一种责任,对自己、对他人的责任,甚至对未来前途的一种责任。如何摆正爱情与学习甚至未来事业的关系?如何发展健康的恋爱行为、正确地对待恋爱中的挫折、培养爱的能力与责任等都是恋爱中的必修课,以后我会慢慢跟你聊。

心理学家认为,诉说可以有效缓解负面情绪,而把欢乐与人分享则可以无限放大这种欢乐。因此,作为父母,希望你更开朗和快乐,多与老师、同学、朋友交流,你随时可以将在生活与学习中遇到的问题告诉父母,让父母与你一起分担,一并努力,相信会有助于消除你所遇到的困惑,保持最佳的精神和心理状态,迎接大学生活和学习的挑战。

祝

阳光快乐,心身健康!

爱你的老爸

2010 年 9 月 6 日

阅读思考对话[①]

阅读,是我们父女日常交流的一个重要话题。父亲给女儿推荐阅读书目似乎被视为理所当然,其实,女儿推荐给父亲的书同样也改变着父亲的思考方式、观念和生活。

《平凡的世界》(路遥,1986年)

贺祖斌:在你上大学的时候我推荐的第一本书就是路遥的《平凡的世界》,也许由于它深深影响着我青年时代的价值观。在这部描写中国当代城乡生活的巨著中,经常看到自己的影子,主人公孙少安、孙少平两兄弟在这个平凡而艰难的世界中,不断超越自身的局限,展示了上世纪70—80年代,青年人的自强与奋斗、挫折与拼搏、痛苦与欢乐,我所处的年代、背景与小说中主人公极其相似,相似的经历让我们80年代的大学生产生了强烈的共鸣。"在这个世界上,不是所有合理的和美好的都能按照自己的愿望存在或实现",让在奋斗道路上的青年人更加理解人生的不易和艰难。虽然,当代大学生的时代背景与小说中的背景完全不一样,但人生苦难的经历和对生活的理想,一定会给当代大学生带来启示,去年热播的电视剧《平凡的世界》已经说明了这一点。

贺乔林:爷爷说过"喜欢读书的人不会变坏",我记住了爷爷的话。大一

---

① 该文以《一位大学校长与女儿的对话:阅读改变了我们什么?》为题发表在《南方周末》2016年9月27日。

拥有很多自在的时光,除专业外,阅读了 10 部人文方面的书籍。《平凡的世界》一口气读完三册,那股激昂之情一直在心中回荡。书中反映的现实社会是我们 90 后极不熟悉的生活:一个平凡人的奋斗历程,一个平凡家庭的成长过程。那种对生活坚韧不拔的态度深深感动着我,越是困境,越是艰苦,更要顽强生活,生活总是充满着诸多的不确定,但又是满怀希望的。另外,我很欣赏田小霞与孙少平的爱情,那是真正跨越了一切界限的彼此吸引与爱慕,两颗心灵的交融,让我相信那就是爱的力量。我更加了解和理解父辈的人生经历和他们的思想观念,因为他们就生活在那个时代和环境。因此,人生不管是失意,还是辉煌,更应该倍加珍惜这平凡的世界的平凡生活。

《美的历程》(李泽厚,1981 年)

贺祖斌:这本书是我第一次系统地接触到中国美学。中华文明源远流长,从远古洪荒直到明清时代,书中论述了中国绘画、雕塑、建筑、文学、书法等艺术门类在各个时代的兴起与演变,讨论中国文化美的形成特点,从经济、历史等方面来探讨数千年的文化对美的影响和发展。特别是,我读到第三章"先秦理性精神",了解到儒道互补,赋比兴原则以及建筑艺术,道家和儒家思想在艺术上的关系是一体的,儒家体现了艺术为政治服务的实用功利,道家则体现了人与外部对象的超功利的审美关系,这些观点使我对道家和儒家有了新的认识。尤其是,作为理科出身的自己,读它犹如给自己重新补课、充电,因此,我特别建议理科生更应该阅读本书。

贺乔林:从小喜欢绘画和音乐,画过国画、水彩画,钢琴考过九级,自以为喜欢艺术的美,读完该书后才了解,那些只是非常肤浅的理解。该书正是通过历史的、美的艺术历程,让我品味到艺术是精神与心灵的外化和寄托。所谓的美的历程,与民族精神和社会文化的演变密不可分,每一个时期的艺术是当时社会风貌的缩影。美的东西,她在历史的文化中更散发她的魅力,即使时光流逝,她不会退化其价值,反而,时间的积淀更能显示其韵味。中华民族具有悠久曲折的历史和辉煌灿烂的文化,历尽沧桑而依旧巍然屹立,作为 90 后这一代,有足够理由为自己民族有如此辉煌的成就而骄傲。当下,我们碎读了很多快餐式的知识,缺乏系统的理解,往往"水过鸭背"。

《美的历程》让我了解中华历史文明和艺术发展史,并坚信美的历程指向着未来。

《增长的极限》(德内拉·梅多斯等,1972 年)

贺祖斌:上世纪 80 年代,当时的中国正处于改革开放初期,我读该书时,更多是从未来学角度去阅读。30 多年过去了,世界发生了很多变化,重温一下《增长的极限》,当年书中的预言到现在变得更加真实、可信,然而正是由于忽视了这些预言,冰盖正在融化,家乡的鱼类和森林正在枯竭,城市的新鲜水源正在消失,这些现象已经发生在我们身边,世界已经浪费了 30 多年的宝贵时间。中国的经济和社会正在高速发展中,人们必须了解经济增长受资源和环境承载力的限制、人类活动对自然和社会带来的破坏,这样才能找到一个绿色的发展模式。之所以推荐给你,除了作为生物专业书目外,我想也作为当今大学生必读的一本自然人文的读物,它会让我们懂得,在大自然面前,我们应该学会谦卑。

贺乔林:当时作为生物学专业的学生阅读这本书,《增长的极限》也算是我的专业领域,但它带给我心灵的冲击仍然让我震撼。《增长的极限》提出人口爆炸、粮食生产的限制、不可再生资源的消耗、工业化及环境污染等问题,正是当今社会发展遇到的难题。我们是随着工业化进程而成长的。城镇化的迅速发展,占去大量的肥沃良田,可耕地面积正在由于人口增长和城市化建设而逐渐缩小。我的求学之路,亲历了城市环境恶化的过程。本科在美丽的武大,近年都有看"海"的季节,武汉 60 多年来,城区湖泊从 127 个减少到目前的 38 个;现在北京读研的我,过去从来没有听说的雾霾,如今也见识过了。为工业化的大力发展,填湖建城,污染环境,饱尝苦果。长此以往,面临增长极限的挑战,资源短缺和环境污染正威胁着人类的生存。

《文明的冲突》(〔美〕萨缪尔·亨廷顿,1993 年)

贺祖斌:记得我俩曾经讨论过这本书对宏大的国家和微观的个人的影响。书中认为,"冷战"后的世界,冲突的基本根源是文化方面的差异;文明冲突是未来世界和平的最大威胁,建立在文明基础上的世界秩序才是避免战争的最可靠保证。我们生活在这个地球村,无时无刻不面临着"文明冲突",也时时刻刻影响着世界和个人的生存和发展。我们已经看到,世界出现多极、多文明的格局,不同文明间的相对力量及其领导力正在发生重大转变。世界从过去单一的"G7"发展成"G20"(20国集团),这种现象的出现已经说明了文明力量的变化。人们正在寻求并迫切地需要关于世界治理的新思维。当时,你说在书中第一次了解到包含中华文明在内的八大文明的特点。我想,这本书,除了告诉我们"文明冲突"外,也让我们进一步理解目前世界各地发生冲突的根本原因。

贺乔林:其实,您最初推荐我看这本书时,我是第一次接触讨论政治关系的书籍,原本以为政治学作品都是神秘而深奥的,理解其内容的确需要比较宏大的视野、对世界不同文化有一些认识。但此书逻辑清晰,观点明确,语言通俗易懂,引领我以一个全新的视角看待世界的格局。书中的一些观点给我很多思考:"每一种文明都将自己视为世界的中心,在书写自家的历史时,都仿佛在编写人类历史的核心剧本。"也许这正是文明冲突的根源之一。书中讨论了西方文明与伊斯兰文明的冲突,西方文化与中华文明的冲突,"中国的崛起"引发一些国家的焦虑,这些观点作者在多年前已经预测,当今很多"冲突"在本书中能够找到答案。我认为,以儒家文化为核心的中华文化强调"天人合一""和而不同",在多种文明共生的世界,她的包容性势必对其他文明的融合起到调和的作用。

《给未来的记忆》(〔日〕河合隼雄,2011年)

贺乔林:与心理学相遇是阅读了日本心理学大师河合隼雄的《给未来的记忆》,他用细腻朴实的语言描绘自己的成长历程,我仿佛走进了他的世界,见证他的童年、成长、抉择等各个时期,体会他在面临抉择时的困惑、思考。之后,我阅读了系列心理学书籍,并让我喜欢上心理学,但这让我陷入困惑:是坚持学生物,还是考研时改学心理学?我是否为转学心理学专业做好准备?同样,也是这位大师在书中给了我答案:人生不是从一开始就定下来方向,每一个阶段都会有新的感悟,我们的生命中一定充满了很多十字路口,但如何抉择将会是永恒的难题。我想,未来那么多不确定,在还能不为生计所束缚的时刻,希望每一步都能遵从自己内心的选择。心理学将帮助我更好地理解、了解自己,找到真正的自我,进而了解这个世界。因此,《给未来的记忆》改变了我的专业选择和人生职业规划。

贺祖斌:谢谢你给我推荐的这本书,我一定要读一读它,弄明白它有什么魅力让你改变了专业选向?读后才慢慢理解你为什么从生物学专业毕业后转向攻读心理学专业研究生,尽管我们之间为此发生过"文明的冲突",但最后全力支持你的选择。这是作者自传体的作品,书中反映了他的人生经历和心理历程。让我读后感悟的是,这样一位心理学大师的人生道路,每一个阶段都有他的迷茫、抉择、行动。其中"从自卑感起步"让我明白,生活中大多数人或多或少都会有过自卑情绪,克服自卑转化成自强才是出路。他的经历,让我回想起自己的人生道路,经常出现的阶段性的迷茫、选择。同时,从该书对你专业选择的影响,也改变着我,在学校制定更加宽松的转专业制度,让学生有重新选择自己喜欢专业的机会,而不是一选定终身。《给未来的记忆》,让我学会了认识自己,也改变着我自己。

阅读,继续在改变着我们的思考、我们的生活……

● 异域之见

普希金文学咖啡馆（2016.10）

　　大学有层次类型之分，但大学的建筑并没有随大学地位有高低之分，正像大学精神一样，不管什么样的大学都有属于自己的独特气质，这种气质很大程度上反映在她的建筑上。

大学建筑的文化符号[①]

美国东海岸的深秋,天高云淡,秋高气爽。

随教育部2015年大学校长海外研修班到美国东部学习,第一站是弗吉尼亚大学(University of Virginia)。弗吉尼亚大学位于美国弗吉尼亚州中部的夏洛茨维尔(Charlottesville)市,弗吉尼亚州隔波托马克河与首都华盛顿相望,东面与大西洋和切萨皮克湾相邻,南面与北卡罗来纳州和田纳西州接壤,是一个非常美丽的地方。

在学校,我们上课的教室窗外,透过树林的阳光,蓝天白云,美不胜收。除了学习计划中的课程和讨论外,我比较关注弗吉尼亚大学的建筑风格以及对教育环境的影响。

弗吉尼亚大学是由美国第三任总统托马斯·杰斐逊于1819年创建,是美国历史上第一个独立于教会的高校。杰斐逊总统注重学校的建筑设计,他亲自设计不少教学和办公大楼,逐步形成杰斐逊流派的建筑群。他将他的办学理念融入学校建筑设计当中,也体现了他作为校长的办学理念。

基于对学校建筑设计的兴趣,我们特意参观了弗吉尼亚大学的杰斐逊派建筑群,这也是学校最老、最有代表性的建筑。此处是杰斐逊亲自设计的,占地面积将近30英亩[②],建筑群位于有点坡度的小高地上,中间的道路

[①] 《广西日报》编者按:作者随"2015年教育部中西部大学校长海外研修班"到美国大学学习培训,通过集中上课,与美国大学校长研讨、交流,以及到弗吉尼亚大学、天普大学等大学的教学基地、创新平台、图书馆等实地考察,得到的启示和收获颇丰。我们将选刊他的"体验美国大学"系列文章,分享学习成果,以飨读者。该文以《大学建筑的文化符号——美国弗吉尼亚大学的建筑观感》为题发表在《广西日报》2015年11月20日第11版。

[②] 1英亩≈4046.86平方米。

是东、西两边与大学内其他建筑相隔离的分界线,南面则由一条宽阔的人行道分隔。从建筑群的设计来看,我认为充分体现了杰斐逊设计的教育理念。

一是开放性。该校主体由圆顶建筑组成,多排内设宿舍和公寓的大帐篷式建筑,沿着中央草坪的两侧延伸到圆顶建筑前。两个外侧区域是宿舍和食堂,教学、生活十分方便。内侧区域和外侧区域之间的地面做花园,中央草坪和花园相得益彰,充分体现了大学教育的开放性。

二是和谐性。我最欣赏的是将教授和学生的学习、生活融为一体的建筑设计,这也是最能够体现杰斐逊教育思想的亮点之一。每一栋建筑内都有教室、教授的住所和一层宿舍。10栋建筑之间有走廊连接,这些走廊类似于我国岭南地区的骑楼功能,一方面用来遮阳避雨,另一方面用来将宿舍设计得具有一定的隐蔽性。目前,只有全校最优秀的学生,才有资格居住在这里,由于年代已久,虽不具备各种现代生活功能,但学生都以能够居住在这里而终生感到荣耀。同样,能够居住在这里的教授,也是经过严格的评选,在学术、社会影响方面得到大家公认才有资格住在这里。经过特别安排,我们参观了居住在这里的马斯特教授的家,我注意到有一个专门为学生准备的会客厅,便于在家里与学生交流。站在二楼面对大草坪的连廊阳台上,我不禁感慨:近200年前杰斐逊设计的体现师生和谐教育的理念,在今天的弗吉尼亚大学并没有过时。

三是包容性。据介绍,圆顶建筑78英尺[①]宽,在几何学上,它的尺寸恰好是古罗马万神殿的一半,各个建筑之间并不是等间距排列的,错落有致的布局使这个建筑群显示出自由洒脱的情趣。在圆顶建筑前面有一个巨大的草坪,四周种植着成排的树木。草坪从北到南呈阶梯状展布。每年毕业典礼时,学生们从圆顶礼堂盛装而出,大草坪两侧站满来参加毕业典礼的家长和低年级学生,一直到大草坪的另一端,典礼盛大而隆重!

四是美学性。建筑之美在于其随意之处竟显精致,无论是拼贴,是残缺,抑或是奇险。建筑之美在于其情理交织,学校建筑设计非常注意其对称、和谐的美学,在草坪的尽头一个由6根柱子支撑三角墙的门廊高高耸立,门廊和圆顶建筑之间由4排科林斯式柱子连缀着。在草坪的两侧有10

[①] 1英尺=0.3048米。

个大帐篷式的建筑,它们代表着最初的 10 个单独的学校。这样的建筑设计具有实用性、公共性等特征,也体现建筑的统一、均衡、韵律、布局,同时也在建筑性格、风格、色彩等方面充分表达了其"和谐",近 200 年的岁月并没有冲淡其美感,反而积淀着丰富的文化内涵。

另外,我们到学生餐厅用餐时,也注意到食堂的设计非常人性化,无论是为学生提供的多元化的餐饮品种,还是餐桌设计的便利性,以及餐厅的阳光照射面积,餐后咖啡区域等,都考虑得十分周全。学校发展很快,20 多年来,学校新建了 400 多栋建筑,绝大部分体现杰斐逊派风格。

我曾在《大学建筑与大学文化》一文中提出:"大学有层次类型之分,但大学的建筑并没有随大学地位有高低之分,正像大学精神一样,不管什么样的大学都有属于自己的独特气质,这种气质很大程度上反映在她的建筑上。"弗吉尼亚大学为什么成为北美地区唯一被联合国教科文组织列为世界遗产的高等院校,理由肯定很多,但我想其杰斐逊派建筑群的独特设计及其功能肯定发挥了积极作用。

这得益于学校设计者、第一任校长杰斐逊,他既是美国民主的创始人和美国总统,也是土地测量师、建筑师、古生物学家、哲学家和作家,同时对建筑学、农艺学、数学等抱有浓厚兴趣。他是天资最高、最多才多艺的美国总统。当时,他有感于美国各大学的宗教势力对教育的影响,想创立一所具有独立和创新精神的大学。弗吉尼亚大学正是他实现理想的大学,经过近 200 年的发展,弗吉尼亚大学始终名列全美最佳公立大学前两名,是一所世界一流的研究型大学。

正像学校的建筑设计风格,弗吉尼亚大学在世界众多大学中闪耀发光。

我想,我们中国大学近些年也在大规模地建设新校园,如果在设计上能够从弗吉尼亚大学的建筑理念吸取一些元素,那必将为我们的大学校园添光加彩!

信息化的大学教育[①]

这两年,有些新名词冲击着传统的教育理念:慕课(mooc)、微课(video-clips)、翻转课堂(flipped classroom)。这些概念的出现,给教育界带来全新的教育思想变革。带着这种疑惑,我们走进弗吉尼亚大学的课堂,聆听工程学院的詹姆斯·格鲁弗斯教授关于翻转课堂教学模式、教学方法、效果评估与分析的报告。詹姆斯·格鲁弗斯教授的"科学和材料工程"课程实施了多年的教学模式和方法创新改革,探索翻转课堂的教学实验,取得了很好的效果。

所谓翻转课堂,简单地理解,就是教师创建视频,学生在课外观看视频中教师的讲解,回到课堂上师生面对面交流和完成作业的这样一种教学形态。它重新调整课堂内外的时间,将学习的决定权从教师转移给学生,它是对基于印刷术的传统课堂教学结构与教学流程的彻底颠覆,由此将引发教师角色、课程模式、管理模式等一系列变革。翻转课堂的概念,是在慕课和微课等学习资源的极大丰富、协作学习条件便利、信息存取速度快捷、移动学习盛行而且渐趋普及的背景下提出的。詹姆斯·格鲁弗斯教授对翻转课堂的探索为我们提供了很多启示。

在新的"科学和材料工程"教学模式中,教师不再占用课堂的时间来讲授信息,这些信息需要学生在课后完成自主学习,学生可以看有关课程视频、阅读电子书,还能在网络上与别的同学讨论,能在任何时候去查阅需要

---

① 该文以《信息化的大学教育——基于"互联网+"的教学模式变革》为题发表在《广西日报》2015年11月27日第11版。

的材料。教师也可以通过互联网与学生个别交流,更加具有针对性。

在这种教学模式下,学生在课堂内的时间,能够更专注于主动的基于项目的学习,共同研究解决课程教学内容所涉及的现实世界面临的问题,从而获得更深层次的理解。在课后,学生自主规划学习内容、学习节奏、风格和呈现知识的方式,让学习更加灵活、主动,让学生的参与度更强。

互联网时代,学生通过互联网学习丰富的在线课程,不必一定到学校接受教师讲授。同样,教授也不必到学校课堂授课。詹姆斯·格鲁弗斯教授向我们介绍,2011年,日本大地震以及随后的海啸给日本带来了巨大的损失,同时也对核电站带来冲击,导致德国的核电站全部关闭。同样的技术,美国的核电站就没有关闭,这是为什么?在课堂教学的同时,我们就请德国非常有名的核专家上线为学生做解答,解释不同文化背景下对核的不同理解。这在传统的教学中请这些大牌专家到课堂讲几个小时是不可能的,但在互联网时代,专家就可以在他的办公室面对面地解答学生的疑问。这就是翻转课堂的魅力!

因此,现在就要求"科学和材料工程"教学大纲这样设计,形成全球性虚拟的工作小组,讨论、交流,形成不同文化的交流空间。美国的理工大学集中在人口密集的地方,可以通过远距离的虚拟课堂为更多的学习者提供服务。当然,这对老师的教学提出了更高的要求,比如如何用高科技手段为教学服务,要求教师掌握更多的信息技术,教师与学生在同样的设备上建立共享的空间。虽然生活在小城,但可以与世界相连。翻转课堂有以下几个特点。

一是学习流程的重构。学生的学习过程由信息传递、消化吸收两个阶段组成。翻转课堂对学习过程进行了重构:"信息传递"是学生在课前进行的,教师提供了视频和在线辅导,通过教师、学生相互间的互动来实现。"消化吸收"是在课堂上通过互动来完成的,教师能够提前了解学生的问题,在课堂上给予有效的辅导,同学之间的相互交流更有助于促进吸收内化。这样就会让学生有学习的成就感。

二是教学信息的明确。詹姆斯·格鲁弗斯教授在他的"科学和材料工程"课程设计中,难点、要点清晰表达。同时,视频的教学要根据课堂教学特点设计,要使学生有亲临其境的现场感、亲切感,不能产生与设备的陌生感、距离感,在学生自主学习的情况下,便于学生集中注意力。这是翻转课堂教学视频与传统教学录像的不同之处。

三是教学视频的制作。针对课程所制作的视频是教学中一个特定的问题,有较强的针对性,学生能根据自身情况来安排和控制自己的学习。根据学生身心发展特征,视频的长度控制在注意力能比较集中的短时间范围内。通过网络发布的视频,可以自我调节和控制,有利于学生自主学习、复习和巩固。

四是学习成效的评价。设计合适的评价技术和手段,使得学生学习的相关环节能够得到实证性的资料,有利于教师真正了解学生。学生预习之后,自己对学习情况做出判断,同时也可以提供复习的机会,并自我反思。学生对问题的回答情况,能够及时通过云平台汇总处理,帮助教师了解学生的学习状况。同样,信息化的使用将推动管理方法的变化。

基于"互联网+"的教学模式变革将打破传统教学模式,翻转课堂只是教学变革的一种方式,我国大学也正在兴起并快速发展。可以预想,信息技术的迅速发展将改变世界未来的大学形式和大学教育。

美国大学的治理结构[①]

我们这次在美国东部研修计划的主题是"大学治理结构与大学发展"。因此,美国大学的治理结构当然是我们研修和考察的重点。我们在弗吉尼亚大学、天普大学作专题学习后,又先后考察了宾夕法尼亚大学、乔治·华盛顿大学、乔治城大学、北弗吉尼亚社区学院、玛丽华盛顿大学和乔治梅森大学,访问了弗吉尼亚高等教育委员会和中国驻美使馆教育处。特别是弗吉尼亚高等教育委员会,让我从宏观角度进一步了解美国大学的治理结构。

目前,美国大约有4900多所各类大学和学院,办学目标、办学形式多种多样,但是其管理组织有着比较多的共同点,那就是美国大学内部的权力体系主要由董事会、校长和评议会等构成。董事会是大学的最高决策机构,校长是大学的权力中心,评议会则主要负责学术事务的决策。

美国大学治理经历了3个发展阶段:一是初创期。1636年哈佛学院的创立,具有法人性质的董事会形式被创造出来;1745年独立性很强的耶鲁学院成立,标志着美国高等教育治理模式由政府控制模式,正式转变为政府监督模式。董事会负责财政事务及直接任命大学校长,大学治理也逐步不再受宗教的影响,比如弗吉尼亚大学创立的宗旨就是独立于教会。二是发展期。19世纪晚期到20世纪初期,学校从董事会那里获得了管理大学日常事务的权力,1915年美国大学教授协会(AAUP)成立,大学数量的快速增长与大学校长权力的日益加强,形成这一时期高等教育发展下的大学治理特

[①] 该文以《美国大学的治理结构——兼谈中国现代大学制度建设》为题发表在《广西日报》,2015年12月18日第14版。

色。三是成熟期,从 20 世纪中期至今。AAUP 于 1967 年发表《大学和学院的治理声明》,提出了联合治理原则,校长和教师共同分享大学的决策权,但董事会、大学校长及大学的治理机构仍控制大学重大政策。

美国大学分公立大学和私立大学,其治理组织系统和治理模式上也各有不同,但在几大治理主体上有着共同的特点。一是董事会。美国大学董事会制度始于初创期,董事会成员通常由教育领域外的社会知名人士组成,无论是公立还是私立高校,董事会都作为大学管理系统的顶端,是大学最高决策机构和最高权力机构,享有裁决学校事务的全权。公立大学的董事会主要由政府聘任董事会成员,比如弗吉尼亚大学董事会 17 名董事由州长任命,州长成立 5 人小组遴选出董事会成员。董事遴选一般有三个条件:了解学校、对学校有贡献、社会名流,其中有一名董事为学生。二是校长。校长落实董事会有关大学内部事务的决定。美国大学管理有以校长为首的行政权力系统和以评议会为代表的学术权力系统。大学内的学术事务和行政事务是两大体系,但有些学术事务决策后还要通过行政系统去实行。作为协调、沟通学术系统和行政系统的关键角色,校长一般是评议会的职能成员,主持和召开评议会会议。三是评议会(Academic Senate)或者称为"教授会"制度。这是美国大学里一项基本制度,体现"教授治校"的理念。校评议会主要负责制定全校的学术政策,教师的聘用、考核和晋升,教学、课程设置等;学院评议会负责学院的全部学术事务。四是教师。美国大学的教师聘任制,分终身和非终身聘任。非终身聘任的任期长短不一,教师在聘任期满后得不到晋升就离校另谋出路,这段时间大约为 6 年,其中有 60% 左右的教师会被聘任为终身教授。教师一旦获得终身资格,便取得了退休前在该校任教的权利。终身聘任制旨在确保教师在科研和教学中大胆探求真理的权利,维护学术自由。在我看来,称"终身教职"更为准确。但要获得终身教职也不容易,对于年轻教师来说在学术研究和教学水平等方面很有竞争压力。

美国大学的治理结构,经过数百年的发展,相对较为成熟,对我国大学正在推进的现代大学治理结构改革有很多启示。目前,我国高等学校实行的党委领导下的校长负责制适合我国国情,完善以"党委领导,校长负责,教授治学,民主管理,社会参与"为特征的大学治理结构,既符合大学的内在属性和管理规律,又有利于中国特色的现代大学制度建设。

（1）党委领导。党委是学校的领导核心,把握学校发展方向,决定学校重大问题,监督重大决议执行,支持校长依法独立负责地行使职权,保证以培养人才为中心的各项任务完成,坚持在教育思想、办学理念、制度设计等方面充分发挥党委的领导作用。

（2）校长负责。校长既是党委决定的贯彻者,教育思想的探索者、承载者,又是学校行政管理系统的组织者和领导者。以校长为首的行政管理系统是大学内部治理结构中行政性权力的体现,强调行政管理对学校教学、科研等主要学术活动的保障、支持、组织、协调和服务功能,同时充分发挥学术性权力参与作用。

（3）教授治学。"治学"体现在学科领域的学术研究和具有学术特征的办学定位、专业设置、教学模式、师资队伍和资源配置等学术事务中的参与性。教师是实施教学和科研活动、承载学术性权力的主体,要确保学术权力在大学决策和管理过程中的地位和作用。

（4）民主管理。在大学管理中,要充分发挥教代会的作用;坚持校务公开,规范公开程序;积极听取意见,接受监督;充分调动广大师生员工参与的积极性和创造性,建立完善民主管理的工作机制。

（5）社会参与。董事会是美国大学很成熟的一种治理制度,可在中国大学探索成立董事会,提高外部力量在决策层中的比例,增加各方利益相关者代表,对学校决策制定和办学定位、发展进行评议监督。

在完善我国大学治理过程中,可借鉴美国大学治理结构经验,让大学回归教育本位,平衡行政权力和学术权力,在大学事务的决策和执行中,形成多方参与、科学合理的内部治理结构,有效推进中国现代大学制度建设。

大学治学与荣誉制度[①]

乙未深秋,我随教育部2015年大学校长海外研修班到美国弗吉尼亚大学学习。弗吉尼亚大学前主管学术的副校长列昂纳·桑德里基教授,给我们讲的是"美国高等教育质量保障"。其中谈到大学的学术制度时,以弗吉尼亚大学的"荣誉制度"(Honor System)为例,大家非常感兴趣。研修班学员都是来自中国中西部的地方高校校长,对学校学术、学生管理都有丰富的管理经验,因此兴趣更多来自自身的管理经验和体会。

据列昂纳·桑德里基教授介绍,弗吉尼亚大学的"荣誉制度"起源于1840年,一名学生开枪将教授团主席戴维斯教授打死,这一事件将师生的对立情绪推向了极点,随后接替戴维斯的塔克尔教授在1842年建议学生在考试时签署一项声明,声明自己"没有从他处得到帮助",后又加上了"没有给予他人帮助"的条款。这一制度的创立,缓解了学生与教授的冲突,更好地实行了学生自治。

"荣誉制度"伴随弗大的发展已有170多年的历史,已逐步由君子协定发展到条例化、组织化的制度体系。荣誉制度的真正条例化始于1909年。其主体执行者是全体学生、荣誉委员会以及下设的社区关系委员会、多元化咨询董事会、教师咨询委员会等三个分支委员会,全权负责荣誉体系的维持和运作。荣誉委员会开展荣誉调查和审理,以及修订符合发展需要的政策。目前该委员会共有从各学院选出的20多名荣誉代表,执行委员会由5名成员担任,主要负责荣誉系统的日常事务。

---

① 该文以《中国大学可否实行"荣誉制度"》为题发表在《南方周末》2016年1月21日。

实施多年来,"荣誉制度"已经成为弗吉尼亚大学的立校之本。列昂纳·桑德里基教授的介绍,引发我们的关心和激烈讨论,问题主要集中在以下两方面。

第一个问题:如何落实由学生组成的荣誉委员会的职责?校方是否干涉处理过程?

如何落实制度是大家聚焦的问题。弗吉尼亚大学每一名学生都应保证其自身与同学的行为符合荣誉制度的规定,如果发现一起不名誉事件,立即联系荣誉顾问。荣誉顾问将会解释不名誉的行为、动机和严重程度,并且会询问目击者所发现的不名誉行为是否符合作弊、盗窃和学术欺骗等三个范畴。如果属实,他将报告整件事,并将交付调查委员会的副主席,由专门的调查小组对举报者和涉嫌人进行调查和核实。一旦确认涉嫌者的不名誉行为属实,唯一的判决就是将其开除离校。但是,荣誉制度给了不名誉者坦白的机会,如果委员会认为该生的坦白属实,也会受到一定的惩罚,但不会被开除出校。反之,则继续听证。列昂纳·桑德里基教授说,这其中的过程,校方不会干涉,完全由学生组成的委员会处理,经过多年的运行,在学校已经形成了一种众所周知、行之有效的制度。

第二个问题:在国内校园可否实行"荣誉制度"?对此大家讨论颇为热烈,归纳起来有这么几种说法:① 在中国也可实行"荣誉制度",目前不少大学在开展"无监考教室""考试诚信制度",这就是学术"荣誉制度"的雏形,如进一步完善,可以形成具有中国特色的"荣誉制度";② 当下中国社会诚信普遍缺失的背景下,单在学术领域实行这种"荣誉制度"是很难做到的;③ 弗大的荣誉制度是建立在学生自治传统的基础上,而在我国,学生自治氛围不浓、制度缺失,实行这种制度达不到预期效果,流于形式,且可能造成学校管理制度的混乱。

我想我们的争论不会因课程结束而终止,但同仁的共识是:"荣誉制度"不仅仅是一项大学管理制度,更多折射出整个社会讲诚信、守信用的氛围,特别是大学学术诚信的构建。同时,弗吉尼亚大学的荣誉制度促进了学生的自治,强化了师生互相信任、彼此尊重的观念。在我看来,"临渊羡鱼,不如退而结网"。或许,我们有必要将"以学生为本"的理念落实到位。你看,弗吉尼亚大学荣誉制度的规定执行者是全体学生,即便是荣誉委员会也是通过学生讨论决定、自主执行,从定章建制到执行监督都是以学生为主体……这实在值得反思,何以人家能够做到,而我们却不可为之呢？要知道,中国传统文化"仁义礼智信"中的"信",就是诚信。学诚信,讲诚信,我们是该追根溯源,也该放眼四海,如此思接千载,视通万里,则中国大学可期早日实行"荣誉制度"!

寻找普希金咖啡馆

2016年10月,在访问白俄罗斯国家科学院、国立文化艺术大学和俄罗斯格热立国立大学之后,我们高等教育访问团来到圣彼得堡。圣彼得堡的冬天,有些寒冷,对于从中国南方来的我们更显得难以适应。

圣彼得堡最有艺术氛围的涅瓦大街,是圣彼得堡的主街道,建于1710年,全长大约不到5公里,横贯莫依卡河、格利巴耶多夫运河以及喷泉河。它是圣彼得堡市最古老的道路之一。涅瓦大街是圣彼得堡最热闹最繁华的街道,聚集了该市最大的书店、最大的超市和最昂贵的购物中心,而且还可以欣赏到各种教堂、名人故居以及历史遗迹。

涅瓦大街的名字与俄罗斯历史上众多历史事件和历史名人紧密相连,它也频繁地出现于俄罗斯近现代的文学作品中,例如果戈理的《涅瓦大街》,精准地刻画了19世纪中期圣彼得堡的市井人生。

我最想去的就是涅瓦大街18号。那里是以我青年时期的文学偶像——诗人普希金命名的文学咖啡馆的所在地。我们寻找了好一会儿,才发现它处在繁华的大街上很容易被人忽略的角落。文学咖啡馆距离冬宫广场和海军部都不远,很多时候被人们错过是因为它的外表看起来很普通,甚至不起眼。中午,我们在预定时间到达咖啡馆,这里并不如我想象的热闹。一切都那么安静,人们静静地聊天,静静地喝着咖啡。

也许主人刻意保留这里的19世纪的欧式建筑风格,餐厅内部的经典布局和装饰都很古典。这座建筑有两层,一层是接待室,上了转角楼梯之后,第二层是个餐厅兼咖啡馆。一进门可见一座真人大小的普希金坐像,若有所思,惟妙惟肖,仿佛就是那风流倜傥、才情四射的青年普希金在世。

我们经过转角楼道到二楼,在楼道墙壁上挂着几幅俄罗斯文豪的画像:普希金、莱蒙托夫、果戈理……而普希金的画像表现诗人的气质,眼睛凝视着前方,明澈而单纯。咖啡馆的墙壁上还挂着娜塔丽娅的画像,同时,墙上还装饰许多圣彼得堡的风光照片。咖啡馆十分安静,深红色墙壁,几个铺着深蓝色桌布的小圆桌,吧台酒柜里摆着各色咖啡,庄重而静谧的空间营造着一种安详的氛围。其中,我特别注意到普希金速写的自画像。我在大学期间,自学素描时画过,那寥寥几笔,年轻的诗人侧着脸,眼光稚气单纯。这幅速写曾经出现在许多普希金文集的封面或扉页上。当时,之所以喜欢画他,主要是因为这幅素描简洁,他那蜷曲的头发和夸张的络腮胡须,具有神韵。

我观察,除了部分欧洲的游客外,有部分是来自中国的中年游客,品味着咖啡,也许跟我一样,在这里能够找到年轻时代的偶像的痕迹,能够触动我们情感神经隐秘且细微的颤动,唤起失落已久的丰富联想和回忆。

陪同我们的是到俄罗斯工作生活20多年的来自东北的张先生,20世纪80年代毕业于哈尔滨工业大学,年轻时代相似的成长背景,让我们有许多共同的话题。我们一边喝咖啡,一边讨论着普希金,讨论着属于他的那个时代。

普希金当时那些呼唤自由、反对专制的诗歌,成为沙皇的眼中钉,并被沙皇亚历山大一度流放。诗人有诸多故交挚友被流放、处决,他将《致西伯利亚囚徒》给被放逐的十二月党人,以歌颂、激励他们的事业和斗志……这一切都令当局不满和恐慌。据说,普希金的死亡背后有着巨大的阴谋,然而,这已经成为历史的谜团,人们再也无法还原事实真相。

据传说,1837年1月27日,普希金正是在这家咖啡馆喝完最后一杯咖啡,然后直接奔赴决斗地点"小黑河"的。为了自己的妻子娜塔丽娅,也为了自己的荣誉,普希金最终选择了以中世纪的决斗方式来了结与法籍上尉丹特士之间的恩怨,并为此牺牲了自己年轻的生命。"俄罗斯诗歌的太阳"从此陨落,年仅38岁。诗人、爱情、决斗等关键词,使这位本来就才华横溢的年轻诗人在俄罗斯文学史上更具有传奇色彩。

记得20世纪80年代的大学,那是充满理想主义的时代,是文学盛行的时代,也是激情和浪漫主义时代。那个年代的人喜欢诗歌,大学生喜欢聚在一起念诗,喜欢自己写完一首诗就念给大家听。在同学聚会、班级晚会上,朗诵诗歌成为必备节目;甚至聚在校门外的小酒馆,也要先聊一本书后再饮酒,边喝边聊。那是诗的时代,那是文学的时代,那也是普希金和他的诗在中国大学流行的时代,那是诗和远方的时代。如今,网络、手机、电视垄断了年轻人的阅读时间,市场化、媒介化的环境,实用主义、功利主义掩盖了美好单纯的理想主义。当然,一个年代有一个年代的产物,科技、网络发达在给社会带来便捷的同时,也让人与人交流的方式发生了根本的改变,不少人圈在虚拟空间,社会各方面的压力也导致现代人越来越难打开心扉,敞开交流。

我在一次关于谈大学生阅读的报告会上,曾经讨论过当今部分年轻人阅读量少导致词语贫乏的问题。有学生问我,如果是80年代的大学生遇到失恋或者生活挫折,如何通过语言来表达这种情绪?我笑着回答说,他也许会朗诵一首诗:

  假如生活欺骗了你,
  不要悲伤,不要心急!
  忧郁的日子里须要镇静,
  相信吧!快乐的日子将会来临。
  心儿永远向往着未来,
  现在却常是忧郁。
  一切都是瞬息,一切都将会过去;
  而那过去了的,就会成为亲切的回忆。

这,就是普希金的《假如生活欺骗了你》,诗人鼓励人们在苦闷的处境下,要有积极的人生态度,不丧失希望,热爱生活,执着地追求理想,相信困难迟早是会成为过去的,而那些过去的将成为人生财富,这些经历将有助于我们领悟人生的真谛,回首一望,这些就成为自己人生路上的见证。这首诗,鼓励了无数处在生活困境中的人们,我想,这就是诗的力量。当下,网络语、小视频之所以流行,除了反映当下社会人们读书少、词语贫乏外,也折射出部分年轻人的人文素养有待提升的现状。当今,功利浮华的社会,我们还需要普希金吗?还需要诗和远方吗?

普希金至今仍拥有广大的俄罗斯读者,诗人在俄罗斯的地位很高,到处都有他的雕像,他仍是很多人的精神偶像。其实,在一个文化理想失落、一个充斥语言垃圾的商业和物质时代,诗歌仍然可成为人们精神生活的向度。尽管骨子里还恋爱着文学,但很多年没有这样讨论文学了,这个与普希金一起喝咖啡的下午,我们议论着普希金,讨论着文学,在属于他的咖啡馆,自始至终充满了19世纪的仪式感,这种仪式感是对普希金的尊重,也是对文学的尊重。

由于行程安排,我们不得不依依不舍地离开咖啡馆,离开这让我找回年轻时代文学梦的圣地。一出门,冬天的涅瓦大街,寒风扑面而来,回望着"涅瓦大街18号"的门牌,顿时觉得寒风中有一股暖意。

2016年10月22日写于圣彼得堡

● 文化思旅

中央党校校园（2019.10）

一位名人就是一段历史。

寻访京城文化名人故居

机缘巧合,十分幸运。2018年春天,在位于北京大有庄的中央党校学习3个月,2019年秋冬又能够在这里学习半年。

校园郁郁葱葱、亭台楼阁、清水绕园、环境优美,这恐怕是多年来集中学习时间最长的一次机会,除了完成计划内的紧张学习任务以外,每个周末也得好好安排,绝对不能错过这难得的机会。于是来自浙江、湖北、甘肃、宁夏、广西等不同地区不同行业的志同道合的几位同学一合计,成立了一个"周末北京行"小组,开启了北京的文化之旅。北京的一些名胜古迹大家大都去过,但有一些地方估计大家都没有专门走访过,那就是北京文化名人的故居。一位名人就是一段历史,绝对值得一去。过去我一直想去,但没有机会和时间。大家一拍即合,将我的提议作为我们周末北京行的主题:考察北京文化名人故居。

鲁迅故居:有他亲手种的丁香树

那是国庆前夕的周六,因为是新中国成立70周年大庆,北京的气氛喜庆而又有些紧张。我们一行4人,与我们同行的还有一位浙江省政府的同学,他对老乡鲁迅的兴趣绝对不亚于我,于是我们算是志同道合了。

鲁迅博物馆位于北京市西城区阜成门内大街宫门口二条19号,是为了纪念鲁迅而建立的博物馆,馆区内包括鲁迅故居以及鲁迅生平陈列馆。鲁迅生平陈列馆占地面积很大,鲁迅生平用图片和文字展示。在我们所受的教育中,鲁迅一直是一位文化巨匠和斗士,在这里了解到了过去无法了解的真相，鲁迅从"神"变成"人"。鲁迅生平介绍中有段话："祖父清同治十年进士，钦点翰林院庶吉士，但仕途多舛。父亲科场失意，因病早亡。母亲性情和善而坚毅。鲁迅十二岁入私塾三味书屋读书。十三岁，祖父因科场案被判重刑，父亲病重，家道衰落。"鲁迅在《呐喊》自序里说道："有谁从小康人家而坠入困顿的么，我以为在这途路中，大概可以看见世人的真面目……"

鲁迅的家族是浙江绍兴会稽县的一个周氏大家族，鲁迅的祖父周福清是清同治辛未科进士，翰林院庶吉士，任江西金溪县知事。鲁迅的父亲周伯宜是周福清的大儿子，读书至秀才，但考试总是不中。当时清朝的官场作弊成风，1893年，周福清为了参加乡试的儿子和亲友贿赂主考官，事情泄露，周伯宜被拘，周福清主动向县衙自首。祖父入狱后，周家元气大伤，父亲又卧病不起，鲁迅"几乎天天奔走于当铺药铺之间"，父亲的病仍未医好，于1896年10月离开了人世。家道的衰败使鲁迅认识到了世态炎凉，他决定"走异路，逃异地，去寻求别样的人们"。鲁迅的母亲送他进了江南水师学堂，其时他刚好18岁。这一时期，让鲁迅感受到了世态的炎凉、无情。

在展览中，还有一张照片介绍鲁迅在上海时期与内山书店的关系，内山书店是他对外联络的地址。我想起，鲁迅通过内山书店与我校前身广西师专的故事。1935年，时任师专中文系主任陈望道等教授想为学校添置重要图书，便经常发信到上海内山书店购买一些书籍。内山书店是鲁迅晚年在上海的重要场所，陈望道从桂林回上海会见鲁迅时，鲁迅问起广西师专的一些情况。1935年6月，经陈望道先生牵线搭桥，当时广西师专教务主任陈此生代表全体师生给鲁迅写了一封诚挚的邀请信，这封信由内山书店转送。陈此生在信中说："你尝过了广州的杨桃，能否到桂林来尝尝荸荠。"言语诚挚且饶有趣味，恳切希望鲁迅能来师专任教或者开讲座，即便三个月也好。1935年6月17日，鲁迅收到陈此生的信后，当晚即回信。信上说："蒙诸位不弃，叫我赴桂林教书，可游名区，又得厚币，不胜感荷。但我不登讲坛，已历七年，其间一味悠悠忽忽，学问毫无增加，体力却日见衰退，倘再误人子弟，纵令听讲者曲与原谅，自己实不胜汗颜，所以对于远来厚意，只能诚恳地致谢了。桂林荸荠，亦早闻雷名，惜无福身临其境，一尝佳味，不得已，也只好以上海小马蹄（此地称荸荠如此）代之耳。"很遗憾，广西师专与这位文化巨匠失之交臂。

我还注意到，鲁迅在教育部任佥事期间，也是闲不住的一个人，特别是在1920—1926年期间在北京八所大学、中学兼课的统计，鲁迅曾受聘于北京大学、北京高等师范学校、北京女子高等师范学校、世界语专门学校、大中公学、黎明中学等学校，主讲中国小说史、文艺理论等课程。鲁迅一边在教育部任职，一边通过大学教学宣扬他的思想和主张，因此他身边聚集了一大批青年粉丝，他的思想深深影响着他们。

鲁迅一生一直在战斗，直到生命最后一刻。展示中，陈列有鲁迅最后一篇文章《关于太炎先生二三事》手稿。1936年6月，章太炎去世后，有一些报刊贬低他为"失修的尊神"，鲁迅不顾病重，在他逝世前几日写下《关于太炎先生二三事》，为老师"鸣不平"，给予他客观公正评价："我以为先生的业绩，留在革命史上的，实在比在学术史上的还要大。……战斗的文章，乃是先生一生中最大，最久的业绩。"这是他生命最后的手稿，战斗到生命的最后一刻，实现了他那"我以我血荐轩辕"的志愿。

博物馆隔壁就是鲁迅故居（西城区阜成门内西三条21号）。门牌是郭沫若题的"鲁迅故居"。鲁迅自1912年5月作为民国政府教育部官员随教育部从南京迁居北京，其任职是教育部佥事，至1926年离京赴厦门，在北京共居住了14年。此间，辗转流离，其居住地也不断变换。他曾经定居于4个地方，其中鲁迅在北京的第二个旧居（西直门内八道湾11号，1919—1923），是鲁迅与周作人用其收入，加上母亲变卖绍兴老宅所得，共同购置的房产，从此鲁迅全家得以团聚。但在这里，1923年8月2日，鲁迅"被家中的日本女人（周作人夫人）逐出"，从此他与周作人关系破裂，拂袖而去，形同陌路。租住于北京的第三个住所，与夫人朱安只住了9个月。1924年春，鲁迅迁至北京西城区阜成门内宫门口二条21号（1924—1926），鲁迅亲自设计并绘制草图，对院内原有的6间旧屋改造翻修，这是他举债购买、整修的房产。在这里，鲁迅创作、翻译了200多篇文章，后来分别收入他的《野草》《朝花夕拾》《彷徨》《坟》《华盖集》等文集中。1926年鲁迅离开北京去厦门，母亲鲁瑞与夫人朱安一直在此居住。鲁迅母亲1943年去世，朱安依然独自守护着故居，直到1947年6月去世。这间四合院，北边是他的母亲和他妻子朱安的卧室，西边是厨房，东边是女工们的卧室，南边是鲁迅会客和藏书的地方。堂屋后面的一间小房子，是鲁迅的卧室兼工作室。院子里有一棵丁香树,是先生当年亲手种下的,历经近百年的风雨,现在还枝繁叶茂。当年,还挖了水井,种上刺梅、丁香、碧桃等花木,使这座小小的北京四合院别具一格。据说,他从广州到上海后,中间还回过北京两次,在这里居住过。

关于鲁迅,还有很多故事,比如他到厦门大学任教。1926年,恰逢"三一八惨案"后不久,北京政治环境恶劣,厦门大学高薪聘请一批著名学者,鲁迅、林语堂、顾颉刚、沈兼士、孙伏园等多名学者来到厦门,这就等于"半个北大"来到了厦大。鲁迅到厦门大学不久,在办学理念和思想上就与校长林文庆有冲突,加上其他原因,1927年1月15日离开厦门大学受聘到广州的中山大学。鲁迅在厦门大学的轶事,我当年在厦门大学工作期间做了一些研究,积累了一些故事,回想起来也有一些感慨。

在鲁迅故居待了整整一个上午,中午在旁边的小馆吃了一点北京饺子,就赶往下一个点——郭沫若故居。

郭沫若故居:度过他一生最后15年

郭沫若故居也在西城区,从鲁迅故居到这里并不远。

郭沫若故居位于前海西街18号,原是清代重臣和珅的一座花园,后成为恭亲王奕䜣府的草料场和马厩。民国年间,恭亲王的后代把王府和花园卖给辅仁大学,把此处卖给达仁堂乐家药铺作宅园。1963年10月郭沫若始居于此,直至1978年6月12日离世,郭沫若在这里度过了他一生中的最后15年。

院子很大,故居为大型四合院,大门内有一座树木点缀的土丘,二门内的几间北房为其工作室和会客厅,东耳房是卧室,还有几间东西厢房。四周回廊环抱,有封闭式走廊通往后院。故居保存了郭沫若的大量手稿、图书等珍贵文物资料。院内有郭沫若夫妇亲手栽种的银杏和牡丹。庭院的草坪上,有一座郭沫若先生全身铜像,神情怡然,似在小憩,又似沉思。穿过垂花门,是由东西厢房和两排正房组成的二进四合院,迎面五间正房是郭沫若的卧室、写字间和客厅,均按原状陈设展览。

郭沫若生平展通过他的手稿、著作、历史图片与其他展品,介绍了他在不同历史时期在诗歌、戏剧、文艺理论、古文字与古代社会研究以及书法艺术等不同领域中的成就,介绍了他在各个阶段中的历史功绩,以及新中国成立后在科学文化教育战线及国际交往等方面的贡献。专题陈列室还将郭沫若在各个学术领域或不同历史时期的成就进行专题介绍。有两点我印象特别深。

一方面,他著作丰硕,涉猎的学科特别广。在展厅有一个专题——郭沫若著译书目,对照所列书目,我粗略统计了一下,内容涉及《凤凰涅槃》《女神》等诗歌(26 种)、《屈原》《南冠草》等戏剧(15 种)、《骆驼集》等散文和文论(30 种)、《东风集》等小说和自传(33 种)、《中国古代社会研究》等历史著作(16 种)、《甲骨文字研究》等考古(15 种)、《浮士德》《政治经济学批判》《战争与和平》等译著(33 种),不一而足。郭沫若整整奋战了六十个春秋,留下了宏富瑰丽的著作。20 世纪的中国,正如恩格斯所言:"是一个需要巨人而且产生了巨人——在思维能力、热情和性格方面,在多才多艺和学识渊博方面的巨人时代。"郭沫若是杰出的诗人、作家,学识渊博、才华卓著的史学大师,是中国现代史上一位卓越超群的文化伟人,在文学、历史学、古文字学等广阔的学术领域留下了丰厚遗产,影响深远。郭沫若先生自五四运动以来,一直活跃在我国文化科学战线上,他在文学、艺术、史学、古文字学方面取得的非凡成就,令后人敬仰。

另一方面,郭沫若在书法艺术方面成就不凡。我想起我校前身"广西师范学院"的校名就是他题写的。1963 年 3 月,时任全国人大常委会副委员长、中国科学院院长的郭沫若在南宁市参加广西历史学会成立大会后,来到桂林与一同参会的翦伯赞和张传玺下榻榕湖饭店。3 月 27 日,他乘兴来到广西师范学院,游览了校园内的明代靖江王城和独秀峰,受到全校师生的热烈欢迎。当时恰逢广西师范学院建校十周年(从广西大学撤销后组建算起),在学校盛情邀请下,郭沫若于 3 月 28 日特为学校题词。郭沫若的题词正文为:"经师易遇人师难,做到人师要红专。如何红?人人最好学雷锋。如何专?实事求是加三敢。十年树木百年人,速度今朝须改进。如何改?一天等于二十载。如何进,不断革命阶段性。人类前途无限好,鼓荡东风风力饱。如何好?学习革命有师表。如何饱?永教西风被压倒。"题词充分表达了郭沫若对广西师范学院师生的殷切希望。尤其是开篇一句"经师易遇人师难",引用晋人袁宏《后汉纪》中的"经师易遇,人师难遭"古语,希望师生不满足于做学术精专的"经师",而要力争成为德才兼备的"人师"。郭沫若的这幅题词笔力矫健,挥洒自如,尽显其爽劲洒脱的行草书风。后来,题词落款中的"广西师范学院"字样被制成校名牌匾,于1965年至1983年间一直悬挂于广西师范学院正门。

郭沫若慷慨为人,博识广闻,为全国各地名胜古迹、学校以及社会各界、海内外友人留下难计其数的辞章墨宝。郭沫若的书法与他笃实的学养一脉相通,在他的书法作品中,融入他的诗、文、史学等元素,在书法艺术方面同样成就璀璨,在现代书法史上占有重要地位。

蔡元培故居:北大校长一生租住

到访蔡元培故居是我多年的愿望,对我来说,与其说是来参观,倒不如说是来朝圣,他是我的精神领袖!

北京入冬后,天气有些冷。一早我与来自兰州大学、兰州理工大学的3位同学就赶到东城区东堂子胡同75号——蔡元培故居。乍一看,与上次看的鲁迅、郭沫若、梅兰芳等名人的故居相比,有些寒碜,完全不像北大校长居住的房子。蔡先生生活非常俭朴、普通,更彰显他的人格伟大。故居为东西各三进四合院格局,建筑面积360多平方米。蔡元培故居与别的故居有些不同,鲁迅、郭沫若、梅兰芳、老舍等,他们生前都有自己的房子,拥有房屋的产权,蔡元培直到1940年在香港病逝,一生未置产业。此处之所以被定为"蔡元培故居",是因为蔡元培1917年至1923年租住在此。

蔡元培(1868—1940),号孑民,浙江绍兴人。清光绪十六年(1890年)中进士,入翰林院任编修,曾任绍兴中西学堂监督。1915年,留学法国。1916年底任北京大学校长,直到1927年7月取消北大,与北京其他八所国立大学合并改为京师大学校,蔡元培的校长名义才取消,共在任十年,其间他曾七辞北大校长而没被批准。尽管他还担任过中华民国首任教育总长、国民党大学院院长、中央研究院院长等职务,但提起蔡元培,世人都自然会想起他一个重要角色:北大校长。长期以来,国共两党、海峡两岸均无争议的有两位历史人物:一个是孙中山,一个是蔡元培。1940年,蔡元培在香港去世时,国共两党一致给予高度评价:国民党的《中央日报》推他为"万流景仰,高年硕学";共产党的《新华日报》称他是"学界泰斗,人世楷模"。北大之所以成为国人心目中向往的大学,始于蔡元培一手塑造了北大精神。他的教育思想与教育改革的影响非常大。蔡元培先生的办学方针是"思想自由,兼容并包",提倡学术民主,主张不论什么学派,只要持之有故,言之有理,就应允许其存在;不同主张的教员,无分新旧,应允许其自由讲学,让学生自由鉴别和选择。对于蔡元培在用人方面,2017年我在《南方周末》发表了一篇文章——《蔡元培如何为北大选教师》,谈到蔡元培先生做北大校长时他的一些做法:"蔡元培围绕大学教育、文化、艺术、社会政治等诸多方面提出自己独到的见解和主张,他在1917年1月9日的就职演说上宣布:大学者,研究高深学问者也,大学学生以研究学术为天职,不当以大学为升官发财之阶梯。并向全校学生提出了三项要求:一、抱定宗旨;二、砥砺德行;三、敬爱师长。为实现这一目标,他实行'囊括大典、网罗众家、思想自由、兼容并包'的治校方针,除旧布新,开启大学改革之先河。"蔡元培这一系列措施,使国内各方面的名流硕学及后起之秀汇集于北京大学,很快便形成了崇尚学术的氛围,大大激发了学生的求知兴趣,衰颓的学风骤然为之改观,对"振兴学术"产生了极大作用。蔡元培先生的选人用人之道更值得大学管理者借鉴和思考。说到中国大学,蔡元培是一个绕不开的人物和话题,他的思想影响力绝非仅仅在北大,他的思想跨越时空、富有永恒魅力、具有当代价值,他已超越中国历史和文化思想,成为中国文化精神。

　　蔡元培为什么七辞北大校长,他的真正志向是要办一所理想的大学,如果现实与他的理想发生冲突,那么他宁可选择放弃校长职位而坚持他的理想。蔡元培在1919年6月15日的《不肯再任北大校长的宣言》里,提出现代大学应当具有思想自由和学术自由,否则"我绝对不能再做不自由的大学校长"。北大哲学系教授韩水法在《世上已无蔡元培》中感叹:时至今日,就中国大学的改革和发展来说,蔡元培依然是一座可望而不可即的高峰。世上已无蔡元培!

　　自己作为大学校长,我常常思考,蔡元培先生的办学思想和理念对我有哪些影响?我在《蔡元培如何为北大选教师》中谈道:蔡元培提出学术研究为立校之根本。他强调:大学是教师和学生"共同研究学术之机关"。要办好一所大学,使其在学术方面有所建树,主要取决于教师、学生和教学制度等要素。在对教员的选聘上,蔡元培把学术造诣作为唯一标准,他说:"选聘教员,不但要求有学问的人,还要求于学问上很有研究的兴趣,并能引起学生的研究兴趣。不但对世界的科学取最新的学说,就是我们本国固有的材料,也要用新方法来整理它。"他物色教员不重资历,注重学识,同时体现他"网罗众家"的办学思想;他还特别注意从青年学者中选拔人才。蔡元培也礼聘世界著名科学家居里夫人,以及杜威、罗素、杜里舒等外国著名学者来北大讲学,吸纳各学科的先进成就。这一切,对我在招聘大学教师和教育管理工作中有着深深的影响。

据说曾经有一段时间,蔡元培故居面临被破坏的危机,一个房地产项目计划在这里兴建,故居周围部分房屋已被破坏,专家学者站出来大声呼吁,才引起文物部门的高度重视。所幸故居大部分房屋保存完整。旧居可以搬,房子可以建,大学精神能搬吗?"五四"精神能再建吗?

齐白石故居:"妙在似与不似之间"

我们三人来到南锣鼓巷,匆匆游了一下典型的北京旧巷。在一家北京炸酱面餐馆品尝了地道的北京风味,觉得十分惬意。

齐白石故居,或称"齐白石旧居纪念馆",就位于南锣鼓巷内,具体在西城区劈才胡同内跨车胡同13号。据传此宅为清代中晚期内务府一总管大臣的宅子,这是一座建于清代的四合院,1955年,由文化部出资买下,经过修整安排给齐白石居住和使用。他人生最后几年的很多作品,都是在这里完成的。齐白石逝世后,这里成为北京画院,先后举办过多次"齐白石遗作画展"等活动。院子中间,立有老人塑像,有点得道成仙的感觉。

在纪念馆里有齐白石生平展,根据介绍,齐白石(1864—1957),湖南湘潭人,是近现代中国绘画大师,世界文化名人。早年曾为木工,幼年学习雕刻,1888年始学画,后以卖雕刻、卖画为生。齐白石的人生非常坎坷,但又丰富多彩。57岁后定居北京。擅画花鸟、虫鱼、山水、人物,笔墨雄浑滋润,色彩浓艳明快,造型简练生动,意境淳厚朴实。所作鱼虾虫蟹,天趣横生。齐白石书工篆隶,篆刻自成一家,善写诗文。曾任中国美术家协会主席等职。齐白石主张艺术"妙在似与不似之间",形成独特的大写意国画风格,开红花墨叶一派，尤以瓜果菜蔬花鸟虫鱼为工绝，兼及人物、山水，名重一时；齐白石将纯朴的民间艺术风格与传统的文人画风相融合，达到了中国现代花鸟画最高峰。在介绍中，有几件趣事特别引起我的关注。

一是齐白石与"独秀峰"。

在齐白石的生涯中，有著名的"五出五归"的八年远游之旅。1902年，在朋友的督促和安排下，齐白石第一次走出湖南远游西安，至1909年，齐白石相继出了5趟远门，游历了陕西、河北、江西、广西、广东和江苏六省，跋涉过长江、黄河、珠江、洞庭湖、华山、嵩山、庐山和桂林等地，其间对各地的名山和水文都有细致入微的观察，并在远游中结识了友人郭葆生、樊增祥和李筠庵，在他们的居所处直接观摩了八大山人、石涛、金农、罗聘等大家的真迹。出行开阔了眼界和心胸，对齐白石的艺术创作产生了深刻而持久的影响，他的绘画和印章也让大众逐渐了解和认识。

我注意到，"五出五归"中的"三出三归"，是在1905—1906年，历程是长沙府—桂林府—梧州府—广州府—钦州府。记得2018年广西师范大学出版社美术馆，办了一次齐白石及弟子们的画展，其中就介绍了当年齐白石在桂林画的《独秀峰》，这也算是他与广西师范大学王城校区的一点关系。1905年7月，他开启了"三出三归"，继远游天津和江西之后，第三次走出湖南家乡，云游外地，起源是齐白石应广西省教育厅厅长汪颂年邀请前往桂林。齐白石到了桂林，看到漓江一带的山水，那奇峰峻岭，让齐白石很是喜欢。齐白石在桂林居住了近半年，画桂林一带风景，一改他以前的风格。齐白石相继创作了《独秀峰》《漓江泛舟》等名作，所画山峦有的平地拔起，有的奇峰高耸，这样的画面尽显齐白石山水画符号。

二是齐白石与毛泽东。

展览中有一幅画，特别引起我的关注，那就是，送给毛泽东主席的《鹰》。齐白石老人送毛主席画，这里面还有些故事。1950年初夏的一天，毛泽东派人将齐白石接到中南海，两人一起品茶赏花，纵情叙谈，老乡见老乡，两人都操着湘潭口音，格外亲切和高兴。为了感谢主席的知遇之恩，1950年国庆节前夕，齐白石从自己珍藏多年的字画精品中，挑选出一幅国画《鹰》和一幅五言对联，加上题款，同时将自己收藏多年的一方端砚、一方歙砚和一方用了近半个世纪的圆石砚，一起赠予毛泽东。毛泽东收到这些珍贵礼物后，很是感动,便从个人稿费中抽出一笔"润笔费"派人回赠齐白石。齐白石赠毛泽东的国画《鹰》,作于1941年。这次馈赠时,齐白石老人特意加上"毛泽东主席/庚寅十月齐璜"。画的落款为"九九翁齐白石画藏",这说明此作品当属画家精品中的精品,为自家所密藏。我看这幅画所题的"毛泽东"三个字特别醒目,所占篇幅突出,这或许也反映出毛泽东在齐白石心中的位置。1951年,他作《松鹤旭日》巨幅画,把毛泽东比作太阳。同年,他还送去一幅《菊花图》,并在上面用篆书写了"益寿延年/毛主席教正"的题款。1952年,他又为毛泽东画了《梅花茶具图》。同年9月,为庆祝国庆三周年,齐白石与其他画家联合创作了巨幅国画《普天同庆》赠给毛泽东。1953年,齐白石正逢90大寿,毛泽东特意为尊敬的老人送上四件寿礼,以示祝贺:一坛湖南特产茶油咸菌,一对湖南王开文笔铺特制的长锋纯羊毫书画笔,一支精装的东北野山参,一架鹿茸。可见,毛泽东与齐白石老人的交往除了老乡之情外,还有对长者、对艺术家的尊重。

据说,齐白石一生共有多次婚姻多段爱情,还有许多浪漫又传奇的传说,也许正是他那浪漫而有才情的个性,为后人留下那么多优秀的作品。

离开齐白石故居之时,我们站在院子中间与老人家仙风道骨的塑像合一张影。

老舍故居:太平湖的殉道者

据说,老舍在北京解放前后住过的地方共有十处,其中解放前九处,解放后一处。灯市口西街丰富胡同19号是解放后居住的地方。老舍先生在这里居住直至辞世,住的时间最长,人生成就最辉煌。老舍故居是老舍先生1950年由美国归国后,自己花钱购买的一个普通的四合小院。小院的西耳房为老舍的书房。书桌对着东门,一转身就可以拿到嵌在墙上书橱里的书籍,书桌是硬木镶大理石的。书房内还有老舍生前用过的眼镜、钢笔、墨水瓶、烟灰缸、台灯、收音机和台历等。就在这间小屋子里,老舍创作了著名话剧《龙须沟》《茶馆》《西望长安》《全家福》等,此外还有大量的散文、诗歌、论文以及未完成的自传体小说《正红旗下》。客厅中陈列着沙发、条案、硬木雕花圆桌、凳及多宝阁。南面向阳的窗台、茶几上摆着各种盆景、盆花。西墙上挂着著名国画家赠送的老舍喜爱的字画。在这里,老舍曾接待过许多著名艺术家和友人。1953年春天,老舍先生在小院中亲自栽下了两棵柿树。每逢深秋时节,柿树缀满红柿,别有一番诗情画意,美其名为"丹柿小院"。

站在这"丹柿小院",我在想当年那一天,1966年8月23日他经历了什么,让这位年近古稀的大文豪独自走出生活十六年的院子,在北京城西北郊外的太平湖畔入夜投湖。

关于他的死因,有多种说法。季羡林在《我记忆中的老舍先生》里写道:"两千多年前,屈原自沉于汨罗江。他行吟泽畔,心里想的恐怕同老舍先生有类似之处吧。"认为代表了中国传统文人"士可杀不可辱"的气节。汪曾祺也认为:"老舍的死是悲壮的,在当时的情况下,老舍有两个选择:一是司马迁之路,忍辱负重;二是屈原之路。老舍先生选择了屈原的道路,用生命给我们不够民主的制度敲了一记警钟。"把老舍当成一个殉道的圣者。学者钱理群认为老舍的死带有偶然性,"他要保持自己的清白,保持住最后的一个点,不能再让了,我的妥协、迁就、让步已经到终点了。这一步无论如何跨不过去了"。不管有多少种推测,老舍的死,是他个人的悲剧,也是一个时代的悲剧。

老舍先生"生在北京,长在北京,死在北京,他写了一辈子北京,老舍和北京分不开,没有北京,就没有老舍"。这是对他最好、最全面的评价。老舍的作品,我读得不多,看过由他的长篇小说《骆驼祥子》《四世同堂》改编的电影,其作品朴实中富有内涵,是一位值得人们和时代尊敬的著名作家。

茅盾故居:任职最长的共和国文化部长

南锣鼓巷周边的文化名人故居真还不少,茅盾故居也在南锣鼓巷内,具体位于东城区交道口后圆恩寺胡同,和这一带的深宅大院相比,茅盾故居很普通,仅是一座不大的两进四合院,茅盾于1974—1981年在此居住。故居门内影壁上镶有邓颖超题的"茅盾故居"大理石横匾。前院有北房三间,东西厢房各三间,倒座房六间。进入故居,院子中立有茅盾先生的白色半身塑像,周围的房间是茅盾生平展览的陈列室,陈列茅盾生前的实物和图片,包括手稿、作品初版本、信件、手迹和茅盾主编过的文学刊物等。

以前读过他1980年写的《可爱的故乡》,文字情真意切,能读出他对家乡乌镇的真挚感情,对故土深深的眷恋和浓浓的爱意。"一九一三年夏,我毕业于杭州私立安定中学,为了报考北京大学预科,我离别了故乡。后来,生活、工作、斗争的需要,竟使我再没有回归故乡。在二、三十年代,我还间或回家乡探望母亲,而一九四零年母亲的去世,终于切断了我与故乡连接的纽带。然而,漫长的岁月和迢迢千里的远隔,从未遮断我的乡思。"文章还说故乡是人才辈出的地方:有周恩来、鲁迅、陈望道、沈玄庐、蔡元培、沈钧儒、秋瑾、郁达夫、章太炎等历史人物。浙江真是一个人才辈出的地方。

他是任职最长的共和国文化部长。

新中国成立前,政协第一届全体会议召开时,毛泽东邀请茅盾主持文化部工作。开国大典后,茅盾被任命为共和国第一任文化部长。这一做,直到1964年12月,一共做了16年部长。其间,政治运动接连不断地发生,经历了"三反""五反"、1957年"反右"、1958年"大跃进"等政治运动。茅盾有时首当其冲,有时避之不及,风风雨雨,坎坎坷坷。这些运动,茅盾起初是满腔热情,但一段时间后便困惑和不解,许多文艺界朋友被打成"敌人",因此身为文化部长的他一直在困惑中前行。1964年12月,茅盾被免去文化部长职务,此后茅盾除写一点起居日记外,谢绝了一切约稿,开始了长达12年的沉默。从此,茅盾在文艺界的活动逐渐减少了,除了节庆、国宴等活动外,基本上过着赋闲生活。

茅盾与商务印书馆也有渊源关系。

2018年春,我在北京学习,由于我的朋友肖启明先生在商务印书馆做领导,他请我专门参观了商务印书馆,从中了解茅盾与商务印书馆的渊源。1916年和1926年,商务印书馆是茅盾文学和革命的起点,初入商务印书馆的茅盾,在函授学社做英文阅卷员,后跟随中国现代童话鼻祖孙毓修编写童话、校订古籍,之后编辑杂志、撰写进步文章。在新文化运动的浪潮中,茅盾受命革新《小说月报》,迅速开创了新文学运动的新格局,推动了时代的进步。1920年10月,茅盾加入了上海共产党支部,成为中国共产党最早的党员之一。1920年11月7日,中国共产党第一份党刊《共产党》创刊,茅盾在创刊号上刊登了翻译作品《美国共产党宣言》。茅盾说过:"如果不是到上海来,如果不是到商务印书馆来工作的话,可能就没有自己文学上这样的成就。"商务印书馆十年,是茅盾一生起步的十年,其才华受到商务印书馆董事长张元济先生的赏识和重用。张元济是出版巨子,有句名言至今作为"大有书局"的门联:数百年旧家无非积德,第一件好事还是读书。我非常喜欢这副对联,它的意涵深远、博大精深,我校雁山图书馆设有一个"校长荐书"书栏,请我题字,我就用了这副对联。

谭嗣同故居:开启一个时代的转型

到访谭嗣同故居是一个周末。西南来京的一位好朋友,问我周末有什么安排,我跟他说了我的北京文化名人故居之旅的计划,他痛快地答应陪我一起走走。根据导航,我们来到坐落在菜市口边缘的"谭嗣同故居"(北半截胡同41号的浏阳会馆)。结果进去一看,完全不是什么故居,是一个大杂院,里面还住着20多户居民。据居住在这里的老人介绍,目前谭嗣同故居的居民清退工作已经展开,将来应该会恢复"故居"原貌,因此,此处眼前的脏乱差可想而知。

严格来说,"谭嗣同故居"原本只是谭嗣同的在京寓所。最初,他的父亲谭继洵在京为官时买下了这所坐西朝东的宅院,当作府邸,后来改为浏阳会馆。谭嗣同出生在烂缦胡同,10岁时全家迁往北半截胡同;他在这所院子里就学于浏阳学者欧阳中鹄。谭嗣同是戊戌变法的代表性人物,这段历史,无论如何,没法绕过去。谭嗣同积极参加戊戌变法,变法失败后,于1898年9月28日在北京宣武门外的菜市口刑场英勇就义,年仅33岁,为"戊戌六君子"之一。他与那些维新志士们的故事,开启了一个时代的转型!

很是遗憾,只有等哪一天"故居"复原后再来参观了。

2019年12月22日冬至夜写于北京大有庄
2020年3月10日修改于桂林

梁启超的家族教育

梁启超故居在北京、天津、广东老家新会有几处,保存比较好的有天津和新会的故居。北京的故居,据说成了"大杂院"。读了一些有关梁启超的文章和著作,对他在维新运动中的思想和影响有些了解,但不深入。于是,有了这个机会,我分别于2018年、2019年五一假期参观了梁启超天津的故居、广东新会的故居,我参观的时间刚好相隔一年,地点一南一北,时期分少年和晚年,进一步了解了梁启超先生的少年的成长故事和晚年的学术成就岁月。梁启超是中国近代史上著名的思想家、政治活动家和学者,同时,他也是近代著名的"教育救国"思想的积极倡导者。两处故居展示了他一生的事迹,再加上平常阅读有关他的著作后,我有几点思考和感慨。

梁启超的少年成长

2019年的广东行,一行朋友与"书"有关,因此,我们称之为"文化之旅"。在新会的故居参观时,深切感受了梁启超先生出生和少年时期生活、学习的时光。新会茶坑村,与一般岭南村落没有太大区别,故居坐落在凤山下,四周有鱼塘、沃野田畴环绕,村上大榕树、石板巷、青砖房分布有序,民风真淳古朴。梁启超故居建于清光绪年间,是一幢古色古香的青砖土瓦平房,由故居、怡堂书室、回廊等建筑组成。故居内侧有梯级直达其顶部楼亭书房,可远眺崖海风光;怡堂书室是梁启超少年读书、接受儒家传统思想的地方,是梁启超曾祖父所建,看得出,梁氏家族应该是一个殷实的大家庭。梁启超纪念馆于2001年建成,位于故居正门,是为纪念他在教育、学术上的卓越贡献;建筑形式中西合璧,既有岭南侨乡建筑韵味,又吸收了西式建筑风格。纪念馆增加了梁启超的立像和陈列室,展示了丰富的历史图片,陈列了梁启超的部分著作,有《饮冰室合集》《欧游心影录》等珍贵典籍。

这里有梁启超先生很多的少年成长故事。他少年聪颖勤奋,12岁考中秀才,17岁考中举人,从此离开家乡、离开小山村,走上为国家民族奔走呐喊之路。此时,我想起梁启超在戊戌变法失败后写于1900年的《少年中国说》。那是一篇励志名篇,大开大合、酣畅淋漓、热情洋溢地表达了他的爱国感情。他渴望国家强盛,把整个国家民族的希望寄托在了"少年"一代身上:少年智则国智,少年富则国富;少年强则国强,少年独立则国独立;少年自由则国自由;少年进步则国进步;少年胜于欧洲,则国胜于欧洲;少年雄于地球,则国雄于地球。前途似海,来日方长。美哉我少年中国,与天不老!壮哉我中国少年,与国无疆!

我想,梁启超《少年中国说》中的志向、目标以及对中国少年的希望,其思想形成和个人的发展,无不与他少年时期所受的严格家族教育、传统文化教育和个人的体悟有着密切关系。

梁启超与康有为

梁启超与老师康有为因为观念不同而决裂成为史上话题。

考中举人后,梁启超的人生发生了颠覆性的变化。光绪十六年(1890年)春,经人介绍,梁启超认识了长其十五岁的康有为。康有为有自己完整的一套思想体系,特别是以孔学、佛学和宋明理学为体,陆(陆九渊)王(王阳明)心学和西学为用的思想体系。这些思想让梁启超深受震撼,以至"一见大服,遂执业为弟子",决定投入康有为门下。与康有为结识,是梁启超一生发展的重要转折,从此以后,接受了康有为的改革主张和变法理论,逐渐走上了改良维新的道路。在维新变法前,与康有为一起联合各省举人发动"公车上书"运动,推动了著名的戊戌变法,此后多年,梁启超成为康有为忠实的追随者,创办《时务报》鼓吹维新思想,作为骨干力量投身百日维新。即使在戊戌变法失败后,流亡日本14年,在海外创办报刊,继续宣传维新思想,从办报讲学到款项筹集,梁启超依然积极为康有为奔走。

梁启超处于国家危难的动荡年代,随着形势的变化,他能够坚守自己的理想,并与时俱进。当他认识到维新派的道路在中国走不通时,转而支持共和,从戊戌变法、同盟会组织领导多次起义到此后的辛亥革命、民国建立,外部世界已经发生了巨大的变化。随着时间的流逝,师生分歧开始显露,康有为坚持保皇保教的立场,而梁启超却日益倾向于民权自由思想。此外,梁启超游历过美国、欧洲,也到过澳洲考察,在海外讲学多时,见识也不断增长,他曾享有"舆论之骄子、天纵之文豪"之盛誉,他的影响力也逐渐盖过老师康有为。同时,康有为的思想一直停留在原有的立场。这时梁启超与康有为在观念上发生了严重冲突,他曾说"吾爱吾师,吾更爱真理",不得不与康有为分道扬镳。

从梁启超与康有为师生关系的变化可看到,在时局动荡的岁月,随着形势的变化,个人的思想观念也在发生改变,传统的师生关系也会发生动摇。尽管如此,康有为与梁启超这对师生在中国近代史上是绕不开的两个重要人物。

梁启超的家庭教育

在新会故居展示厅,吸引我的还有以图文形式展示的他与子女的部分通信,这部分我非常感兴趣:这些信件才真正体现他作为父亲教育子女的用心良苦,以及所形成的特有的良好家风。梁启超先生是一个成功的家庭教育者。梁启超有九个子女,个个成才,被誉为"一门三院士,九子皆才俊":长女思顺,诗词研究专家;长子思成,著名建筑学家、"中央研究院"院士;次子思永,著名考古学家、"中央研究院"院士;三子思忠,西点军校毕业;次女思庄,著名图书馆学家;四子思达,经济学家;三女思懿,著名社会活动家;四女思宁,就读南开大学,后参加革命;五子思礼,火箭控制系统专家、中科院院士。每个子女都成为领域内的佼佼者。这样成功的父亲,在家庭教育上的观念与做法,必定值得后人学习和借鉴。

一边看图一边读着梁启超给子女的信,我最大的感受是他教育孩子的一大特点就是与孩子们做朋友。梁启超先生给儿女们的信比孩子给他的信多,作为父亲,针对不同孩子的特点和性格与他们谈学习、交友、恋爱、政事、生活等等,亲自给孩子们写信,梁启超先生将每一件事娓娓道来,没有家长作风,平等相待,不得不佩服。其中,所看的几封信其教育观点让我深受启发。

一是鼓励孩子学一技之长。在1916年10月11日给女儿梁思顺的信中说:"做官实易损人格,易习于懒惰与巧滑,终非安身立命之所。"应该说这是梁启超的人生认识和经验,将自己悟到的人生经验传给自己的孩子,做官容易让自己的人格受损,容易让人养成懒惰和巧滑,不是能够安身立命的领域。因此,梁启超的后人很少做官,都是在业务上突出精湛,成为行业中佼佼者,这与他的教育密切相关。

二是强调做人做事的责任。在1923年11月5日给梁思顺的信中说:"天下事业无所谓大小,只要在自己的责任内,尽自己力量做去,便是第一等人物。"很多父母都希望自己的孩子能够干大事、创大业,其实人首先要做的就是承担起自己的责任。一个不懂得承担责任的人,即便做成大事,也会很快失败。我想这就是今天讲的责任与担当!

三是认为教育小孩要保留天性。1925年7月10日在《致孩子们》中说:"我说你'别耍孩子气',这是叫你对于正事——如做功课,以及料理自己本身各事等——自己要拿主意,不要依赖人。至于做人带几分孩子气,原是好的,你看爹爹有时还'有童心'呢。"梁启超说孩子气,其中一种是做人保留一种童心童趣,这是针对小孩保留天性的一种教育理念。

四是主张莫问收获,但问耕耘。1927年2月6日在写给子女的信中说:"至于将来能否大成,大成到什么程度,当然还是以天才为之分限。我平生最服膺曾文正两句话:'莫问收获,但问耕耘。'将来成就如何,现在想它作甚?着急它作甚?我一生学问得力专在此一点,我盼望你们都能应用我这点精神。"告诫子女做人、做事与做学问一样,莫问收获,但问耕耘。

五是强调学习不要急功近利。在1928年5月13日《致梁思顺》中说:"庄庄今年考试,纵使不及格,也不要紧,千万别要着急,因为他本勉强进大学。你们兄妹各个都能勤学向上,我对于你们的功课绝不责备,却是因为赶课太过,闹出病来,倒令我不放心了。""至于未能立进大学,这有什么要紧,求学问不是求文凭,总要把墙基越筑得厚越好。"当女儿梁思庄刚到国外学习,一时无法适应,梁启超在信中说,他关注的是孩子的基础是否牢固,而所谓的成绩和分数,不过是表面的东西,他并不看重。

梁启超一再告诫子女要对生活充满希望,要有阳光的心态,万万不可悲观,只要将自己的能力充分发挥出来了,就应该心满意足了。将来成就如何,现在想他作甚?一则不可骄傲自满,二则不可畏惧自馁,只要发挥了自己最大的潜能就行。梁启超认为,人的能力各异,只要尽情发挥出来了,就应该快活与满足。他所希望和表达的是以平常心对待教育,能够发挥自己的聪明才智。这样的教育思想与我们当下全社会"孩子教育不能输在起跑线上"的教育方式方法有很大的区别,我想他在教育子女问题上之所以能够取得成就,与他的这种思想密切相关。

面对这些娓娓道来的家书,我在反思:我们现在的家庭教育,平时以工作忙为由,缺乏对小孩的教育,再加上当今的学校教育以应试教育为主线,以填鸭式教学方式为主要方法,孩子的自主时间不多,家长与孩子的沟通方式单一,沟通时间也不多。想想我自己,虽然,在孩子读大学时,我们相约以书信方式交流,但由于现代通信方式太方便,以至于这种方式没有长期坚持下去。我们现在只是独生子女教育,梁启超有九个孩子,何况他有大量的时间花在社会活动和著书立说方面,却让每个孩子都根据自己兴趣成长。想想梁启超先生的教育方式和家庭教育理念,他真是当之无愧的好父亲,对比我自己作为父亲在孩子教育方式上,实在令我汗颜。看着这些通信,我久久不愿离开,几乎忘记时间,以至于同行的朋友们到处寻找我。

梁启超的学术精神

2018年五一假期,那时我正在北京专题学习3个月。正好放假,我借机去天津走走。当然,在天津,除了游晃在意大利风情街、品味天津美味小吃、听了一场地道的天津相声外,我计划中必须要到梁启超故居看看。

梁启超故居坐落在天津河北区,一栋白色西洋式两层小楼。梁启超先生号饮冰室主人。他于民国初年在天津意租界购得一块地皮建寓所,寓所建于1914年,另外书斋"饮冰室"为浅灰色两层洋楼,建于1924年,由意大利建筑师设计,造型别致,欧式风格;该所建筑共有房30多间。梁启超后期著述均于此完成。

梁启超是中国近代很有影响的人物，同时是一位很伟大的学者，一生勤奋，著作甚丰。各种著述达1400多万字，有人做了推算，从他20岁到55岁时，35年中完成了1400万字的著述。在将近35年中，他每年平均写作将近40万字之多。就算在今天，这样的效率恐怕是任何一位学者都很难做到的。梁启超一生除去著述之外，大量的社会活动和教育活动，包括家庭教育占据很多时间，这样的奇才，真是难能可贵。再看看他那工整而秀美的小楷，一天要花多少时间在伏案写作上？而这一切由他一个人完成了。我不由感慨，梁启超的学术成就，创造了一个奇迹：让有限的生命创造了无限的价值。令人心生敬佩！这体现了他惊人的勤奋和才华，其中，《饮冰室文集》数量之多、内容之丰富，至今难以超越，《新民说》《中国近三百年学术史》《中国历史研究法》等等都是学界公认的学术巨著。

我不得不提一下《新民说》，广西师范大学出版社旗下文化品牌"新民说"，就取自梁启超的《新民说》，其创立理念是坚守人文性、学术性和思想性，关切历史和当下，致力公民性道德观念的成长，其理念是"成为更好的人"。梁启超的《新民说》包括发表在《新民丛报》上的多篇政论文章，其主题是期望唤起中国人民的自觉，如何从帝国时代皇帝的臣民转化为现代国家的国民，阐述现代国民所应有的条件和准则，这些对20世纪初的中国起了启蒙的作用。

梁启超先生一生勤劳，不幸在56岁去世，然而他一生所做的事情之多，令人惊叹！影响范围之广、成果之丰硕，至今少有人能超越。如果用两个字概括梁启超的学术精神，那就是：勤奋。我一直思考着，这一位旷世奇才在民族危难之际有什么样的心路历程？一个书香世家在百年沧桑中推行怎样的家族教育？我也深深感悟到梁启超先生对外能治国平天下，对内能立身齐家，对子女既严且爱，使梁氏家族英才辈出。这是怎样的传奇人物？

2019年9月22日写于北京大有庄

古代官箴碑前的感悟[①]

2019年11月2日,我随中央党校第47期中青班到山东曲阜开展体验式教学,在邹城孟庙政德教育现场,参观了孟庙的"仁廉公勤"官箴碑。细细品读官箴碑的文字,了解其背后的故事,让我十分感慨。

"仁廉公勤"官箴碑位于邹城孟庙致敬门内西侧,为方正立体四面碑,因碑身四面镌刻仁、廉、公、勤四则箴文,故而得名。根据史料记载,"仁廉公勤"四则箴言原由南宋王迈(南宋诗人,嘉定十年进士)任职南外睦宗院教授时所作,明万历年间邹县知事梁州彦将此文刻于碑上,并立于县衙,以激励同僚和自己廉洁勤政、立功立德。1949年以后,因旧县衙损毁,该碑移至孟庙保存至今。"仁廉公勤"官箴碑文,折射出中国优良传统政治文化,凝练地阐明了仁爱、廉洁、公正、勤政四则为官为政之道,而今依然具有重要的现实意义。

一是"仁",仁爱是为官为政之本。孟子政治思想的核心是"仁政"。碑文列举了古代仁德的典范,仁心为官,关心百姓的疾苦,就像关心自己的疾苦,诚意爱护百姓,就像母亲抚育婴儿一样。同时,碑文也描述了为官不仁、极尽奢靡的现象,对百姓漠不关心,动辄施以严刑峻法。水能载舟,亦能覆舟,"淑问之泽,百世犹祀。酷吏之后,今其余几?"此碑的寓意告诫当今为官为政者,要继承古道遗风,行君子之道。应行仁政,宽以待民,严于律己,牢固树立"以人民为中心"的思想,密切联系群众,始终把群众冷暖放在心上,从小事做起,在细微之处温暖民心,在点滴之中累积与群众的信任,才能在

[①] 该文发表在《学习时报》2019年11月27日第4版。

群众中树立威信。

二是"廉",廉洁是为官为政之魂。碑文中记载:"黄金五六坨,胡椒八百斛,生不足以为荣,千载之后又余戮。"多余的东西有生之年不能使人荣耀,但千百年后可能会留下骂名,一时贪念致使廉政无存,抱憾终身。为官为政当清正廉洁,内外一致,表里如一,"勿谓暗室,昭昭四知",应学习东汉杨震"四知却金",人前人后一个样。"汝不自爱,心之神明其可欺?"要自尊自爱,自重自珍,常修为政之德、常怀律己之心、常思贪欲之害,从根本上筑牢拒腐防变的防线。习近平总书记曾谆谆告诫:鱼和熊掌不可兼得,当官就不要想发财,想发财就不要当官,这是两股道上跑的车。孟子说"吾善养吾浩然之气",为官者应该从政清廉,正大刚直。

三是"公",公正是为官为政之义。碑文记载周太师尹氏因"厚姻娅、近小民",治国无方;武侯诸葛亮能"开诚心、布公道",而受万人敬仰。"听信偏,则枉直而惠奸;喜怒偏,则赏僭而刑滥。"公生明,偏生暗。为官为政者,要坚持公道正派,敢讲公道话、做公道事,坚持原则,公开透明;把好公平公正关,凝聚人心,赢得人民群众支持,不搞任人唯亲、排斥异己;要平等待人,不搞团团伙伙、结党营私、拉帮结派;要敢于向不正之风、不良风气说"不",顶得住歪风邪气。因此,公正之心是从政者的为官之义。

四是"勤",勤政是为官为政之功。碑文云:"尔服之华,尔馔之丰,凡缕丝与颗粟,皆民力供乎尔。居焉而旷厥官,食焉而怠其事,稍有人心,胡不自愧?"丰盛美味、绫罗绸缎,出自百姓的劳作;而身居庙堂、懈怠工作,稍有良心,自觉羞愧!因此,身在岗位不作为,推诿扯皮、庸政懒政和不作为、慢作为、乱作为也是一种腐败。唯有勤,方能不自愧。一个勤政的官员,应当"糜素其餐,炎汗浃背,日不辞难",即使三餐粗淡,即使严寒酷暑,也要辛勤工作,功崇惟志,业广惟勤。古代的君子皆能粗茶淡饭,辛勤劳作,自省自励,安然而卧。为官为政者,要始终坚持勤政为民,夙夜忧勤,勤勤恳恳办事,扎扎实实做好工作,营造一种风清气正、勤政廉洁的政治生态。

"仁廉公勤"阐明了仁爱、廉洁、公正、勤政等为政之道,与当今干部考核强调"德能勤绩廉"的目的一脉相承。"德"和"仁",都强调为官为政者的道德品质,强调爱护百姓、关注民生;"能"和"公",都强调为官为政者公平公正对待人和事,这既是一种能力,又是一种水平;"勤"和"廉"是为官为政者的基本素质和要求;"绩"就是以上四方面工作的结果。做一名仁、廉、公、勤的"好官",重在行动,难在坚持。按照习近平总书记提出的"信念坚定、为民服务、勤政务实、敢于担当、清正廉洁"好干部五条标准,领导干部要以"踏石留印、抓铁有痕"的劲头和善始善终、善做善成的精神,做一个对党忠诚、为民、务实、清廉、敢于担当的"五好"干部。

对话贾平凹:消失的乡村①

在商洛,遇见贾平凹。

2015年初夏,我参加教育部对商洛学院的教学评估,贾平凹先生兼任学院商洛文化研究中心名誉主任,就在这里,我们相遇。我开玩笑说,一直读您的作品长大,这下见到真人了。

我们一边用餐,一边聊天。话题从一个始建于元代的古村落开始。

他说,今天刚刚从一个叫鞑子梁的古村落考察回来,很有感触。该村位于秦岭深处洛南县石坡镇李河村,鞑子梁最大的特点就是石板房,据传说从元代就开始建造,一直延续到现在,已有800年的历史,距洛南县城较远,藏在山中。当地人就地取材,用石板做墙体、瓦片,建成简单的房舍,用以遮风挡雨,成为本地特有的民居。鞑子梁留给后人有未解之谜:原住民为什么会选择在与世隔绝的山上安家?为什么在这里生活繁衍了几百年,县志都没有记载?近些年,由于交通不便,原住村民陆续移居到山下,山上只留下座座石板房散居的几户人家。好些石板房已经废弃坍塌,荒凉的景象预示着这个古老的村寨不久将不复存在,令人十分惋惜!

先生的惋惜,我深深理解。他是一个家乡情结很重的人,他曾经说过:"无论在什么时候什么地方,说起商洛,我都是两眼放光,这不仅出自于生命的本能,更是我文学立身的全部。我已经无法摆脱商洛,如同无法不呼吸一样,如同羊不能没有膻味一样。"读过先生不少作品,无论是《商州三录》《浮躁》,还是《废都》《秦腔》等,用他的话来说"那都是文学的商洛"。正因为

---

① 该文以《心疼你的家乡》为题发表在《南方周末》2015年5月28日。

此,他文学的根在他的故乡。每一片土地都是他创作的源泉,但这里每一个村落的消失,意味着一段文化记忆的消失。何尝不心疼呢!

聊到这儿,我感同身受,类似的情况,在我的故乡也存在。

时常回到熟悉而又陌生的家乡,熟悉的是那些长年生活在这里的长辈们和儿时玩耍的伙伴们——尽管历经沧桑、日渐变老,陌生的是记忆中的青山绿水、风土人情。每次,看到那些曾经让我魂牵梦绕的残存老房子,都试图努力找寻童年故乡的记忆。曾经,村前一条蜿蜒曲折的河流,一年四季流淌着清澈的河水,让故乡的风景格外清秀灵动。不知哪一天,流淌了多少年的河流,慢慢地变小了、干涸了,在河里游泳、嬉闹的情景已经成为对过去的美好记忆。随着外面世界的变化,乡村人口迁移,很多年轻人告别故土,到城市里打工生活,他们脱离父辈的传统生活环境和生存技能,既无法在乡村里以农为生,也没法在城市里得到身份的认同,当然,更不可能再回到乡村生活,成为当今城市里众多而又无法找到自己归属感的"边缘人"。曾经热闹的村庄变得日益孤寂,唯一坚守的,是无法离开故土的老人和留守儿童。家乡不再是青山绿水、田园牧歌和童年记忆构成的情感系统,消失的还有那生生不息的家族传承。这恐怕是当今中国大多数乡村的现实写照。这些年来,中国每一天有上百个村庄消失,这已经不再是神话。

由此,我们还聊到,中国传统文化的根基在农村,但随着城镇化的高速发展,一些传统村落正在迅速消失或遭到破坏。我认为,中国农村几千年的文化传承,很大程度靠的是由氏族社会演变而来的宗法家庭制度。这也是历代社会的基础。先生说,在农村,相当一段时期,有两样东西逐步消失了,一是寺庙,二是家族祠堂。特别是祠堂,记录着家族的辉煌与传统,那是家族的圣殿,讲得更高一些就是中国五千年文明历史文化的延伸。它们的消失,意味着农业文明的衰落。

在历史变迁中,每一座村落像一部厚重历史和民族文化的典籍,凝聚着宗教信仰、宗族观念、人文精神等智慧结晶,也是人类文明的演化史。村落的消失,随之而消失的还有耕读传家等传承千百年的文化习俗。这将是中国农村传统文明的断裂。

我还谈到,前些年对桂林的一个古村落家族教育进行了田野调查,发现我们过去的家族教育曾经有过相当辉煌的历史,但随着现代教育的普及,良好的家规缺乏传承的氛围,社会的开放、外界信息的侵入打破了原有相对封闭的家族教育体系,原有的家族教育优势不再。说到这儿,先生认为,这正是当下强调保护古村落的文化意义和价值所在。

为此,先生说曾经在全国政协会议上多次呼吁,希望在城镇化进程中兼顾保护传统村落文化。在社会经济发展中,很多地方的历史风貌惨遭破坏,新建了许多现代化的建筑和设施,但大同小异的城镇、村庄风貌,失去了各自独有的地方特色。

"商洛虽然是山区,站在这里,北京很偏远,上海很偏远。"我想,这就是先生的故乡情怀。这也是很多离家人,期望回家的一种故乡情结。今夜,一个人独自漫步在喧闹的城市大街上,仰望着茫茫的夜空,曾经白天的蓝天白云、夜晚的璀璨星空似乎只存在记忆中……若干年后,我们还有故乡的牵挂吗?还有魂牵梦萦的乡村回忆吗?

探寻西夏王国的印迹

宁夏是我一直想去而没有去成的地方,这次终于有一个到银川的机会。

应中国高等教育学会之邀,为其主办的"全国高等学校教学管理干部高级研修班"授课。授课时间安排得紧,只有半天空档,机会难得,趁机走访了著名的西夏王陵,试图去探寻这个曾经辉煌的西夏王国的历史印迹。其实,我对宁夏的了解仅限于书本上的点滴知识,非常有限,因此,进一步了解宁夏历史文化,也是我这次答应来讲学的动因之一。

在友人安排下,先看完著名的沙湖,再驱车前往西夏王陵,已经是下午四点多了。景区大门上镌刻着四个西夏文大字:"大白高国",即是西夏国的自称。大西夏陵是西夏王朝的皇家陵园,在距银川市35公里的贺兰山东面,在方圆50多平方公里的陵区内,有9座帝陵、253座陪葬墓,布列有序,据说也是中国现存规模最大、地面遗址最完整的帝王陵园之一。从西夏博物馆的资料介绍、西夏王陵的严谨布局和残留陵丘,可以真实形象地了解西夏王国的兴衰历史以及西夏王朝的历史风貌。

西夏是11世纪初以党项族(为羌族的一支)为主体建立的王朝,因为在辽、宋、金三个政权的西部,多称之为西夏。自1038年李元昊在兴庆府(银川市)称帝建国,在历史上存在了190年,经历10代皇帝。西夏是在宋、辽两大王朝之间诞生的,所以从建国起,就与宋、辽发生战争。最终于1227年被蒙古所灭。前期与北宋、辽平分秋色,中后期与南宋、金鼎足而立,被人形容是"三分天下居其一,雄踞西北两百年"。

在西夏博物馆的大厅,摆放着一个西夏王国的沙盘模型,可看得出,其疆域"东尽黄河,西界玉门,南接萧关,北控大漠,地方万余里",鼎盛时期面积约83万平方公里,包括今宁夏、甘肃大部、内蒙古西部、陕西北部、青海东部、新疆东部及蒙古国南部的广大地区,是现在宁夏面积的6倍之多。从所控的土地面积也可以看出西夏王国的鼎盛一时。

在历代的10位皇帝中,有几位皇帝值得一提。

开国皇帝,景宗李元昊(1003—1048),其父李德明,西平王。他精通汉文和佛学,多次带兵打败吐蕃、回鹘等部落,扩大了地盘。他曾劝说他父亲不要再向宋朝称臣,但李德明有自己的考虑,不愿跟宋朝决裂。李德明去世后,李元昊袭位,经过多次战争,于1038年称帝,国号大夏,史称西夏。他接受宋的先进文化,根据党项的民族特点确立了一套政治军事制度。李元昊不仅是一个十分有头脑的政治家,还是一个卓越的军事家。李元昊与辽、宋之间长期征战,多次取得胜利,形成宋、辽、夏鼎立局面。但到晚年,肆意诛杀、纵情享乐,强夺太子宁凌噶妻为后,宁凌噶难以忍受夺爱之恨,加上野心家没藏讹庞挑唆,于1048年,持戈进宫刺伤元昊,后不治而死,时年仅45岁,在位11年。历史上很多皇帝都逃离不了"肆意诛杀、纵情享乐"所导致的父子兄弟互相杀戮的宿命。

还有两位皇帝在位时间分别超过了50年,加在一起超过整个王朝的一半时间,在他们主政时期,也是西夏王国鼎盛的时期。

一位是崇宗(1083—1139),1086年即位,在位54年。崇宗李乾顺,是第三位皇帝惠宗长子,3岁即位。亲政后,采取联辽抗宋的策略,辽被金灭后,又联金抗宋,死于1139年,时年56岁。另外一位是仁宗(1124—1193年),1139年即位,在位55年。仁宗李仁孝,是第四位皇帝崇宗长子。仁宗制定《新法》,推行封建土地所有制,推行科举制,封建制在西夏确立了,仁宗时是西夏的鼎盛时期。仁宗死于1193年,时年70岁。这两位皇帝有一个共同的特点,就是重视国家的制度建设和法制建设,并关注民生问题和人才问题,建立土地所有制和科举制度,让百姓得到了实惠,让有才能的人进入国家的管理阶层,这正是国家鼎盛强大的原因。但这种重文轻武的战略也给国家的灭亡埋下了隐患。

最后两位皇帝献宗、夏末帝面临国家抗拒蒙古的战乱时期,总共在位不过5年时间。1226年,成吉思汗攻西夏,西夏连失数城,献宗皇帝惊吓而死。连皇帝都被吓死,这个国家离亡国就不远了。夏末帝,即位后1

年,西夏被蒙古所亡,投降被杀。就这样,一个王朝在历史上结束了属于它的辉煌。

在园内,到处可以看到一种古老而神秘的文字——西夏文。

据记,李元昊在正式称帝前的大庆元年(1036年),命大臣野利仁荣创制记录党项语言的西夏文字,三年始成,共五千余字。西夏文形体方整,笔画繁冗,称为蕃书或蕃文。结构仿汉字,单纯字较少,合成字多。文字的创制是李元昊实行的一系列强化民族意识的措施之一,一种民族文字的出现是一个民族成熟的标志,同时它给本民族在思想交流和文化传承上带来便利。党项族表现其民族自尊的意愿非常强烈,西夏字没有一个字和汉字一样,用今天的话来说就是"去汉化"。随着党项族在历史发展中融入汉、蒙古等民族,西夏文的使用越来越稀少,最终成为无人认识的"奇文"。1804 年,清代学者张澍在武威的《重修凉州护国寺感应塔碑》辨识出了这座被封存石碑上的"奇文"为西夏文,从而揭开了西夏文的神秘面纱。然而,由于像敦煌文化一样的遭遇,俄罗斯的科兹洛夫在 1909 年发现黑水城文献之后,窃取文献并保存于俄罗斯科学院。同样,斯坦因与伯希和也分别从内蒙古黑水城和敦煌莫高窟盗掠走了珍贵的西夏文献,并保存于英国和法国。自身的文化遗产被别国窃取、保存和研究,这也是一种民族文化的悲哀!

令人欣慰的是,在馆里我们可以看到我国学者李范文先生关于西夏文化研究的系列著作,其中有他耗费 20 多年心血完成的《夏汉字典》,也是目前第一部体例完备的西夏文字字典,令人钦佩!同时遗憾的是今天能够认识西夏文的人据说在国内不超过 10 人。我询问过,西夏学研究在宁夏大学和北方民大都设有研究机构,但有志研究的新生代乏人,其文化研究和传承堪忧。

离开博物馆,我们去探访传说中的李元昊陵寝——3 号陵。

王陵西面是贺兰山,东望黄河,依山傍河,气势不凡。经过一段墓道,看到了裸露在上面的一座圆锥形的"土丘"。陪我来的梁先生是本地人,他说小时候曾经在这些"土丘"与小伙伴一同玩耍,根本就不知道这是价值连城的文物。这完全不像我想象中的皇帝陵寝,但"土丘"经历了近千年而没有被风雨洗刷掉也令人吃惊。在"土丘"的前面,有一个被挖过的痕迹,据说官方曾经想打开这座陵寝,试图通过墓葬的文物研究西夏王国的历史和文化。

我不禁感慨,幸亏没有打被开,否则一座完好墓葬就会由于满足部分研究人员的"研究癖"而使埋藏近千年的古迹和文物毁于一旦!

夕阳西下,巍巍贺兰山,横亘于西北大漠。远望贺兰,如云似烟,晚霞透暮霭,远山忽闪现。此时,让我想起了岳飞《满江红》的"驾长车,踏破贺兰山缺"的英雄气概,"待从头,收拾旧山河,朝天阙"的壮志豪情!看着这一个个凸现的"土丘",无言地巍然矗立了数百年,遥想这片土地金戈铁马的沧桑往事,不由得为曾经辉煌的西夏王朝添上几许悲凉。

贺兰山下,晚霞苍凉;回城路上,一路无语。

2011 年 7 月 25 日写于银川

秋日九华山观宝

这是我第二次登九华山。第一次是去年5月,春夏之交,匆匆浏览,看的是九华山的山与寺,留下一些印象。时隔一年多时光,再上九华山,这一次才真正识"庐山真面目",才真正体会到什么叫"大饱眼福"。

2014年9月24日,在参加安徽池州学院学术活动之余,有幸与同行专家一同登九华山。池州到九华山不到一小时路程,秋高气爽,红叶满山,群峦叠翠,环境优雅,宛如世外桃源,的确为修道参禅、修身养性的宝地。九华山与浙江普陀山、山西五台山、四川峨眉山,并称为中国"佛教四大名山",相传是地藏菩萨的道场。

经过朋友特别安排,有幸在化城寺(九华山文物展览馆)观赏了几件宝物——唐代贝叶经、明代的血经、清代康熙皇帝墨迹、清代的"谛听"。九华山具有鲜明的地域特色和悠久的佛教文化底蕴,文物馆收藏各类珍贵文物达2000余件,这次能够目睹四件镇山之宝,乃三生有幸!

在化城寺的密室,常悟师傅给我们展示和讲解了这几样宝物的前世今生。

唐代经书——《贝叶经》

按年代推算,贝叶经有上千年历史,这是给我们展示的最久远的宝物。贝叶经由古印度佛教徒用贝多罗树叶制成,以刀在叶面刻写经文,距今已有一千多年历史。九华山化城寺现存贝叶经2件,我们看的其中一件,共10叶,每叶长52.5厘米,宽6.5厘米,叶片两面均刻印度梵文7行,字迹非常清晰,众人皆感慨此物保存得如此之完好。另一件有 73 叶,资料说每叶长 39 厘米,宽 5.5 厘米,叶片双面刻梵文 7 行。据说,古印度人采集贝多罗树的叶子,用来书写佛教经文。唐代高僧玄奘西去取经,取回来的就是这种贝叶经,而并非像电视剧《西游记》中所表演的纸质经文。唐玄奘从印度带回来 657 卷贝叶经,在长安翻译佛经,这些贝叶经至今被珍藏在大雁塔中。九华山化城寺贝叶经,其中一件是竹禅所献,贝叶经夹板上有光绪二十四年四月八日竹禅题跋。

在印度,古人以贝叶作书,贝叶重叠,上下以板相夹,用绳串结,此种装帧形式随佛教而流传。在我国古诗词里也常有贝叶经的影子,柳宗元的"闲持贝叶书,步出东斋读",李商隐的"若信贝多真实语,三生同听一楼钟",讲的就是此类经文。贝叶耐磨轻便,千百年后字迹仍可清晰辨认。到现在,保存下来的贝叶经已相当稀少。

千年前,这些刻在树叶上的佛教文明传入中国,经受过岁月的洗礼和劫难,少部分保存在名山寺院,继续世代相传。今天亲眼所见的贝叶经,也见证了佛教文化的博大精深。

明代的血经——《大方广佛华严经》

展示的第二件宝物是被九华山历代僧人奉为珍宝的国家一级文物、明代的血经——《大方广佛华严经》。这部血经是明代高僧海玉书写,历经近 480 年,字迹清晰,无一漏改、重写之墨迹,令人佩服。海玉,字无瑕,北京宛平县人。无瑕和尚于嘉靖十五年(1536 年)在五台山出家,刻苦修行。明朝末年,他仰慕金地藏"普渡众生"的精神,来到九华山。在摩空岭(即今百岁宫)结茅安居,并将此地取名"摘星庵"。据说无瑕和尚修行刻苦,山上少有人烟,无处化缘,他渴了就喝山涧清泉,饿了就吃一种叫黄精的植物维持生命,几乎不食人间烟火。在强大的信念支持下,用自己的鲜血抄写一部佛经。他坚持取自己的舌血,调和朱砂,恭书《大方广佛华严经》,计 81 卷,42 万字,前后耗时 28 年。据说,无瑕和尚圆寂以后,肉身不腐,他托梦给皇帝,告知自己的作为;崇祯三年(1630 年),明思宗朱由检派人朝圣并敕封无瑕和尚肉身为"应身菩萨",装金供奉。这部《血经》遂被僧众护如至宝,倍加珍藏。

随后,我们一行到了供奉无暇和尚的肉身的"百岁宫",在亲眼观赏过他书写的《血经》后,再来瞻仰无暇和尚,为他那孜孜不倦的精神感动,心里增添由衷的敬意。

清代康熙皇帝的墨迹——"九华圣境"

第三件宝物是清康熙御书"九华圣境"。康熙四十四年(1705年),清圣祖爱新觉罗玄烨南巡,三月回銮江宁府时,为九华山佛寺书写并派专人送达。"九华圣境"楷书,每字长58厘米,宽40厘米。幅面长192.5厘米,宽95厘米。这就是九华山山门上刻的"九华圣境"四个大字。馆藏还有康熙的孙子乾隆皇帝于1766年赐给九华山御书"芬陀普教"真迹,这足以说明明清两代皇帝对江南的佛教十分重视。由于时间关系,这次没有来得及看"芬陀普教",但"九华圣境"的真迹足以让我感动不已。

常悟师傅介绍,有段时间寺内僧人不知道"九华圣境"的价值,将真迹用图钉钉在墙上,至今还有图钉印迹。动荡岁月,生存难保,怎知文物价值?同时,我也很关心,这些珍贵文物如何保持至今?常悟师傅说,在"文化大革命"时期,红卫兵曾经多次上山"破四旧",焚烧文物,砸毁庙宇。但是虔诚、机智的僧人把化城寺的最后佛堂用砖砌死,将这些重要文物全部保存在墙里边,这样才使这些宝物侥幸保存。

清代的镇山之宝——"谛听"

第四件宝物是馆内珍藏的九华山镇山之宝,即"谛听"。青铜铸造的独角兽"谛听",清代康熙年间,由姑苏梅城吾铸造,重125公斤,长84.5厘米,高72.5厘米。传说谛听的来历为:唐开元末年,古新罗(今韩国)王子、24岁的金乔觉,看破红尘,携白犬一只浮海来九华山,共同苦修的75载中,白犬与金乔觉昼夜相随,处处使其逢凶化吉。乔觉坐化,白犬亦随之傍息。金乔觉被视为地藏菩萨化身,后人故建寺与白犬同请供奉。这只白犬被佛教尊称为神犬,后人更神化为神犬谛听,晓佛理,通人性,避邪恶,视为吉祥的象征。留世谛听仅存于九华山,属国家重点文物,为九华山镇山之宝。

  谛听,民间惯称其为"独角兽",据说能辨别世间万物的声音,尤其善听人心,能顾鉴善恶,察听贤愚。从造型看,谛听貌似龙非龙、似虎非虎、似狮非狮、似麒麟非麒麟、似犬非犬,是人们想象中的动物,世人又缘称"九不象"。其形状为一独角兽猛然回首——独角、犬耳、龙身、虎头、狮尾、麒麟足。独角能护身保险,犬耳分辨是非,龙身示为吉祥如意,虎头表示智勇,狮尾表示有耐性、有雄心,麒麟足视为四平八稳,与人为善、和睦相处。经过佛门传言和民间演绎,已逐步使谛听成为一个吉祥的图腾。世人珍之为镇宅之宝、庙堂之尊。民间认为谛听沾有"九气"——灵气、神气、福气、财气、锐气、运气、朝气、力气和骨气。虔诚的佛门信众,更是相信沾上谛听的"灵气"能使家运昌隆、基业常青、心想事成、大吉大利,能成为诚者、贤者、智者、悟者、觉者、寿者。我想这都是世人对谛听寄予的美好、吉祥的愿望。

  李白的"妙有分二气,灵山开九华"赞的就是九华山。从唐代开始,九华山佛教兴盛。时至今日,我所见这些弥足珍贵的文物,是与佛有缘,实乃三生有幸。历经成百上千年兵荒马乱、水火灾难而得以保存,实属不易。对具有悠久历史文化的民族来说,这更是"文化之幸"。

2014 年 10 月 3 日写于桂林自然坊

湘漓文化寻访记[①]

  自己虽然在湘漓文化浸染中成长,但对湘漓文化的了解和理解并不深。于是,我们就有了以全州、永州为代表的湘漓文化之行。关于湘漓之源头,史料记载,湘江发源于海洋山,漓水发源于猫儿山,但自古以来也有"湘漓同源"的说法。不管是哪种说法,湘漓文化的形成及其影响,应该没有太多的争议,厚重的湘漓文化底蕴正是我们探究的动因。

湘漓文化之全州行

  "小九寨沟"。我们第一站来到全州安和镇的龙井村,这里有"小九寨沟"之称,村里有条美丽的河,名为龙井河。小河横穿整个村子,河水蜿蜒,村里、村外植被繁茂,生态环境优美,村庄就在景区里,景区就在村庄里。如诗如画的乡村,青山郁郁葱葱,河流欢畅奔腾;村道宽敞洁净,民居错落有致。两岸树木的倒影映在河水里,清晰可见。龙井河应该源于地下河,河水清澈,水草茂盛,两岸大树遮挡着天空,河水常年不断。这里空气清新,就像是刚洗过一样。在村庄里沿着小河漫步,感觉是在欣赏一幅诗画,令人流连忘返。难得有生态保护如此好的山村,这里是休闲养生的好地方,遗憾的是外界知道较少。我突然想到一句广告词:"南有巴马,北有龙井",在目前此处不是很知名的情况下,这一广告词,将此地的长寿养生、休闲、生态功能一下展示出来。同时,借龙井之名,将本地的"龙井茶"和"龙井"系列土特产

[①] 该文发表在《广西日报》2020年9月17日第6版。刊发时有删改,此处收录原文。

进一步开发,岂不是一个很好的点子？这些年,在乡村振兴背景下,重视农村的生态保护和自然环境修复,成效十分明显,这正是我们乡村振兴的目的。

乡贤文化。同行的小廖,一定要我们到他家吃中午饭。他家在全州龙水乡禁山里村。一到村,一路的格桑花,非常漂亮！村里全部实现水泥硬化,干净、古朴！意想不到的是,在这里我遇上了我多年的老朋友——蒋钦挥大哥。蒋钦挥可以说是我一直尊重的学者,他早年在《北海日报》任总编时,通过袁鼎生兄认识,之后他回到南宁任《南国早报》总编辑,一直专注地方文化研究,出版有关全州历史与文化的系列丛书,多年来一直联系不断,没想到在这里遇上他,真是相约不如偶遇。据他介绍,他退休这些年经常回老家,并通过他多渠道争取到一批资金,为本村的乡村建设做了几个项目,比如村道的维修和硬化、进村的道路美化绿化等,同时还将村民团结起来,积极参与村的文化建设,因此,由于他的作用整个村发生了根本的改变。由此我想到一个词:乡贤。乡贤文化是扎根于中国传统乡村社会的一种文化现象,它是以乡愁为基因、以乡情为纽带、以乡贤为楷模、以乡村为空间,以实现乡村经济发展、社会稳定、村民安居乐业为目标的一种文化形态。一些在乡村社会建设、风习教化、乡里公共事务中贡献力量的乡绅,被称为"乡贤",由此而形成了乡贤文化。钦挥兄就是一位典型的新"乡贤",他不仅仅研究地方历史文化,取得丰硕的成果,而且身体力行,发挥他的影响力和资源优势,改变着自己的老家和山村,改变着村民的思想观念、意识形态！类似钦挥兄的现代"乡贤"在各自领域取得了非凡业绩,回乡发挥他们的作用,为乡村建设做积极贡献,这也是乡村振兴的重要力量。乡贤文化是一个地域的精神文化标记,是连接故土、维系乡情的精神纽带,是探寻文化血脉、张扬固有文化传统的精神原动力。

湘山寺。能够代表湘漓文化的一个标志性地方就是"湘山寺",它位于县城内西隅湘山之麓,素有"兴唐显宋""楚南第一名刹"之美誉。系公元756年唐代高僧无量寿佛创建。史上改湘山寺所在的清湘县为全州,"县以佛名,相沿至今"(《全州县志》)。取全真和尚之"全"冠以州名之首,足见湘山寺及其佛教文化的影响力。宋朝4位皇帝先后5次加封,公元1101年徽宗皇帝南巡,亲临礼塔,并敕为湘山名刹。其中与湘山寺有关的几件事值得一记：

一是石涛的兰花图。出生于桂林靖江王城的石涛，名朱若极，是明靖江王朱亨嘉的长子。崇祯帝亡，朱亨嘉于1645年自称监国，但很快就被推翻监禁，次年被缢杀，宦官带幼年朱若极乘乱逃出了靖江王府，辗转流落全州湘山寺，出家为僧，法名原济，曾住寺为僧21年。以后他辗转于广西、江西、安徽、江苏、浙江等地，到晚年定居扬州，石涛成为"清初四僧"之一，著名画家。"搜尽奇峰打草稿"，石涛形成自己苍郁恣肆的独特风格，画风新颖奇异，生机盎然。在湘山寺里的妙明塔旁，石涛留有石刻的兰花图，清晰可见，十分珍贵。

二是康熙的"寿世慈荫"。克服一天的倦意，在互相鼓励下我们一行全部登上湘山之顶。顶端的一块崖壁上，镌刻着清圣祖康熙皇帝御笔钦赐的"寿世慈荫"，字幅宽8米多，高2米多，用笔沉稳、凝练，字体雄健、丰润，整幅书体呈现出磅礴大气的魅力；系康熙五十二年敕赐。广西巡抚陈元龙指示于全州湘山寺为祝康熙六十寿诞筑建万寿宫，至康熙五十四年，将"寿世慈荫"恭刻于湘山石壁，具有极高的书法艺术价值，同时在一定程度上也反映当时的官场文化。

三是伍纯道的"妙明塔"。下山后，我们一同到心中仰望的妙明塔。妙明塔始建于唐代（861年），改建于北宋元祐七年（1092年），绍兴五年（1135年）宋高宗赵构赐名为"妙明塔"。妙明塔坐北朝南，是广西最古的寺塔之一。塔门上，中国著名书法家、我十分尊敬的老师伍纯道先生所题"妙明塔"三个大字，溢彩流金。相传伍纯道先生在写完"妙明塔"三字后，不久便疾发逝世，这是他的绝笔。听闻关于三个字的传说很久，但一直未来瞻仰，站在这三个字前面，会联想起伍老师生前书艺高古、为人厚道的很多事情，包括他送给我的墨宝及其反映他谦逊博爱的故事。

多年来，一直仰望湘山寺所包含的湘漓文化，今天对内涵有了进一步的理解。从湘山寺出来，天色已晚，接下来，晚餐时间已到，就要对湘漓文化中血鸭、禾花鱼、红油米粉等为代表的饮食文化用味觉加深理解了。

湘漓文化之永州行

第二天一早，我们从全州出发到永州，仅仅用一个多小时，开启湘漓文化之行的永州段。其实,全州、灌阳原属湖南管辖,明洪武二十七年(1394年),将全州、灌阳从永州府划出,归为桂林府管辖,因此,两地相距很近,文化、习俗几乎相同。

萍洲书院。到永州的第一站为萍洲书院。书院始建于清乾隆四年(1739年),自创建至今历时280多年。萍洲书院因建于萍洲之上而得名,因此,我们乘坐小船登建在洲上的书院。萍洲位于潇水、湘水交汇处,一上岸,抬头只见"潇湘"两字,对面水域开阔,四季澄碧,隔岸青山,旁生白鹭,碧波平阔,二水萦绕,气象清淑,意境幽远,好一派水上气象,此乃南国灵秀之地。大门有一副对联:"洞庭有归客,潇湘逢故人",此是南北朝诗人柳恽诗《江南曲》中的名句,为历代纪咏潇湘诗篇中最优美的诗句。萍洲书院的建筑格局,中轴线自北向南,有奎星阁、讲堂、中门、大堂、大门、门庭、影壁和长廊。经过多年的修缮,萍洲书院秉承唐宋以来的书院传统,将打造成国学基地,并开设国学、经学通论、史学通论、子学通论、集部通论、儒家学术通论、道家学术通论、佛学通论等系列国学课程。萍洲书院国学课程追求和保持学术的条理性、纯粹性,以子辅经,以学辅政,务于典雅,祈望文明,激励士风,贡献教育。萍洲书院立足于湘南历史、地理与文化特色,求九嶷与潇湘意象,求纯正而不求驳杂,求清幽而不求浮躁,求精湛而不求规模,求淡泊宁静而不逐一时之利。这倒是国学振兴的兴旺之地,不过不知何因,稀少的人流、孤寂的环境与其定位不太相适。

柳子庙。到永州,必到柳子庙。柳宗元(773—819),唐代著名文学家,唐宋八大家之一。没有柳宗元就没有今天永州的魅力。柳子庙是永州人民为纪念柳宗元而建的,始建于北宋(1056年),后经多次重建与维修,现存的柳子庙系清光绪三年所建。中殿气势高大雄伟,梁间悬挂"都是文章"的木匾。两边的木柱上刻的是清代杨紫卿题柳州柳侯祠对联:"才与福难兼,贾傅以来,文字潇儋同万里;地因人始重,河东而外,江山永柳各千秋。"贾谊、韩愈、苏轼、柳宗元四人都有才学,但政治命运相同,都被贬谪到偏远之地(长沙、潮州、儋州和永州)为官,文字表达了后人对柳宗元的敬仰与崇拜。柳宗元因参与王叔文的永贞革新失败遭贬至永州做司马,谪居10年,写下了《永州八记》《江雪》《捕蛇者说》等大量诗文,为永州传播声名做出了卓越贡献。元和十年(815年)春回京师,又出为柳州刺史,政绩卓著,在柳州4

年,其间(819年11月28日)卒于柳州任上。刘禹锡、白居易都是他的好友,柳宗元的作品由刘禹锡编成《柳河东集》。正殿后墙的石碑是"三绝碑",碑文为韩愈所撰,由苏轼书写,内容是颂扬柳宗元的事迹,此碑宋刻于柳州罗池,明刻于零陵柳子庙。此碑首句为"荔枝丹兮蕉黄",故又名"荔枝碑"。

  曾经多次到访柳州柳侯祠,多年前,好友在柳侯祠买了一本翟满桂教授著的《一代宗师柳宗元》送我,精心拜读,今天在柳子庙又见《一代宗师柳宗元》,我马上购之,一方面是敬仰一代宗师柳宗元,另一方面是怀念我深情厚意的朋友。我曾经拍了一幅摄影作品,也是我自己认为最好的一幅作品,取名为《独钓邕江春》,其寓意是来自柳宗元《江雪》中的"独钓寒江雪",那种悠远、空灵、苍茫、深邃、渴望……

  万寿寺。晚上我们入住永州阳明山上。阳明山林木茂密,山高水秀,环境幽美,气候适宜,景色迷人,是个天然游览胜境,也是一个难得的避暑胜地。柳宗元曾在阳明山下著有名篇《游黄溪记》。阳明山及周围,宋时建立了僧寺;山上的万寿寺,明嘉靖年间郑秀峰禅师二十九岁在阳明山坐化成佛,其身不朽,被皇帝封为七祖佛,常年吸引周边省县善男信女前来烧香拜佛,有"名山千古仰,活佛万家朝"之盛况。早上醒得早,出门一览,阳明山依然一片绿意盎然,盛夏时的晨雾更加浓厚,雾环绕的村庄,突现佛光奇景,佛教文化博大精深,仿佛隐藏在云雾环绕的佛光之中。

  龙家大院。从阳明山下山后,随小黄到他老家永州新田一走。在当地文化学者谢先生的陪同下,走访了位于永州新田县大冠岭上的龙家大院。古村落民居和古文化遗址至今保存完好。这些民居、古迹,地处风水宝地,设计巧妙,制作精良,气度不凡,神韵犹存。龙家大院三面环山,前有池塘,现存古民居60余栋,大部分为明末清初建成。房屋古朴大方、宽敞适用,街巷整齐规整。很有特色的是,每栋建筑门壁上都有一副对联,字体娟秀飘逸,含义大多蕴含追求恬淡自然、返璞归真之意。给我们介绍的是本村龙先生,是一个非常热心之士。能够将古村落保存得如此完美实属不易,除了政府主导外,更需要村民的用心、用力、用情。

  周敦颐故居。少年时读周敦颐《爱莲说》,中年知二程(程颢、程颐)理学,但一直未拜谒周敦颐故居,更没想到的是周敦颐故居湖南道县营道楼田堡距我老家灌阳是如此之近,仅仅数十公里,开车不到一小时。他著的《太极图说》《通书》开宋明理学之先河,他写的《爱莲说》千百年来被世人传颂。作为正统文化的儒家文化,发展到宋朝,出现了一个前所未有的高峰,也涌现出号称北宋"五子"的周敦颐、程颢、程颐、邵雍和张载等一批儒学大家。但对后人来说,周敦颐的《爱莲说》,短短百余字,字字珠玑,为人传诵。他所倡导的"出淤泥而不染,濯清涟而不妖"最为人所推崇。他所倡导的洁身自好的君子品德,广泛而又深远地影响着一代又一代的中国人,因此被称为"濂溪先生"。

道州濂溪书院系历代朝廷和士民为纪念理学鼻祖周敦颐而建。书院始建于南宋,是一座融学习、祭拜、藏书功能于一体的书院,规模宏大,气势非凡,历代贤人志士慕名拜谒者络绎不绝。1263 年,南宋理宗皇帝赐御书"道州濂溪书院";1687 年,清康熙皇帝赐御书"学达性天"。该书院曾数度修葺,但最终因多种原因不复存在。尽管天色已晚,我们还是参观了重建后的濂溪书院,建筑格局尚在,但历史文化遗迹和内涵不复了。暮色降临,炊烟袅袅,雾霭初起,我仿佛看见以儒家思想为代表的传统文化的复兴。

此次湘漓文化之行,让我有机会考察了湘漓文化的标志性的遗迹,重温了湘漓文化的内涵,也理解深受湘漓文化影响的自身基因。其一,从自然地理看,漓江与湘江都发源于桂林,数千年的经济、文化交流,使漓江和湘江两个流域融为一体,永州、桂林都处于"湘桂走廊"地带。其二,从历史沿革看,漓江流域所覆盖的桂林,与湘江上游所覆盖的永州,曾经有过长时间的行政一体化管理,决定了桂林与永州地缘相连、语言相同、习俗相近、性格相似的文化认同。另外,全州、灌阳所属的永州、桂林的行政管辖历史的变化,对于湘楚文化南传,起到了很好的作用,促成湘漓文化具有较强的地域性、包容性和多样性。其三,从区域文化看,湘漓文化处于江南与岭南的交汇地带,南方文化与北方文化的融合处,形成了丰富多彩的民族文化、信仰与风俗,两地的文化具有明显的同源同根性,共同接受了舜帝道德文化的熏染。我们一路上遇到的都是热情好客、豪爽侠义的"好人",从另外一个角度印证了湘漓文化对本土人性格的影响。

我想,这正是这次湘漓文化之行的注释吧。

黄姚的格调[①]

夜闻狗吠，朝听鸡鸣。一觉醒来，感觉是清晨五六点钟，一看钟，哇，九点半了。虽然外面是炎炎盛夏，在这里却有些"春眠不觉晓"的春意盎然。昨天来到心驰神往已久的黄姚古镇，品尝这杯千年古酒，顿觉心旷神怡、如痴如醉。

在一本书上看到过有人这样评价黄姚古镇："如同一本千年的诗集，被人遗忘在图书馆僻静的书架上，当人们不经意地走过，翻开这美丽的篇章，古朴而优雅的格调立即征服了人的心。"也许就是这"古朴而优雅"的诗集，使我对黄姚魂牵梦绕。因此，今年暑假忙完了公务，回桂林休假，我的第一个计划就是圆黄姚之梦、读黄姚之诗。从桂林自己驾车到位于昭平县的黄姚镇大约两个多小时，一路风光，大饱眼福。

等走进古镇时，赫然发现古镇处于群山包围之中，它属于典型的喀斯特地貌，有点像桂林的地形，一座座孤峰平地而起，山峰不高，但山岩雄奇，造型独特，十分秀丽。镇内有姚江、珠江和兴宁河三条小河，碧绿如黛、清丽秀美，蜿蜒环绕于青山脚下。这几条小河形成了自然的保护墙，缠绕着小镇，使古镇地理环境相对封闭。山清水秀，绿树成荫，传统的田园生活，清秀纯朴，真有点像世外桃源。

这是一个有九百多年历史文化的古镇，素有"梦境家园"之称。当人们走进这座古镇，穿过一道道石牌坊，走在青青的石板路上，无不被这里的小桥流水、大榕树、池塘、远山所吸引。这里的青石板、老房子都在诉说着一段

[①] 该文发表在《光明日报》2019年9月6日第16版。刊发时有删改，此处收录原文。

段历史和一个个故事,这真的好像被时代遗忘了的古城,生活在这里的人们受外面的世界影响不大,他们仍然保持数百年的民风和传统:淳朴和自然。可想而知,在这物欲横流的繁华世界,要保持这种淳朴、自然的民风需要多大的内聚力量和完善的传承价值体系。

古镇的午后,下起小雨,走在这古镇的石板街上,坚实、厚重而光滑,雨后的石板还泛着青色的光泽,干净、明亮,仿佛告诉你数百年古镇历史的沧桑。古镇有一条青石板铺砌的主街,另外还有几条小巷,相互连通,像一座迷宫一样,弯弯曲曲,四通八达。当然,那些仍保持着原貌的明清建筑,门面主街,青砖黛瓦,顿时会感觉到这座古镇昔日那一片曾经的繁华和喧嚣。

每户人家有两扇厚重、古朴的大木门,门坎是厚厚的青石。我在拍照时发现,每户门头有一阴阳太极图,据说古镇街巷迂回曲折的整体布局也为九宫八卦布局。这可能与古镇的文化信仰有关系。实际上,太极图作为道教的重要标志,千百年来,它以博大精深的内涵、千古永辉的义理,让人们对其寻根溯源、探赜索隐;古镇将它作为一种信仰,我想更多的是出于一种文化和心理上的认同。道教主张"天人合一""天道无为,任物自然",在人与自然关系问题上具有深邃的生态智慧,重视人对环境的依赖关系,倡导人们应该遵循天道,不要随意干预自然。我想,古镇之所以能够将人与自然结合得如此和谐完美,更令人钦佩的是数百年来将尘世间的纷繁干扰排斥在外,与古镇对道教清静无为,顺其自然的教化和信仰不无关系。

雨中漫步到古镇著名的兴宁庙。兴宁庙始建于明代万历年间,背靠隔江山,前向真武山,左有鼓乐亭。到这里,不期然发现有两大风景让人叹为观止。一是庙正中悬挂着清代举人林作楫所书的"且坐契茶"牌匾,左右侧书"别有洞天藏世界,更无胜地赛仙山"的对联,书法苍健浑厚,方折劲挺,格调非凡;据说牌匾已被收入了"中华名匾"。二是兴宁庙前有一名叫护龙桥的石拱桥,桥下小河穿流,河中有数条小船,由于下雨,停泊在拱桥旁,加上民居和远山作背景,岂不是又一幅"野渡无人舟自横"之水墨画。此情此景,一静一动,人文自然,令人动容。在纷繁的世界,"且坐契茶"的悟道境界,印证着古镇从容、清静、无争的心灵世界和民风民俗,同时,也道出了古镇人的儒雅风范。微雨淅淅,清风徐来,心旷神怡。站在这护龙桥上,抬头仰望着"且坐契茶",想着古人饮茶当歌的田园风雅;凝视着"舟自横"的自然山水画境,感慨着在这深山小镇,古镇文人有着这般雅士风情!其实,我真想在这里"且坐契茶",但遗憾的是,岁月剥蚀殆尽,古庙风华渐退,此刻避雨之众拥立,风雅之情不再。

黄姚的祠堂也是古镇的一大特色。各大姓都有自己的宗祠,充分显示出宗族的势力。古镇内现有各姓氏宗祠十一座,我到过梁氏、古氏、郭氏、吴氏等宗祠。宗祠规模雄伟、装饰考究,建筑风格大体一致,均采用砖石结构,门前都有石阶,大门两旁建有厢房,中间为天井,正面是安放先祖牌位的正座。吴氏、郭氏宗祠门前视野宽广,还建有水池和鱼塘。各氏族筹资兴建宗祠的最初目的是为了显示家族团结、增强凝聚力,求得人财兴旺、泽被后代。我认为,之所以古镇的民俗文化得以保持并传承,一方面很大程度得益于宗祠文化的形成和家族教育的传递,另一方面,同在古镇内,各氏族之间相互竞争、比较,促进了各氏族教育的良性循环,共同提高。也许,这正是祠堂文化的价值所在。

我所住的是一家古姓的家庭式旅馆,门前悬挂着端庄严谨的"直道可风"的牌匾,足以明示古家有着非凡的历史。果然,该店老板的父亲——年近七旬的古老先生,在晚上聊天时,跟我讲了他祖上的传奇故事:清乾隆年间,古镇的商业贸易十分繁华,但常常有土匪侵袭,本镇的古姓人家出了一个师爷叫古周,为人正直、作风刚正,深孚众望,带领全镇反击土匪侵袭,在一次与土匪搏斗中英勇献身。知府得知,亲自题写"直道可风"匾,并赐其家人,以示嘉奖。"直道可风"牌匾右侧书"敕授文林朗历任桂林柳州镇安敕授朗 知县",左侧书"周老古先生立"。古老先生模样精瘦,两眼有神,在讲述这段历史时,有种久违的兴奋。一块"直道可风"的牌匾,讲述着家族的光荣历史和为人敬仰的故事,是家族的骄傲,也是古镇的不朽精神。

夜深了,打着手电,在住店老板的引导下,我来到"仙人古井",在这里一定要洗一个澡——这完全是出于好奇和儿时的记忆。白天到这里时,看仙人古井的构造,十分独特,分两排由五口子井组成。各子井功能分工明确,互不相干:第一排的第一口井专供人饮用,第二口井是洗菜用的;第二排的三口井是洗澡、洗衣用的。古井有不少用水的妇女,边洗东西边聊天,笑声朗朗,互相说着总说不完的别人的故事。这让我想起儿时的很多相似的场景,在村头树下的男人们,在水井边的女人们,就这样交流着、传递着镇上村上的各种新闻和故事,一派诗情画意。因此,即便再晚,我还是来到古井边,光身跳进子井,一洗一个痛快。还想再找回儿时的感觉。可惜,自己不再是顽皮的小孩,身边也没有说着笑话、光着膀子的大人,有的是不知哪户人家的偶尔几声狗吠声,有的是一片漆黑和孤独……

　　黄姚,这一本千年诗集,我只翻开了几页,初读了几首,就让人心旷神怡、如梦似画,她离我那么近,却又是那么遥远,仿佛从来不曾靠近过她。但她那优雅、古朴而又自然的品格,使身在其中的我,就一直拥有着她。

2009 年 8 月 17 日写于桂林自然坊
2019 年 7 月修改于桂林

找回遗失的记忆

春节过后的桂林，还是有些冷。

长时间的阴冷天让人躲在屋子太久了。刚刚有些阳光，天气慢慢转暖，在冬天向春天过渡的时节，常常忽冷忽暖。知道这样的温暖时光不会太长，我赶快抓紧时间走出去享受一下阳光的沐浴。于是，相约几位同事和朋友游走桂林古镇——大圩和熊村。古镇美人，相得益彰，相映成辉！

熊村古镇

居桂林多年，对大圩不陌生。因此，我们改变了一下行程，先去与大圩古镇相隔不远的熊村；据说这是开发不久的"古镇"，最近几年才引起大家的关注。由于大圩的名气和它的"大"，使熊村的魅力淹没在其中，就像秀丽的山峰，只要周围有一座名山，它只能是一种陪衬。这样，熊村默默无闻地陪伴了大圩很多年，养在深闺无人识。

一进熊村，新、老街混杂在一起，在村民的导引下，才找到古街。古巷深深，刻满历史的痕迹和岁月的沧桑。古街居民人不多，有些游人在此寻古，居民也习惯于外人的行走。我总觉得，古街像一位安详的老者，忽然间，我们的到来难免惊搅了他，心中颇有些不安。据说，当年为缩短湘桂间商运时间，打通桂北和湘南而修建陆路商道，熊村是古商道上的重镇。古商道最兴盛的时期在明清，繁荣数百年，直到上世纪30年代，桂北和湘南随着铁路、公路的开通，这条古商道的功能逐渐淡化，但我们从街巷民居中依稀还可辨认出当年的繁华。

小巷两旁的民居,青砖黛瓦,拙朴简约,甚至显得有些破旧。昔日商贾云集、熙熙攘攘的繁华老街,如今关门闭户,人迹寥寥,清冷落寞,在此的居民大多数在外面有新房子,年轻人大多住入新房子了,真正在此居住的多数是上了年纪的老人家。古居再加上老人,更加显得古街在流逝的岁月中写满了历史的沧桑。安然古朴的老屋,暗色变朽的木门,幽光明亮的青石,斑驳陆离的墙壁,再加上冬日微薄的阳光,仿佛诉说着一种日渐没落的无奈和凄凉,独自怆然。行走在这安静古朴的街道上,反而让我心无旁骛,悠游其间。

街道两边摆放着农用打谷机、鼓风机、拖拉机,还有许多农具,甚至不时挂着衣物和过年做的腊肉,没有任何的刻意修饰和装扮,也没有为了迎接游人而摆卖的一些旅游品,一切都显得那么自然和协调,像一位慈祥、和善的老人,不需要华丽的衣着,额上的皱纹代表了他的一切。我们一路拍了不少照片,以老街老房为背景,青石道光亮而圆滑,青瓦房层层加叠叠,画面中美女更加美丽,古街更加古朴,摄影作品之美,彰显于摄影主体与背景的反差之美。

古街尽头有一间"湖南会馆",我想这正是当年湖南与桂北商务往来兴盛的重要标志。会馆一般是同省、同府、同县或同业的人在京城、省城或大商埠设立的机构,主要以馆址的房屋供同乡、同业聚会或寄寓。从本会馆的功用看,它主要是商用,同时也反映出熊村在当时湘桂商贸中的重要位置。实际上,会馆虽然是一些破旧的房子,里面却积淀着非常丰富的商贸交往的历史文化内涵。

古街还有一大特色,墙上过去特殊时期的标语和口号还清晰可见,这让我们从那个时代走来的人总有一种熟悉的记忆!这一切彰显着鲜明的时代烙印,这也许更能见证古镇的沧桑岁月和历史记忆!

越过一条街道到另外一条小巷,一座古朴的石拱门呈现在眼前,拱门上刻有一个带有历史痕迹的名字——"革命门"。入门后,可见一条小溪依墙穿流而过。小溪的水清澈见底,门前搭着青石板小桥,各家就在自家门前洗菜浣衣,有些江南水乡"小桥流水人家"的味道,同时也让我想起丽江古镇的建筑风格,颇有些相似之处。两边的房子,由当地黄泥制成的大方砖砌成,历尽无数雨雪风霜浸蚀,斑驳陆离,墙壁的泥灰已经层层脱落,好像祭奠着流逝的岁月。在一家门边,一位年近八旬的老妪在家里编织着草鞋,老人家眼睛明亮,声音洪亮,精神矍铄,端庄的面庞显示着年轻时必是美人一个,之前还见一位百岁老人坐在门槛上闲聊!忽然,一间老屋传来一阵爽朗的欢笑声,站在门外循声望去,哇,八个老人摆了两桌正在打牌呢,笑声和牌声交织不断,无忧而快乐着,顿时让我明白本地老人的长寿秘诀。

曲折迂回的小巷,依然是巷陌深深,幽静悠然。

我们静静走在小巷,抚摸着岁月留下的沧桑,感受着凝固的似水年华。斗转星移,物是人非,不禁感慨:古老的房子和川流不息的小溪见证了人世间多少的悲欢离合?

从熊村出来,呈现在眼前的是一片黄色的油菜花,犹如丝丝春雨,花黄叶绿,黄绿相间,饱满湿润,绿得可爱,黄得灿烂。油菜花的光鲜、华丽犹如秋天的菊花,让我想起黄巢的"冲天香阵透长安,满城尽带黄金甲"的诗句。一朵花也许过于单调,一大片的油菜花,满眼都是黄,天地之间都是黄,如金黄色的海浪,一阵阵微风吹过,一阵阵花香沁人心脾,你就会觉得别有风情和格外浪漫。特别是刚刚从古朴的小巷体悟过历史的沧桑,忽然间眼见一片华丽耀眼的黄花,顿时使人心情豁然开朗。同时,也会让自己觉得,冬天已经过去了,春天已经到了眼前。

大圩古镇

转眼到了中午,在大圩镇一家莫姓人开的酒家,品吃一道名菜——豆腐焖鱼,这是多年来凡是经过大圩镇的传统项目。饭后,当然要去外面的目的地——大圩古镇。

我们所见的大圩古镇,据史料记载,始建于北宋初年,兴旺于明清,鼎盛于民国时期,距今已逾千年,因此称其为千年古镇毫不为过。早在数百年前,大圩就成为广西的"四大圩镇"之一。关于广西的"四大圩镇"资料上有两种说法:一是为灵川的大圩、宾阳的芦圩、苍梧的戎圩、贵县的桥圩;二是为灵川的大圩、宾阳的芦圩、南宁的扬美、昭平的黄姚。后来,我专门查阅我敬仰的近代史大家钟文典先生主编的《广西近代圩镇研究》,更确切的说法为前者。至于后者的传说,我想主要来自于现在的古镇旅游开发,说其是广西目前的四大名古镇更为确切!又有民谣说:"一戎二乌三江口",意思是广西最著名最繁华的圩镇,第一是苍梧的戎圩,第二是平南的大乌,第三是桂平的江口。不过,不管是哪种说法,大圩是广西的"四大圩镇"之一就不用质疑了。

我们行走在这条青石板铺设路面的街道,只见沿江1公里左右,基本保持当年的格局和风貌,风格别具。青石板街路依旧古色古香,街区之间的隔火墙、沿街骑楼等,使沿街的古风依旧。街道上还有许多竹编作坊、草鞋作坊,草医诊室仍然开业,老理发店里生意依旧兴旺,一批古老的手工作坊仍然在作业。闲着无事的老人们聚一起闲聊,或是聚集在一起喝茶打牌,生活平静而又安详。看着古老的房子以及居民的生活状态,仍然给人以古朴、优美、恬静的感受。也许受商业气氛的影响,街边摆放了许多舶来的旅游工艺品和假古董,假的古董放在真的古镇里,多少显得有些滑稽。

来到漓江边,我才真正感受到明初解缙的《大圩》诗"大圩江上芦田市,百尺清潭万竹围,柳店积薪晨昏后,壮人荷叶裹盐归"的真正意境。据说,明清时,大圩已是南北商贾云集之地,更是著名的集市贸易的货物集散地,各种商行应有尽有;清为桂林东乡"水陆码头",各地商人在此均建有会馆,有广东、湖南、江西会馆及清真寺等。到民国初期,大圩已形成老圩街、地灵街、隆安街、兴隆街、塘坊街、鼓楼街等八条大街。但目前所剩的几条街道早已不见当年的繁华了。

站在万寿桥上,你可以看着这始建于明朝,重建于清朝光绪年间(1899年)的单拱石桥,位于马河与漓江汇合处,虽然桥面已经有些不平,仍雄跨镇南,桥体稳健古朴。特别是,在这桥上你才会真正理解大圩作为水路交通枢纽的意义。过去沿江有十多个码头,往东看,古镇与马河相接;往西看,古镇连接相思河;往北看,古镇邻漓江,连贯桂林、阳朔、梧州,上达湖南,下至广州,这正是"逆水行舟上桂林,落帆顺流下广州"。而如今,街道除了一些外地背包的旅行者外,再也找不到当年的商贾云集之繁忙景象了。岁月的流逝,不仅仅是时光和故事,还有一片片五彩斑斓的记忆。

古镇之所以吸引众多旅客,除了感受昔日的繁华外,还有这里古韵古香的老屋,雕龙镂花,飞檐挑梁,纵然风烛残年,破旧没落,却依旧让人沉醉和回味着它曾经的美丽。它像一首老歌,柔情的旋律让人幽静、温暖,让人感怀。经过的一家老屋门口,一只见多识广的小白猫在和煦阳光下享受着温暖,沐浴着冬日的阳光,惬意地安卧于门槛,我禁不住将镜头对准它拍了无数张,它睁大双眼直直地看着我,一点都不怕生,有如它栖身的老屋,显示着它那身经百年风雨后的一种淡定和从容,也许这正是古镇的魅力和性格吧!

如果说大圩古韵犹存,吸引着无数崇拜者对她顶礼膜拜;那么熊村幽静古朴,势必为后来众多寻根者所痴痴追求。

我喜欢大圩的古韵,更爱熊村的幽静!

2010 年 2 月于桂林自然坊

感受恭城文庙

我们家保持多年的传统,每年暑假,一家人都要到阳朔小住几日,今年也不例外。与邻居家一同小住阳朔一家叫碧玉大酒店的宾馆,窗外是一片绿色田野,远处轻烟缭绕,群山尽碧,好一派迷人的田园风光。在阳朔期间,飙骑单车,戏游高田,闲逛西街,独品咖啡,观看"印象·刘三姐",漂流龙颈河,共享啤酒鱼。虽然是每年的传统节目,但仍然是那么尽情投入,享受桂林这大自然和独有人文带给我们天然单纯的快乐。

除了在阳朔的传统安排外,今年我们还增加了一个项目,就是谒拜恭城文庙,因为女儿乔林和一同成长的同学张天白过了暑假就是高三了,明年就要参加高考了。人们说,高考前作为一种成人礼应该谒拜文庙(即孔庙),同时,作为一种期盼,或者作为一种文化旅游,或者就凭恭城文庙是中国的四大孔庙之一这一品牌,也应该带他们去看看。

在中国公认有四大孔庙:一是孔子的故乡山东省曲阜市孔庙,始建于公元前478年(即孔子去世后的第二年),是中国建立最早、规模最大、建筑成就最高的孔庙,我在2002年夏天去孔庙谒拜过;二是北京孔庙,始建于1302年;三是台湾的台北孔庙,始建于1879年,据说是台湾最宏伟的古代建筑;四就是我们桂林恭城孔庙。

其实,恭城孔庙就在我们老家灌阳的隔壁县,我的出生地距恭城就几十公里路程。记得第一次到孔庙是上世纪90年代初,陪时任广西师范大学副校长、知名教育专家郭道明先生到恭城看望实习生顺道参观,这一晃将近二十年过去了。

我们一大早从阳朔驱车到恭城,用了也就一个多小时。文庙位于县城内西山南麓,前往参观十分方便。文庙,又称学宫,是祭祀孔子的祠庙。据资料记载,唐贞观四年(630年)各州县普遍建立了文庙。恭城文庙创建于明永乐八年(1410年),原址在恭城县城西北凤凰山,明成化十三年(1477年)迁至县西黄牛岗,嘉靖庚申岁(1560年)又迁至现址西山,清康熙九年(1670年)毁于兵燹。道光二十二年(1842年),由于原庙室规模小,官府派遣王雁洲、莫励堂两位举人到山东曲阜参观孔庙,以曲阜孔庙为模式设计绘图,筹集巨款,并从广东、湖南等地请来工匠重建,历时两年余始告竣工,成为当时广西最大的孔庙。我想恭城文庙之所以成为全国四大孔庙之一,不是在于她的规模之"大",而是在于她传承曲阜孔庙之"正"。清咸丰四年(1854年)又毁于兵燹,十一年(1861年)重新修复。以后曾修葺二十多次。1963年广西区政府拨款维修,并列为省级重点文物保护单位。所幸的是,"文化大革命"十年对恭城文庙虽有破坏,但破坏程度远低于曲阜的孔庙,也许这正是由于位于小城边缘或者乡民淳朴等缘故吧。其实,从文庙的发展变迁可以看得出各个时代对文化教育的重视程度和一些政治烙印。

我们一行来到文庙,先在文庙外面看其整体布局。文庙坐北朝南,依山而建,逐层布置,背靠印山,俯视茶江,显得庄严肃穆。大门两边墙上分别写有"仁""礼"两个大字,这体现了儒家的核心价值。由两边耳门出入,东向门叫礼门,西向门叫义路,门外立禁碑一块,上刻"文武官员至此下马",以示孔庙的庄严。历代的文武百官哪怕他位高权重,在这里必须有一颗恭敬之心。我不禁感叹今日不少"公仆",自以为是为民做主的"父母官",对老祖宗起码的敬畏之意都没有了,这正是我们的文化缺失。

正面是照壁,以前大门是不能开的,据说等有人中了状元,才在照壁中间开大门,称状元门,只有状元才能从大门步入棂星门。今日,有幸入状元门,即见棂星门。棂星门相传是汉高祖命祀棂星而移用于孔庙,以尊天者尊孔为本意。该门全部以青石砌筑,上面刻有"棂星门"三个大字,还有双龙戏珠、双凤朝阳等浮雕。棂星门的六根大石柱顶端有六只小石狮,它们互相窥视着,十分生动有趣。我记得曲阜孔庙的"棂星门"的建筑风格与这里的差不多。过了棂星门就到了"月池",它周围以青石为栏,有石拱的"状元桥"跨过池面,意为状元才能通过。桥面有一块刻有云纹浮雕的青石,为"青云直上"之意。由棂星门步上两层平台,便是"大成门"。大成门由十一扇组成,木质结构,门扇上镂空的花鸟虫鱼雕刻,栩栩如生。大成门东面是名宦祠,西面是乡贤祠,是供奉历代先贤、先儒的地方。大成门后面有宽大的平台,叫"杏坛",是孔子讲学的地方。杏坛之上是"大成殿",为文庙的主体建筑,有砖柱十根,木柱十八根,大门十四扇,门窗、檐口均饰以木雕。屋面飞檐高翘,重檐歇山,脊施花饰,泥塑彩画,琉璃瓦盖,金碧辉煌。大成殿正中的神龛是供奉孔子灵牌的地方。大成殿之后是"崇圣祠",是供奉孔子祖先的殿堂。崇圣祠与大成殿在建筑构造上也十分讲究。

大成殿旁边,有一块"高考英才录",上溯半世纪恭邑学子考上清华、北大的有38人(1955—2007年),作为边城小县,取得这样的成绩的确不易。作为邻县的我,也早知恭城的高考录取率稳居桂林各县之首多年;当年我们的中学老师在课堂上曾号召同学们发奋努力,将赶超恭城作为其高考追求的目标。

今日面对文庙有无限感慨。恭城有历代重视文化教育的优秀传统,文庙就是一种象征和标志,它是恭城人心中的一种精神寄托,也是恭城历代文人追求功名、建功立业的梦想之地。

我们从文庙出来,当然要到位于右侧的武庙。

恭城文、武两庙东西同处一地,据说这种格局在全国都是绝无仅有的。相传恭城的先民之所以要将文庙、武庙各建在左、右两边,是因为在中国古代传统观念里,左为东、为阳,故为文庙,以示崇文;右为西、为阴,故为武庙,以示抑武。而文庙与武庙之相依相傍,又表示阴阳相合,文武相成。既崇文,又尚武,先文后武,充分体现了中华民族的文化精神。我想,文、武两庙将印山分二脊,左文右武,浑然一体,相得益彰,这也符合中国传统文化中的生态理念:生态才会和谐,和谐才能持续。

参观完文、武两庙后,女儿乔林问我:老爸,为什么平时从没听你说起过恭城文庙的故事呢?这正是我感到羞愧的地方,虽生于邻县,久居桂林,真正了解恭城文庙文化内涵和历史变迁却始于今日,不禁汗颜。

2009年8月6日写于桂林自然坊

漫谈唐景崧[①]

很早就想写一写我的同乡唐景崧,这不仅仅缘于一般意义上的同乡关系。我的出生地距唐景崧的老家仅2公里,外出总是经过他家门口。因此,在我很小的时候,唐家"同胞三翰林"的美誉和唐景崧抗法抗日的事迹就已在家乡代代相传,我早已耳熟能详。随着年龄的增加,外出求学视野的扩大,我对唐景崧的了解越来越多,尽管历史上对他有不同的评价,但他抗日名将的名声早在民众中传播。听说,近年唐景崧的故居进行了一番修缮,我一直想找时间和机会回去看看。

拜谒故居

2009年清明节,我回老家祭祖,路过唐景崧的老家——灌阳新街乡江口村,心想不如趁此机会去唐景崧的故居走一走。唐景崧故居所在的江口村,俗称"老街"。此地是三江(马山江、安乐源江、灌江)汇流之处,交通发达,从前老街便是全乡的农产品交易集市。在我儿时的印象中,街道两旁是林林总总的小店、商铺,热闹非凡,一派繁华景象。如今,虽然繁华不再,但那一座座或好或缺、古朴雅致的古建筑,依然散发着历史气息,更铭刻着那遥远时代的光阴与记忆。

几年前,曾有新华社记者报道了唐景崧故居因保护不力,年久失修,墙体和房柱严重破损的状况,呼吁有识之士维修和保护宝贵的历史文化遗产,

---

[①] 该文以《秋风万里送南征——漫谈唐景崧》为题发表在《文史春秋》2020年第9期。

很快便引起反响,灌阳县政府和唐家后人共同出资修缮了故居。修缮后的故居恢复了原有的基本格局,但我仍然为故居多年来未获重视而感痛心,同时,也为它的历史价值尚未完全被挖掘出来为世人共知而深感遗憾。

唐景崧故居始建于清康熙年间,占地400多平方米。入大门后,为大堂屋,有上堂屋和下堂屋之分,当地有上下堂屋结构的房屋一般为大户人家;中间有一个天井,平日用于采光,下雨为排水之用;两边房屋为砖木穿斗式结构,梁、枋、门楣等均雕刻精美的人物故事及龙凤、花草、虫鱼图案,为桂北传统民居的建筑风格,具有一定的历史、艺术、科学价值。

由于刚维修不久,屋内的木梁新旧交叉,新的过于显眼,缺乏设计和修饰,有些粗糙;故居门廊的石柱和旧的门楣雕刻倒是原有的,设计得十分精美。屋内墙上挂着唐景崧的生平介绍和他的一些诗稿,还有难得一见的一张照片。

唐景崧,1841年出生,祖父唐廷植是清朝道光年间的贡生,父亲唐懋功是咸丰年间的举人,但从来没有做过官,在家乡当一名私塾先生。唐景崧小时候就没有了母亲,他和两个弟弟、一个妹妹与父亲相依为命。祖父唐廷植和父亲唐懋功被桂林燕怀堂老板王云飞请去桂林为其子弟教书,于是唐景崧兄弟3人便跟随父亲一同来到桂林。唐氏三兄弟寄人篱下,明白生活不易,便发奋苦读。1861年,唐景崧参加广西乡试,一举考中头名解元;1865年,考中进士,并在朝考中被选为翰林院庶吉士;3年后任吏部候补主事。之后唐景崧在此任上15年,默默无闻,尽管做的只是一些打杂的小事,但他并没有因此意志消沉,他相信机会总是留给有准备的人。

抗 法 大 捷

第二次鸦片战争后,1882年4月,法国侵略者进攻越南,再次占领河内,染指中国西南边境地区。顿时朝野震动,举国激愤。唐景崧这年虽已41岁,但一直立志"修心、齐家、治国、平天下"的他终于站了出来,向朝廷请缨,以"绥藩固圉"为题写出六千多字的说帖。唐景崧诗道:"狼星悬焰自西方,又见烽火到雒王。可有大力平敌寇,已无神弩出安阳。何人更下求秦策,说客将治使越装。宣是唐衢轻痛哭,乡关消息近苍黄。"

广西与越南毗邻,因此熟悉家乡情况的唐景崧不失时机地向慈禧太后上折提出建议。他认为,朝廷可以资助和招安以刘永福为首的打着黑旗旗号的反清义军(当时黑旗军为了避开清军的围剿已进入越南活动),用这支黑旗军与法军作战,使清政府保持决策的主动性。同时,唐景崧向清政府毛遂自荐,前往越南招抚刘永福,此议得到慈禧首肯。1883年年初,唐景崧奉命抵达越南,成功招安刘永福,并说服其一同抗法。唐景崧参与指挥战役,两人并肩作战,带领黑旗军取得大捷。1884年中法战争爆发,唐景崧奔走于援越桂军、滇军、黑旗军和抗法越军之间。刘永福与唐景崧配合,在抗法战争中起了重要作用。同时,唐景崧受两广总督张之洞派遣,将已退隐的老将冯子材请出山领兵上阵,取得了镇南关大捷;之后又与云贵总督岑毓英联手,取得了临洮、宣光大捷,中法战争取得胜利。后来,唐景崧以日记的形式,将自己1883年至1886年在越南协助刘永福抗法、广西关外守边、镇南关进攻法军等事迹记录下来,结集为《请缨日记》。

拒奉朝命

因在中法战争中有功,唐景崧被清廷授予"赏花翎,赐号霍迦春巴图鲁,晋二品秩,除福建台湾道"。唐景崧到台湾任职之初,办书院、兴科举,倡导修铁路,发展生产,教化台南当地的少数民族。1891年唐景崧升任台湾布政使(相当于掌管财赋、民政的副省长);1894年10月署理台湾巡抚,相当于总揽行政、军事、监察等大权的省长。唐景崧任职之时,1894年7月爆发的中日甲午战争已开战两个多月。1895年清军惨败,4月清政府与日本签订了卖国的《马关条约》,将台湾及澎湖列岛割让给日本。

清政府的卖国罪行,激起了全体台湾人民的愤慨。唐景崧坚决反对割台,他7次致电清廷,表示"台湾属倭,万众不服""桑梓之地,义与存亡,愿与抚臣誓死守御,若战而不胜,待臣等死后,再言割地""割台,臣不敢奉诏""天良未泯,甘蹈危机,万死不悔"。但是,腐败无能的清政府回电训斥唐景崧:"台湾虽重,比起京师则台为轻。"5月18日,清政府派李鸿章之子李经方为割台特使前往台湾办理交割事宜,并谕令"署台湾巡抚布政使唐景崧着即开缺来京陛见。其台省大小文武各员,并着饬令陆续内渡",唐景崧拒不奉命。

倚靠清政府保台的希望彻底破灭,为反对日本割占台湾,台湾士绅提出了台湾独立的主张。1895年5月23日,台湾士绅丘逢甲等以全体居民的名义发布《台湾民主国独立宣言》。5月25日,"台湾民主国"在台北宣告成立,推唐景崧为"总统",刘永福为大将军,丘逢甲为义勇统领,国号"永清"。当天,唐景崧致电清政府报告就任"总统"之缘由,并"俟事稍定,臣能脱身即奔赴宫门,席藁请罪"。就任"总统"后的唐景崧立即与刘永福一道率全岛军民共同抗日。唐景崧对台湾的防务重新部署:他自己率兵驻守台北,并分兵把守各海口要隘。虽然台湾义军英勇奋战,但是敌我实力悬殊,又孤立无援,6月3日,日军攻陷基隆。唐景崧等人退到沪尾(今淡水),乘德国籍轮船弃职内渡厦门。刘永福统率防军与台湾义军继续抗敌保台,尽管英勇奋战,但到该年10月,台湾全岛还是落入日敌手中。见大势已去,刘永福搭上英国商船"迪利斯"号内渡厦门。从此,台湾开始了长达50年的殖民地时代。长期以来,后人对唐景崧不同的评价主要在于他关键时刻的选择,尽管如此,他本人的民族气节、英勇抗战的精神受到肯定。他最后未一直坚守,这也与当时孤立无援的境况、清廷不断施压有直接的关系。这从唐景崧《请缨日记》中关于拒奉朝命的记录可以看出,在朝廷对台湾割让放弃之际,他顶住压力,组织民众抗争,孤立无援之下仍奋力保国土完整,他的爱国情怀、抗敌事迹值得肯定。

桂 剧 之 父

清政府割让了台湾,唐景崧自然也失掉了"巡抚",还因为抗旨被追究罪责,免掉了公职,悻悻地回到家乡桂林。对国家命运心灰意冷的唐景崧,为摆脱烦忧,便请来戏班,终日闭门听戏消磨时光。他仿照在京城看京戏的样式建起了戏台,办起名为"桂林春班"的戏班,并亲自指导桂北的地方戏和皮黄腔戏相融合,他将这种南北戏剧融合的新剧称为"桂剧"。唐景崧闲暇之时还为"桂林春班"撰写了《看棋亭杂剧》等剧目。

桂林榕湖畔五美堂别墅建好后,唐景崧便与"桂林春班"一起迁进五美堂别墅,当起了寓公。岑春煊、康有为等志同道合者是五美堂别墅的常客。

五美堂别墅里搭建有"看棋亭"和戏台,戏台上有唐景崧的自撰联:"眼前灯火笙歌,直到收场犹绚烂;背后湖光山色,偶然退步亦清凉。"此撰联如实反映出了唐景崧对往事的复杂心态。政治上的不如意,促使唐景崧回乡后寄情于文化方面的发展,"桂剧之父"的头衔也确立了他在广西文化史上的地位。如今,在桂林榕湖畔的五美堂旁,立有唐景崧的铜质塑像,以纪念他对广西桂剧发展的贡献。

1898年戊戌维新运动兴起,亲历了割地之辱的唐景崧亦希望国家变法图强。1895年和1897年,维新运动领袖康有为两次到桂林讲学,宣传维新变法,唐景崧与康有为、岑春煊一起创办"圣学会"和《广仁报》,设立广仁学堂,宣传维新思想,开风气之先,对广西政界、学界都产生了重大影响。

唐景崧还同时担任起桂山书院和榕湖书院的山长。桂山书院位于叠彩山东南麓,建于清代道光年间,是当年广西的最高学府,专门培养举人,又称作孝廉书院。唐景崧任该书院山长期间,康有为两度来桂林,到书院讲学,传播维新变法思想,讲授今文经学,介绍西方文化,有力地推动了广西政治、文化和教育的发展,促进了当地社会的变革和维新。康有为还将其在书院的讲稿汇成《桂学答问》,其影响深远。

榕湖(经古)书院于道光年间由广西布政使郑祖琛创建,授课内容专为经古文辞,因此被称为经古学院,后又由于该书院选址于榕湖畔,也被称为榕湖书院。1872年榕湖书院搬迁到桂山书院内部,与桂山书院一起办学讲道。清末时期,榕湖书院更名为桂林公学,即桂林中学的前身。因此,唐景崧为桂林地方的文化教育事业倾注了心力,做出了积极的贡献。

兴 办 新 学

近代民族危机的加剧促使中国知识分子认识到兴办新学、培养人才以振兴国势的重要性,全国新学兴办已是大势所趋。国内其他省份先后建立起新式学堂,在众多乡绅的呼吁和各界人士的推动下,桂林新式学堂的筹办稳步进行。1899年年初,广西巡抚黄槐森"改桂林经古书院为体用学堂,招收学生百余人",以倡导"中学为体,西学为用"为理念创办了"广西体用学堂",聘请唐景崧主办学堂堂务(即校长),唐景崧在资金筹措、筹备工作方面为体用学堂的创办做出了积极的贡献。

办学之初,唐景崧改变了传统书院式教学的方式方法,添加了西学课程;他还兼任体用学堂中文总教习,用亲历的中法、中日战争为例激励学生奋发图强、立志为振兴国家效力。清末广西体用学堂开创了广西新学之先河,培养了一批近代中国的杰出人才,例如广西大学校长马君武、国民党元老邓家彦等,两人于1899年考入广西体用学堂读书,是该学堂培养出来的优秀学生。

唐景崧主持广西体用学堂两年多时间,是开启广西近代教育事业的有功之臣,"是为广西有现代教育之始"。

历 史 掌 故

谈到唐景崧,与他有关的另外两个故事就不得不说:一是唐家"同胞三翰林";二是他与史学家陈寅恪的关系。

唐家"同胞三翰林"的故事一直是我家乡人教育后代的美谈,也是家乡人民的骄傲。

清朝时期,考中进士,被皇帝钦点为翰林,是广大读书人梦寐以求的事情,尽管人人都为此寒窗苦读,但想要获此殊荣也相当不容易。从秀才、举人、进士一路考过来,犹如千军万马过独木桥,哪怕考中了进士,在殿试中表现不佳的考生,也无法被皇帝钦点为翰林。当时随父亲到桂林读书的唐景崧、唐景崇、唐景崶三兄弟先后考中进士,并分别都被钦点为翰林,成为广西唯一的"同胞三翰林",创造了广西科举史上独一无二的奇迹,名噪一时。除了唐景崧24岁时考中进士被钦点为翰林,二弟唐景崇(1844—1914),在27岁时考中进士,选为翰林院庶吉士后授编修,历任吏、礼、兵、工部侍郎,浙江、江苏学政,学部尚书,游(留)学生廷式阅卷大臣,内阁学务大臣兼弼德院顾问大臣等。唐景崇任职学务大臣时,是13名内阁大臣中仅有的4名汉人大臣之一。民国时期又担任清史馆总纂,著有《新唐书注》《新唐书刊误》等。三弟唐景崶(1853—1884),同样在24岁时考中进士,殿试中的成绩非常好,是二甲第四名,选为翰林院庶吉士,后官至北闱同考试官,可惜31岁时英年早逝。唐家三兄弟,皆好学上进,学有所成,家乡人都以"同胞三翰林"为学习的榜样和骄傲。

说起唐景崧与史学家陈寅恪,他们还是亲戚关系。唐景崧之孙女唐筼是史学家陈寅恪的妻子。当年,胡适的父亲胡传曾在台湾与唐景崧共事,也曾一同抗击过日本对台湾的殖民侵略。于是1931年,陈寅恪请胡适为其岳祖父的遗墨题诗。胡适便欣然写了一首《题唐景崧先生遗墨》:"南天民主国,回首一伤神。黑虎今何在?黄龙亦已陈。几支无用笔,半打有心人。毕竟天难补,滔滔四十春!"

  参观完唐景崧故居,不禁想起他"秋风万里送南征"(唐景崧诗)的意气风发以及他那坎坷而不凡的一生。当天刚好是清明节,从清晨至中午,一路和风细雨,我行走在泥泞的小路上,远看烟雨弥漫的山野间,心中颇感快意,像雨中的空气一般清凉,因为这一趟故居之游终于一偿了我多年的愿望,真正了解了家乡先贤的故事和拜谒了"三翰林"的出生之地。

家族教育的文化考察[①]

桂林有许多具有历史文化底蕴的古镇,其中灵川江头村就是一个具代表性的古村落。

从桂林市到灵川江头村并不远,大约32公里。上次到访江头村是五年以前的事了,那次是几个朋友带着孩子来这里进行"传统教育"。一晃五年了,这次来访江头村算是公务,陪同来访的有市教育局、灵川县政府官员。考察江头村是为了了解本地的乡土教育历史,接待我们的是村里的"文化名人"老周。

对江头村的历史早就有所了解。江头村辖于灵川县九屋镇,位于漓江上游的护龙河畔,风光旖旎,田园富庶,民风淳朴,英才辈出。

今天刚好下点小雨,下午四点钟,我们一行才到村里。在村口,远远望去,古朴典雅的民居静卧在烟雨之中,看来桂林除了美丽的烟雨漓江外,还有藏在闺中的烟雨山村。据介绍,全村180余座房舍,600多间全是清一色的明清古民居。在村里随处可见的是青砖灰瓦、杉木结构的房屋,屋檐层叠、雕龙镂花、古色古香、飞檐挑梁。我特别注意到,每户的门头,都有八卦的图案,圆方不一。

在村头的周氏家族祠堂——爱莲祠堂,我们了解到,据《灵川县志》和江头村族谱记载,明洪武元年,北宋著名哲学家、理学创始人周敦颐的后裔从湖南道县迁到这里居住,距今已有640多年的历史。在祠堂的正门有周敦

[①] 该文以《家族教育曾经的辉煌——桂林古镇文化考察》为题载《广西日报》,2011年10月14日。

颐的《爱莲说》。爱莲家祠，兴建于清光绪八年（1882年），它是以周敦颐的传世名篇《爱莲说》命名的，建筑风格淡雅、古朴、简约和实用。爱莲家祠的建筑结构有：风雨亭、大门楼、兴宗阁、文渊楼和歇憩亭。老周还特别比划，大门楼内的两边厢房窗棂上雕刻有镂空的儒家经典，右边刻"的秀、亲贤"，左边刻"敏事、慎言"，这些都是家传的教育思想和家训。

在祠堂里还有一个比较简陋的展室。据介绍，从清代嘉庆年起的一百年间，江头村共出庶吉士13名、进士8名、会试贡士8名、举人31名、国子监36名、秀才上百人。此外，江头村出仕168人，一品官4人，二品官4人，五品以上官员37人，其中知县21人，在京城任职14人。如吏部主事周瑞琪、户部主事周廷揆、礼部主事周绍德、刑部主事周绍昌、兵部卫千总周廷召等。祠堂有"周氏家族功名表"，清清楚楚地列出各家的祖先，是哪个朝代的举人进士，做了什么官。但遗憾的是，这些家族名人为官为学的政绩、成就没有更多收集，只是一些传说，缺乏其丰富的文化和政治内涵。

老周特别向我推崇的是几块诰封匾。从江头村走出去的为官之人，忠君爱民、廉洁为官。在明清两代，受皇恩诰封的人员达数十人。至今，村中很多人家仍保存有诰封匾、诰封碑等。该村进士出身的周冠在任汝宁知府四年间，断案数百起，无一冤案，被百姓称为"周青天"；进士出身的周启运在任江宁盐巡道兼江宁布政使时，"兴农事，除水患，重教化，修义学，捐薪俸，救良民"，被清大臣林则徐称为"循良第一"；举人周启稷，一生曾任6个县知县，两袖清风，执法如山，每到一县均留下好的口碑。

村里的明清建筑风格保留得十分完好，没有被破坏，卵石铺的村道，雨后清晰，干净整洁。村里仍保留着"秀才街""举人巷""进士楼""方圆古井"等古迹。人们依然生活在幽静、古朴的村庄里，过着他们自然的生活。

我不禁感慨，一个小山村，在百年间，通过科举考试，出那么多进士、举人，还有那么多出仕之人，而且位高权重、廉洁为官。这的确是一个奇迹，也是一个独特的文化现象。考察江头村周氏家族的历史，我认为有两方面因素值得探究。

一是家族教育。族中立有严格的《周氏家训》，坚持"族规治家、施行笞罚"和"规行矩步，奉莲指教"的宗规家法，要求族人为人正直，当官清廉。家族自古把读书看作是一件很神圣的事，例如在村头河边，有一座古"字厨"

的塔,下面有炉膛,凡是村里学童习字做功课用过的废纸都不能随便丢弃,要放进字厨里焚烧,将读书看作是一种神圣的仪式。同时,家族形成一种风气,要使家族长盛不衰,就要走"学而优则仕"之道,因此,周氏家族不倡导购置田产留后人,而是兴办教育。同治十二年癸酉科举人周永(曾任河南原武县、山东即墨县知县)和其弟周廷绶,在江头村创办了"通致""中正"和"蒙正"三所学堂和"进化""保粹"两所义学,并请地方名流专教授族中子弟,购买大量诗书充实江头"爱莲书院"。这些义举直接影响着家族学风和民风,同时,规范的家训也确保了这种家族学风的延续、传承和发展。当然,这一切得益于科举考试的制度保障前提下。

二是家族文化。一个家族的兴旺发达,除了取决于重视家族教育外,还有长期形成的家族文化。在长达几百年的历史长河中,周氏家族始终遵循先祖遗训,盛行教化之风,秉承周敦颐《爱莲说》中莲花"出淤泥而不染"的高贵品格,创造出独具特色的江头周氏爱莲文化。可以这么说,《爱莲说》就是周家的"圣经","出淤泥而不染"就是家族文化的核心思想,以莲花的"品性高洁"作为思想和行为的追求目标,影响着一代又一代的人。村中所谓"父子进士""父子庶吉士""父子翰林"的佳话,所谓"一门两进士""四代四举人""五代五知县"的美谈,这些无不受这种家族文化的核心思想影响和熏染。同时,清白做人,廉洁为官,也形成了世代传承的家族风尚。周氏家族后人周昱麟认为:"出淤泥而不染,濯清涟而不妖"是《爱莲说》的主旨,"莲"与"廉"同音,是周敦颐借歌咏莲花以抒发高尚清白的君子情操。因此,周氏家族的入仕族人之多、为官做事之廉,无不深受其特有的家族"爱莲"文化之影响。

老周告诉我,近百年来,家风、家训依旧,但辉煌不再。特别是近几十年来,在外工作的族人不少,但取得大成就的人不多,更难与先人相比了。从老周的口吻中不难听出,家族昔日的风光不再,过去的辉煌日渐衰落。

我认为从历史和社会角度分析,有其深刻的原因。一是科举制度的废止,1905年,晚清政府将在中国实行了1300多年的科举制度正式废止后,中国文化、教育之根发生了重大位移,出现了文化和教育断裂,原有依赖科举制度建立的教育内容、教育体系、选拔制度等不复存在了,长期形成的家族教育、家族文化虽然还在,但缺乏了传承的传统渠道和内在动力。特别是,后来建立的仿西式学堂,其教育内容、教育方式与科举制度下的教育完全背离,更使得百年形成的家族教育体系土崩瓦解。二是近几十年来政治和教育变化巨大,经过教育要为政治服务、教育以分数为唯一标准的高考制度等,我们的学校教育已经进入扁平化、无个性的时代,个性人才、创新人才在这种教育制度下难以突出。再加上,现代教育不太重视家族教育,良好的家规缺乏传承的氛围,随着社会的开放、外界信息的侵入打破原有相对封闭的家族教育体系,原有的家族教育优势不再。社会和教育制度的变迁,一下子将引以为自豪的数百年形成的家族教育传统拉回到与邻村一样的乡村教育。三是"文化大革命"期间对社会精英的打压,江头村出去的精英在"文化大革命"期间不同程度地受到迫害,以至于有些人多年不敢回村,在这种社会变迁下过去的家族优势荡然无存。因此,江头村人才辈出、成就辉煌的过去随着时代的变迁和历史的演进,将不可能重现了,我不知道这是中国教育的进步还是悲哀!

最后,老周带我们来到村头的大树旁,面对这一条清澈见底的小河和上面的小桥,他声色并茂地吟道:"枯藤老树昏鸦,小桥流水人家,古道西风瘦马。夕阳西下,断肠人在天涯。"这不是马致远的《秋思》吗?老周开玩笑说诗写的就是这里。我仔细一看这场景,的确有点诗中意境:冷清的古树,清澈的小溪,溪上的小桥,就差"西风瘦马"了。从村里走出去的人,路漫漫其修远兮,官宦仕途将如何?功名利禄,仕途艰辛,思乡之情,难耐凄凉。漂泊的流离,离乡的落魄,不正是文人出道的真实写照吗?

不觉到了傍晚,这时村里不时响起鞭炮声。老周告诉我,今天刚好是周氏家族村里的传统节日——"姑娘节"(农历五月十四)。

离开江头村时,已是炊烟升腾。雨后乡村的缕缕炊烟,既随风而动、清晰朦胧,又淡雅苍凉、矜持幽静。它让我回到儿时的记忆,领略到一种久违的宁静和淡淡的忧伤。

● 行在途中

看海听海品海（2011.7）

　　看海、听海、品海，人生将会有很多机会在不同地方与海相拥，在看海中拓宽自己包容大气之心，在听海中修炼自己平和宁静之意，在品海中吸纳大海深邃睿智之情。

享受孤独

  这几天的南宁不像冬天,连续下了几天的雨,空气有些潮湿,有点像桂林的春天。

  夜深了,寒夜孤寂,窗外雨还淅沥沥地下,好像老天爷在赶着过冬、尽快入春似的。不觉,到南宁已两年多了,像这样关门听雨声、孤灯伴天明的夜晚也不记得有多少了。

  记得初到南国时,在一个夜深人静的初秋夜晚,曾经听过一首曲子叫《Classic River》,让我难忘和感动,至今回味不忘。自己五音不全,更谈不上品乐,但第一次听到那幽雅而又缥缈的声音,像来自天国的乐章,让我瞬间感到震撼。曲调带着淡淡哀伤、透着沧桑,似乎是悠远而又深刻的记忆!反复听着听着,慢慢地好像读懂深藏心底的那份孤独和寂寞……当时,我还发出感慨:"想想未来,会有多少心灵漂泊的日子?日夜'风餐露宿',在凄美而缠绵的旋律中'饮尽那份孤独'!"记得我在与学生交流的"博雅论坛"上曾写道:人总有孤独的时候,当你一个人夜深人静的时候,我推荐你去听一听《Classic River》,或许你会找到另外一种感觉!很多学生听了后说有同样的感受。

  这首曲子,一直放在我最喜爱的歌曲文件夹里,伴随着我多少个日日夜夜。随着日子的变化,对曲子的感受也在变化,最初体悟到孤独、凄美,到后来感受到的是宁静、幽雅。其实,对音乐的感受是一种主观的体悟,不同的心境会产生完全不同的韵味。

  有人说,孤独是一种状态,寂寞才是一种境界。我却认为,寂寞只是一种感受,孤独才是一种境界。孤独,我觉得也有客观和主观之区别:客观上它是一种状态,一种孤单的状态;主观上它是一种境界,一种不易企及的精神享受。

每当夜深人静,一杯香茶,一本爱书,一盏明灯,一支幽曲,享受着一夜宁静和书中的故事。茶,最好是碧螺春,我喜爱碧螺春,是因为它:形,卷曲成螺;味,鲜醇甘厚;色,碧绿清澈。好像四十岁的男人,经历了去粗取精,去浮躁,保香味,韵味独特。孤独中品味,从容而可得其真。书,自己喜好就是,读《老子》,因为它博大精深,百读不腻,不同阶段读的感受不一,不但自己读,还作为"捆绑作业"要求选修我的课程的学生手工抄写,相信"折磨"中必有收获;读马尔克斯《百年孤独》,并不是因为含有"孤独"二字,而是书中从一个小镇百年兴衰历史可以看到人类变迁和个人的宿命,会有很多感慨;读房龙的《宽容》、读木心的《哥伦比亚的倒影》,等等。一直坚信父亲说过的一句话:喜欢读书的人不会变坏。灯,明亮即可,但一定在床头加装一盏阅读灯,数十年的床头阅读习惯一直没改也不想改,书中的故事和社会万象是入梦前最好的精神宵夜。曲,清幽而自然,除了《Classic River》外,喜欢班德瑞的轻音乐。当喜欢音乐的女儿第一次介绍给我这天籁之音时,我就深深被自然脱俗的音质吸引:音乐中流水、雀鸟之声,能镇静情绪,松弛身心,给人一种返回大自然的感觉。就这样,在茶、书、灯、曲中享受着孤独,品味着孤独;就这样,在享受孤独中,度过寂寞的夜晚,收获着自己。孤独,让我体悟和思考着走过的路,让我看清了许多纷纷扰扰的乱象,看淡了许多纷繁世界的人和事,也更看重自己和生命的价值;也使自己远看悠长人生,心宁神静。我书房里有朋友送的一幅画,画中题:"茶香兰香书香,静心清心养心。"这样的境界,正是我想要的。

有时,兴趣来了,我还自己煮咖啡,不知什么时候莫名其妙地喜欢上一种叫摩卡的咖啡,只因为它味道醇香,回味无穷。但自己品咖啡肯定不是在读书时,一定是在欣赏一部大片或看着《凤凰卫视》的"锵锵三人行",听着几个老男人在那里瞎吹。自己不擅喝酒、打牌之类的群体活动,倒喜欢一边品咖啡,一边看电视,看影片中别人的故事,独享电视带来的精神愉悦和单纯快乐。难道这还叫孤独?

面对那漫长的黑夜,喜欢这种孤独,与虚幻的世界对话,寻找生命的痕迹;抚摸自己的灵魂,寻求自己心灵的真谛。自己曾经在天湖拍过一幅照片,取名叫《野渡无人舟自横》,喜欢那种无我空灵的境界,照片如画,其意境正是我一直在寻找的"致虚极,守静笃"的空无境界。画中的小舟在无人的状态下本身是孤独的,但天湖波光潋滟,晶莹澄澈,湖中的它并不寂寞,小舟在微风吹过的涟漪中享受着湖水的柔情。

  生命过于沉重,承载了太多物质和精神的、有形和无形的负荷;享受孤独,享受那份漂浮的轻盈和任性的自由。

2010 年 1 月 22 日雨夜写于邕城

冬天的记忆

南国的冬天,我原以为就如桂林的深秋,有些"凉",不至于"寒",可我错了。据说今年的冬天,全国气温是数十年来历史同期最低值,南宁的冬天也一样,南国的冬天也让我感受到了寒风凛冽。

寒夜灯深孤寂,往事难眠思起。回想在桂北的童年,每年冬天都下雪,大雪纷飞,窗外、树上垂挂的冰凌,早上起来,路上被前天晚上下的雪铺盖,满眼雪花,一片洁白。儿时的伙伴经常在一起打雪仗,虽然全身湿透,全然不顾寒冷的袭击,在嬉逐中感受无忧无虑的快乐。经常捧上一把雪,看着它慢慢在手中融化,冰冻得很,但就是有些不舍,直到它从雪变成水。喜欢风花雪月的浪漫,只是喜欢那种场景而已,当时不知道那叫"浪漫"。喜欢一家人围坐在火炉边,一边烤火一边"谈板路",老人常常编一些鬼的故事,用来吓小孩,说鬼就是专门抓那些读书不用功、不听话、做坏事的孩子,以此来督促孩子们用功读书。也许自己的人生观、价值观的形成始于类似这种形式的教育,因此在自己的人生路途上时时想起老人家的告诫,战战兢兢,不敢越界,坚守自己为人为事不被"鬼抓"的底线。

若干年后,我常想这种教育孩子的方式就是中国最原始最有效的教育方式,虽然朴实简单,并不比那些所谓的现代教育理念和方法逊色,我称之为"围炉教育"。清人王永彬作《围炉夜话》,首句云:"寒夜围炉,田家妇子之乐也。岁晚务闲,家人聚处,相与烧、煨山芋,心有所得,辄述诸口,命儿辈缮写存之。"其所言情景与儿时的"围炉教育"又何等相似。那种温馨,那种淳朴,经常让我回忆和不时地自我感动。

离开家乡多年,即使在桂林,也已经好多年没看到雪,现在在南国更没有机会感受到冬天的雪意,甚是遗憾。虽到中年,反而经常回忆儿时的冬天,盼望着什么时候冬天回到老家,看看下雪的情景,找回童年的快乐。

《围炉夜话》虽然"皆随得随录,语无伦次且意浅辞芜",但哲理深刻,给人启迪。今客居邕城,深冬月夜,孤寒感慨,摘录几句,自勉共勉之:"用功于内者,必于外无所求。饰美于外者,必其中无所有。""欲利己,便是害己。肯下人,终能上人。""误用聪明,何若一生守拙。滥交朋友,不如终日读书。"

2008 年寒冬夜写于邕城

看海听海品海

小时候很向往大海,因为只见过大山。

想象中的大海是蔚蓝色的,海上有白舫点点,海上的船有老艄公……这些都是从书本上、歌曲中理解的大海。

直到第一次见到大海,才知道海也有不是蔚蓝色的,因为有灰色的;海上有船,但不一定是点点白舫;船上的老艄公并不都是《老人与海》中的老人,原来出海就是他们的日常生活……那是1984年的夏季,大学一年级结束时加入暑假学生干部夏令营到北海。第一次,看到海,有些惊诧,有些激动,也有点失望。惊诧于她的浩瀚,一望无际;激动于她的海浪,汹涌澎湃;失望于她的颜色,风雨前的灰色。在那去涠洲岛的海上,遇上台风,船颠簸不止,头晕目眩,才知道大海的无情和凶猛。当然,涠洲岛上深夜的篝火晚会,尽情狂欢,清晨的海上日出,无不印刻着年轻时代单纯青涩的青春记忆和快乐时光。记得当时自己请人拍摄了一张面朝大海的背影照片,照片放在桌面上,喜欢了好久。

后来看过不同地方的海,有着不一样的感悟。

1996年夏,一家人去看海南三亚的海,在天涯海角,在中国最南端的海。海南的海独特而美丽,三亚更是热情而又个性,记忆深刻的是除了海的宽广外,还有那灿烂的阳光。在三亚湾,留下我的经典摄影作品——《牵手》,这幅照片是4岁的女儿牵着妈妈的手在沙滩上戏海水的剪影。傍晚的太阳,落到海面上,耀眼的光芒能把整个海面染成金黄色。女儿牵着她妈妈的手,漫步在长长的沙滩上,夕阳中二人剪影实在太美,美在那份母女之爱、相依之情。以至于这幅画面至今还是我们家作为新屋装饰不变的主题,并成为我们永远的快乐记忆。

2005年5月,到韩国参加顺天大学的国际教育学术研讨会,顺道去釜山,当然要去韩国最让人向往的海岸线——海云台。并不漫长的沙滩,让人感觉十分亲切,这种亲切感来自大海本身的魅力。远眺大海,阳光照在一望无际的海上,泛起银鳞般的光芒。沙滩尽头的海面上,是悬崖峭壁,嶙峋怪石。悬崖上满是苍翠的松柏,海风阵阵,松涛声有如被拨弄的琴弦,飘散着阵阵的音符。据说翻过这里的悬崖峭壁,就是平整的环山马路,在古朴的木质走廊架上,看海更显亲近。可惜,由于时间关系没能去爬,终成为遗憾。在海云台享受着大海拥有的一切:阳光、沙滩、蔚蓝、海涛声以及韩国人特有的热情。时间虽然短暂,但留下很深的记忆。

2006年冬,参加教育部组织的沈阳音乐学院教学评估,工作结束后到大连,有一段大连海的冬季之旅。夏季看海,那是常事,冬季观涛,绝非易事。因为除了机会,看的更是心情。零下几十度的大连,不敢在海滨待太久,坐在车上在漫长的滨海大道上慢行,一路上几乎见不到行人,每到风景处下车观海,被凛冽的海风吹着,感觉从来没有这么清醒过。闭上眼睛,静静地用心去感悟,慢慢体会到另外一种新境界,人们喜爱夏天的海,但冬天看海何尝不是另外一种风景?冬天的海,饱经了春的朝气、夏的炎热和秋的成熟,把一切都隔离在淡泊的寒冷中,静静地守护着属于它的那份宁静,那份悠然自得的洒脱,那份不在意俗世繁华的孤傲。这就是它,冬天的海。我远远看见一只小船在夕阳下寒冷的海中孤行,画面十分凛冽,我立即取相机将它记录下来,取名为《夕阳下的海上孤舟》。虽然过去了好几年,冬天看海的印象依然特别深刻。

2007年5月,到欧洲的比利时、西班牙、意大利等国访问,在西班牙的巴塞罗那,我们同行的三人(淘宝网副总裁路鹏,中软集团桂林公司总经理海涛)租了一辆小车,去距巴塞罗那南部37公里的锡切斯(Sitges)小镇。沿着地中海边的山路上一路狂奔,享受着地中海带来的海香味。从沿途的山上看海,俯视蓝蓝的大海有别样的感觉,觉得更加深邃、博大、浩瀚。到了海边,又是另外一种感觉,地中海给我最大的印象就是温和而柔美。别处的海风总有一种咸海味,但这里的海风有一种清爽的味道,海面也十分的平和轻盈。小镇优雅宁静,聚集着许多钟爱艺术的中产阶级,这也是这里被称为"艺术之镇"的原因。我也是在这里美丽的沙滩上第一次知道什么叫"沙雕"艺术。海滩的阳伞和折叠躺椅成为这里亮丽的风景线,无数游客把这里当成他们的度假胜地和乐园。小镇有许多古老的教堂,街道边有一排排整齐的棕榈树和白色墙壁的小屋,咖啡厅和小酒馆布满街道。当夕阳西下,街道两旁咖啡座的烛光渐亮,小巷一路的烛光沿路蜿蜒而上,此刻感受到的是宁静与平和。在海边的小镇上我们伫欣赏着大海、品味着海鲜、拥抱着地中海,惬意无比,十分享受,终生难忘。因为,那是我的人生与海经典相遇的浪漫时刻。

2011年夏,又是一个与海相拥的季节。

或许是兑现多年前的约定,或许就是在这个夏天想来看海。从南宁驱车将近3小时,我们来到北海,来到我第一次看海的地方。这个夏季还真是一个忙碌的旺季,预订一个窗台面向大海的房间,实现我们的愿望——住在一个能全天看海、听海、品海的地方。我们住的地方是在侨港区,距市中心还有段距离,是最靠近海的区域。

看海。酒店所在的楼是面向大海的,在房间里就能看到美丽的海景,感觉跟海距离这么近还是第一次,非常满意。推开阳台,风带着海的味道,湿湿地迎面扑来,展现在面前的是一片蓝色的大海。这是看海的最好季节,天气也特别地好,阳光亲吻着大海,也亲吻着自己的肌肤。蓝色的天空使我们尤其感受到什么叫海天一色。远眺大海,远处是星星点点的渔船,很美!中午时分,太阳高照,蓝天、白云与大海相映生辉。沙滩边的树在海风中摇曳,沙沙作响。由于中午太阳太烈,海中游泳的人较少,倒是有很多对情侣在沙滩上戏逐,在阳光和大海中尽情享受着大自然赐予他们的爱情味精。看海,不需要城市的喧嚣,不需要别人的溢美,不需要处处设防,不需要美味佳肴,需要的就是一个人静静地坐着,端着一杯咖啡,遥望着大海,想象着海的那一边是什么,海的深处到底有什么……就这样无尽地遐想,毫无顾忌地遐想,你将为这里的大海动容。你不得不感慨,大天然把最宜人的气象、最蔚蓝的海水、最煦和的阳光、最清爽的空气、最柔和的沙滩、最鲜美的海鲜……

都赐给了这座滨海城市,让我们尽情地享受。

听海。听过张惠妹的《听海》,但那是歌曲里的海,那是蓝色的忧郁,再有想象力也无法体会到真正的听海。在房间里躺在床上听海,那是阵阵的海浪声,透过阳台随风吹拂而来,像一曲曲美妙的音乐旋律,让人在陶醉中入梦。"夜夜陪着你的海,而漂泊的你,狂浪的心,停在哪里?"是的,如果离开此刻此情这里的海,漂泊的心,又能停留在哪里呢?最美的听海时刻,是夜晚躺在柔软的沙滩上,看着天上依稀的星星,听着海浪拍打着沙滩的声音,像听着自己的心跳,富有节奏而又有力度。实际上,大海也像一位老人一样,他也有他的脾气,有时他性情豪爽,饱经风霜,行为坦荡,给人一种安全感;有时他亲切慈祥,温和平静,给人一种希望;他也许就是我那传说中的爷爷,慈祥得让人想拥入他的怀抱,聆听他的故事,享受着他给的那份温馨的关怀。但老人也有动怒的时候,乌云密布,波涛汹涌,气喘吁吁,倔强而又暴怒,这时你千万别去撩他,让他自然平和,慢慢恢复原有的安详。是夜,我躺在沙滩上,充分享受着他温情的抚摸,以及那博大宽宏的慈爱,让自己那颗心在这里休闲静养。

品海。我不想用"弄海"这个词,因为它带有一种蔑视和轻佻,站在一种不对称的位置,更让人不舒服的是对海的不敬。我更愿意用"品海",因为它是一种境界,是一种平等,是一种修养。连续几天,每天一早一晚,全身心地投入到大海里"品海",纵情放松伸展身心。早上涨潮后的海,温和平静,海水清澈。傍晚时,海浪还比较大,在海中游泳,与浪花搏击中享受海的乐趣。其实,只要掌握海浪的性格,就可以与海相偎相依,友好相容。当海浪涌来时,如果迎头相击,多数是被冲得头晕目眩,一不小心还会喝几口咸涩的海水;如果是顺势而为,海浪将自己送到高处,越过浪尖,又到了浪的另一边,这样一浪一浪,将毫不费力地在海中悠然游荡着,享受着大海带来的乐趣。其实,人生又何尝不是如此呢?人生道路也是由一个一个海浪组成的,一生将受到无数个海浪的冲击,也将越过无数个浪尖,有的被浪冲击得头破血流,有的与浪共舞如鱼得水,这就看如何了解并掌握海的性格,如何在命运搏击中生存。生活常有平淡、困惑和无奈的时候,不妨去看海,会得到灵魂的净化、心灵的超然,烦恼和惆怅会随着海浪飘然而去,心也会像大海一样变得更加包容。

　　看海、听海、品海,人生将会有很多机会在不同地方与海相拥,在看海中拓宽自己包容大气之心,在听海中修炼自己平和宁静之意,在品海中吸纳大海深邃睿智之情。

　　这几天,与海相处,给我很多的思想启示和人生智慧,这才是我最大的收获。

2011 年 8 月 26 日夜记于北海彩云宾馆听海阁

桂林的性格[①]

城市的性格体现在她的风情、历史、文化和外人对她的总体感觉,当然,城市人的性格也受这座城市性格的浸染,有时变得有些分不清彼此。我居住桂林20多年,也算是一个老桂林了,深爱着这里的山山水水和风物风情。如果要问我桂林有什么样的性格,我觉得可以用淡定、从容、悠闲、浪漫来概括。

桂林的山水秀丽、妩媚,不像其他名山大川以雄伟、壮观而闻名。因此,即便是在黄昏里漫步在榕湖、杉湖、桂湖、木龙湖,也会深深地被桂林的娇柔、妩媚所感动,她就像一位偶遇的多情的少女一样令人回味无穷。我跟许多外地的朋友说过,桂林不是用来旅游的,她是用来感受和品味的。她就像一壶陈年老酒,你如果用来狂饮,很快就醉,之后就浑然不知了;你如果用来品味,你就会知道她的醇香、韵味,就会慢慢入境,从看到她那一刻的欣喜、激动,到如痴如醉,直到深深地恋上她,那是一个陶醉和享受的过程,但你不会醉而不醒。这就是品味桂林的过程。

桂林的淡定、从容来自于她的自信和对历史的包容。两千多年的古城,从"古南门"到"宋城墙",到处是历史的痕迹,历代文人墨客留下多少对桂林的溢美之词,从悬挂石上的"桂海碑林"可以管中窥豹。另外,杜甫的"五岭皆炎热,宜人独桂林",韩愈的"江作青罗带,山如碧玉簪"为桂林做了数百年的免费广告,同时也是对桂林山水特征最经典的概括。有这种气韵和底气在,能不淡定、从容吗?桂林的这份名士派头和自定的贵族身价,别的

---

① 该文发表在《广西日报》2008年9月1日。

城市往往心生妒忌,但她那傲视的资本就是那上千年的文化传承、积累。

　　桂林的历史文化也是值得骄傲的品牌,王城(靖江王府)的历史脉络一定程度上代表着桂林的文化教育发展轨迹。在唐代,桂州都督兼御史中丞李昌巎在独秀峰下建立了宣尼庙,开设了桂林历史上的第一所儒学。顺治十四年(1657年)在此建的贡院,成为广西的最高学府。桂林人陈继昌的"三元及第"自然成了广西人的骄傲,"一县八进士,三科两状元"也是桂林人的传奇佳话。这就是"王城",这里不仅仅有厚重的历史文化,而且有傲视全城的独秀峰。王城现在是我的母校广西师范大学办学的重要之地,我在这里求学、工作过20多年,对王城总是心怀一种虔诚的敬意和培育的感激之情。她的王者之大气、文化之厚重影响着在这里饱读诗书的莘莘学子。任何一个从这里走出的学子,都会以"王城之子""独秀之友"而骄傲和自豪。由于桂林是以山水闻名于天下,因此,历史文化的光芒往往被其山水之光给遮蔽了。其实,如果漓江是桂林水的代表,独秀峰是桂林山的代表,那么王城自然就是桂林历史文化的代表了。

　　悠闲,是桂林的另外一大特点。她除了山水之环境有这种清闲、安逸之功能外,其城市及其周边的设施配套也为"悠闲"之人服务。"悠闲"使整个城市的节奏变得很慢,人们早上在靠近住处的公园里早锻炼后,用过鲜美的桂林米粉,才从从容容去上班,中午一定得赶回家午休,下午下班后呼朋唤友在大排档猜拳喊码,乐在其中。外地人到桂林都感慨这种"慢"的感觉,而桂林人常常以此为自豪:在浮华的城市里过着田园式的生活。因此,桂林的"悠闲"之境界常常令人陶醉和向往。记得1998年的国庆节,一家人与朋友一起到阳朔休闲度假,在西街小住了一晚,之后到遇龙河边钓鱼、游泳。这里有别于漓江,江水清澈见底,群山环绕,清幽迷人。特别是周边环境清秀脱俗,悠闲自在。河畔有一小居,名"河边小别墅",家庭式旅馆。居别墅,乘竹排,看风景,听水声,那简直就是神仙居处。在浮华的旅游胜地,想不到居然还有这样一块静地。从那时起,时至今日,每到暑假,不管再忙,肯定会"消失"于亲朋好友中,与家人到阳朔或周边相似地闲居一两日,把自己融入大自然、山水之中,人生快事不过如此!

　　浪漫、温情是桂林的又一性格特征。浪漫、温情与城市女人的美和环境的美分不开,女人之美是一个城市浪漫的不可缺少的元素。由于桂林特殊的地理位置、人口结构和宜人的气候,桂林俗称"湘桂走廊",是广西与外界连接的窗口,较早接受中原文明,祖籍在湖南、江西、四川等省的桂林人较多,形成了桂林人口结构的多元化。"宜人独桂林"的气候,造就了桂林人比较温和的性格。同时,湿润而不炎热的气候,使得桂林女人大部分有较好的肤色,白净而细嫩。另外,作为一个历史文化名城,桂林人的气质中多少蕴含着一种文化的积淀,这是岁月的积累,是文化的浸润,不是靠修饰、包装就可以营造出来的。在这种自然和人文环境中,山水灵气的滋养,历史文化的内蕴,女人想不美丽、不温柔都没办法。你如果到桂林旅游,小住阳朔西街,在这条独具欧洲风情的街道上,要杯香茶,点碟小吃,独品咖啡,欣赏美人,也许会成就你一生中的一段浪漫之旅。

难怪陈毅元帅"愿做桂林人,不愿做神仙"的诗句打动了那么多人!同时也使桂林人增加了不愿离开桂林的理由。

南宁的性格

一座城市特有的魅力,就像一个人,要具有独特的性格。

自从写了《桂林的性格》后,我计划中还要再写一写几个熟悉的城市。虽然,来南宁多年,工作、生活在这座城市,总觉得没有很了解她,就一直没有静心提笔。

说历史,南宁建制于东晋大兴元年,至今已有近1700年历史,号称是一座历史悠久的文化古城,但总觉得南宁是没有多少历史感的城市。如果在20年以前,很多外省人不太知道南宁,经常会十分尴尬地被问到,南宁在桂林的哪里?甚至至今仍有不少人认为广西的首府是桂林。当然,历史上,桂林一直是广西的政治文化中心,直到1911年辛亥革命后,广西宣布独立,老桂系军阀陆荣廷担任广西都督,1912年10月,广西省会从桂林迁到南宁。李宗仁、黄绍竑、白崇禧主政广西,取代旧桂系,出于抗战的准备和安全的考虑,1936年广西又将省会迁回了桂林。1949年12月广西全省解放后,省政府由桂林迁到南宁。人们对南宁的了解不多,因为南宁地处南疆,少数民族居多,相对封闭,缺乏影响历史进程的大事件、大人物,影响力和知名度低。

时至今日,南宁拥有中国东盟博览会永久举办地、中国面向东盟开放合作的前沿城市、民歌节等名片。得天独厚的自然条件,使得南宁满城皆绿,四季常青,有"绿城"之美誉,知名度也在提升。她的包容、互助、自然等性格也在慢慢地形成,并被世人所接纳。

包容。其实,在今天,南宁不算是一座大城市,人口不算多,截至2015年年末,全市户籍人口740万,市区人口290万人,是广西第一大城市,其中壮族人口占全市总人口超过一半。市区人口中不少是这些年外地移民来的。南宁，作为广西政治、经济、文化、科技和信息中心，是一个壮文化、粤文化、中原文化、东南亚文化等相交融的城市。虽然地处边疆，但很具有包容性。从语言来看，南宁人很尊重外地人，使外地人在南宁有归属感和认同感。各个城市都有自己的地方方言，包括北京、上海、天津等大都市，也包括广西的柳州、桂林、梧州、玉林等本地城市，但南宁人很少使用本地特色语言——南宁白话。有文化学者认为，南宁白话的流失，是南宁本土文化的消亡。但语言的包容从另外一个角度来说，是文化开放的表现。另外，南宁人不排外，和外地人友好相处，对外地人也很热情，这或许与南宁本身缺乏一种文化优势或文化自信有一定关系，但也正表现出南宁包容的特点。

互助。这些年，宣传城市精神的特别多，一夜之间每个城市都要"打造"城市精神，遗憾的是大同小异、无比雷同，到现在谁还记得哪个城市的什么"精神"？历史一再证明，运动式的造"神"，终会烟消云散。倒是南宁将市坊流传多年的民间俚语"能帮就帮"作为南宁精神，让大家耳目一新。"能帮就帮"植根于南宁的日常生活，大事小事能帮就帮，衣食住行能帮就帮，求学就业能帮就帮，市民早就耳熟能详。慢慢形成了南宁人不可多得的传统精神财富和难能可贵的城市精神，同时也倡导生活在南宁的人们更加关心别人，互助奉献。如果外地人在街上找人问路，南宁人不但比划告诉路怎么走，甚至还会亲自带路，让人感动无比。人情，这越来越稀有的东西，与绿城、南湖、邕江、青秀山、山歌、铜鼓、绣球、老友粉一样，是这座城市必不可少的元素，正是这些元素，构成了南宁。

自然。我这里讲的自然，不仅仅是自然世界，也是指人文的自然，人与人的自然相处，人与环境的和谐相适。南宁是一座风光旖旎、充满诗情画意的南国绿城，到处充满着自然生机。南宁是绿化覆盖率很高的城市，到处充满着绿树鲜花。最为南宁人骄傲的是青秀山、南湖，那是南宁呼吸的肺。其中，青秀山千年苏铁园面积达百余亩，有树龄千年以上的苏铁近百株，总株数上万株，还有1300余年高龄的"苏铁王"。在南宁要找一点历史建筑不容易，好在这里还有一点遗迹，那就是建于明万历年间的龙象塔，原塔早被破坏，现塔是后人参照明代风格在原址重建的。看着它，似乎还觉得这座城市多少有些历史沧桑感。还有南宁的树，在这样典型的亚热带城市，是树提拔了整个城市的高度，是绿增添了城市爱的浓度。当然，没了它们，南宁也便失去了活力和个性。沿着民族大道,数十里长街,两边的南国棕榈、椰树,还有市花朱槿,你无处不感受到她的魅力,甚至你的生命里所有的细胞,已经被南宁填满了。我过去住在南湖旁,南湖就是我的后花园,南湖散步是每天的必修课,她总有那么一种淡淡的香味,这就是南宁自然的魅力。

  南宁女人。说一个城市的性格、风景,不能不说城市的女人,女人是一个城市的一张脸。以前有一种说法,桂林姑娘一朵花,南宁姑娘黑麻麻,说的是南宁女人不漂亮。由于地理位置以及亚热带气候,对人的长相有一定影响,南宁本土女人在相貌方面并不出众。但南宁女人的身上有种气质,那就是闲暇随意、务实精明、淳朴善良。我想,常年被炎热的亚热带季风熏吹久了,南宁女人难免有些漫不经心的气质,下午三点上班与北方的朝九晚五的生活相比,自然显得悠闲自在。另外,由于外来人口急剧增加,竞争越来越激烈,人心也越来越焦灼,使得这座城市的女子不得不变得更加务实。你日常看到的一些时尚女子,衣着光鲜、风姿绰约,犹如热带雨林式的风情和张扬,润泽绚丽,四季不散。同样,她们香软温情,让你无法不重视她们的存在。这类女人往往是白领或在校大学生们。同时,也有些女人以本色示人,轻松惬意、随心所欲、闲散漫步、自娱自乐,也不介意阳光照射、精心打扮,这种女人表达情感直截了当,绝不掩饰。

  南宁男人。与南宁女人特点比较突出相比,南宁男人的形象比较模糊。既没有北方男人的那种豪放爽快、血气方刚的性格,也没有上海男人的精明绅士、时尚气质,既不是大丈夫,也不是小男人,似乎不太在意自己的形象。除了正式场合,你在写字楼、街上很少看到西装领带的装束,当然也许与气候有关。另外,南宁男人比较幽默,爱开玩笑,也开得起玩笑。酒桌上,喝酒划拳猜码,有粤码、桂码、壮码,笑趣风生、乐此不疲。南宁男人有点知足常乐,凡事都不太计较,吃亏占便宜无所谓,这种荣辱不惊的闲适之气正是南宁男人的魅力所在。

  每座城市都有其各具特色的独特气质,呈现着自己的表情。当我在南宁这座城市中徜徉的时候,时常强烈感受到这座城市的性格魅力,并逐渐融入她的内心,慢慢地就喜欢上她。

2016 年 8 月 17 日写于南宁观湖阁

柳州的性格

柳州是一座历史文化名城,独特的山水自然风貌、浓郁的民族风情以及务实的人文精神等是这座城市的不可再生的资源,这些资源也造就了柳州的城市特点,柳江、龙城、柳宗元、螺蛳粉、五菱、柳工等这些关键词反映了柳州人多元的性格。虽然,我没在柳州工作过,但一个女婿半个儿,也算是半个柳州人,跟柳州人打交道还不算少。在我看来,柳州的性格在南方各大城市中,特点最为鲜明:本土情怀、直率义气、务实精干。

本土情怀。柳州人爱柳州是有名的,柳州人非常关注自己的城市,比如,柳州的城市建设和发展,上到市领导,下到平民百姓都经常参与。其他城市对市领导的变化,一般市民不怎么关心,但柳州人对"父母官"会津津乐道、评头品足。我岳父生前,每天一早第一件事就是下楼买《柳州日报》,从头到尾读完后才用早餐(柳州人叫"过早")。晚饭餐桌上,就像一个时政研讨会,家人对城市的各种政策措施、新闻轶事评论一番,仿佛他来做市长一定做得更好。当时多数家庭都这样。本土意识强就是爱家乡,允许自己一天骂三回,绝不允许外人评头品足。柳州人将柳江横腰拦截,变成了"百里柳江",风光无限,一遇到桂林人就说,我们的"百里柳江",意思是说,比你们的"百里漓江、百里画廊"漂亮多了,因为我们的柳江有满满的水。当然,"百里柳江"的确改善了柳州的生态环境,使困扰多年的水灾得到暂时的缓解。柳州的"螺蛳粉",能够在短时间内打遍天下,也靠的是"我们的"这种精神。最让柳州人心里不爽的是,前些年,柳州铁路局搬迁到南宁,将"柳铁"变成"宁铁",一直以"柳铁"为骄傲的柳州人,一下失去了"我们柳铁"这个"铁"的优势,至今柳州人说起这事还耿耿于怀,也真实反映出柳州人那种难以割舍的本土情怀。

直率义气。在有人群的地方，只要有两个柳州人在，他们必定在一起。记得以前上大学时，自己班上好好地开舞会，一不小心，就有外班人来抢场子，这些人一定是柳州帮，有时甚至爱打群架。虽然给人印象不是太好，但他们那率性讲义气的性格你不得不佩服。另外，两个柳州人在一起，不管其他人再多，他们肯定是讲柳州话。这种义气，也造就了他们的沟通融合能力强，与陌生人、外地人、团队等在一起时，他们的自我表达及沟通能力相当不错，能在很短时间内与别人融合到一起。同时，义气这种特点，最容易表现在酒席上，一到晚上，柳江江滨路上的啤酒摊热闹喧天，一群汉子光着膀子，围着桌子，桌边堆着一大片啤酒瓶子和吃剩的螺蛳壳，喷发着酒气，吆五喝六，挥洒着豪情，谈天论地。他们猜码，绝对是正宗柳州码，不会夹杂其他地方的码。一直到喝得面红耳赤，口里还在说："没得事，没得事，再上一碗螺蛳粉！"柳州人够朋友，很多时候指的就是酒桌上，朋友一见面，还没来得及说几句，就直接拉你到酒桌上，场面不一定讲究，有酒就行。

务实精干。柳州人的精干、务实精神与商业意识是有名的。柳州有许多高楼大厦，也有陈旧别致的骑楼；有现代化购物商场，也有旧式摊贩。你可以从柳州的大街小巷看得出，夜幕降临，柳江两岸被霓虹灯装饰得流光溢彩，耀眼的光柱直射苍穹，照亮夜空；就在这波光水影的柳州之夜，在如梦如幻、令人遐想的夜景之下，在商厦周边的街道上又呈现另外一番景象，卖衣物、小吃、饰品的小摊像变戏法似的涌现，夜市里人潮如织，讨价还价声此起彼伏，非常热闹。政府也对夜市管制得相对宽松，摆夜摊成为不少市民增收的一种途径，也是生活的一种调剂。当然，也有专职白天进货、晚上摆摊的摊主，这算是他谋生的职业。这也反映柳州人的创造活力，善于抓机遇，善于经商。柳州是一座晚睡的城市，越夜越热闹，有时你得佩服柳州人的精力旺盛，除了酒精作用外，还有那种商业意识在民间的习惯性刺激，使这座城市变得富有激情。城市里这截然不同的两种画面，常常交织在一起，共同构建多元的柳州，造就柳州的务实精神和商业意识强的品格。前些年，一句柳州话"讲（gan）点别的"，一夜之间流行全市，乃至整个广西，"讲点别的"既表达了说干就干的那种精干、爽快气度，也表现了柳州人不争论、多务实的精神气质。

柳州，有了一个柳宗元，增加了这座城市的历史感，同时也强化了这座城市的人文色彩。柳宗元,是我国中唐时代杰出的文学家、思想家和政治家,晚年贬谪柳州、死在柳州,在柳州期间写了百篇优秀诗文,人们叫他"柳柳州"。柳州有专门纪念柳宗元的柳侯祠,柳侯祠建于唐代长庆二年(822年);有最为著名的"荔子碑",它于宋嘉定十年(1217年)制成,碑文是韩愈写给柳州人祀柳侯的祭歌《迎享送神诗》,苏东坡书,碑集"韩文苏书柳事",誉称"三绝碑"。从某种角度说,这块碑奠定了柳州的历史文化名城的地位,也多少让柳州人感到历史文化的自信和骄傲。我到访过湖南的永州,同样,柳宗元的《永州八记》也让永州人感到无比的骄傲。其实,一座城市,经济的繁华只能说明这座城市华丽的表征,其城市的自信更多来自于她的历史文化的厚重感。

  柳州女人。柳州女人特点很鲜明,她们热情、大胆的作风,让人印象深刻。柳州女子的美,香气和霸气兼容,温柔与豪情兼备,好似螺蛳粉,又辣又呛,让人难以招架,却又有欲罢不能的感觉。也许正是由于生活在商业意识强的城市,柳州女子往往给人一种生机勃勃、勇往直前的感觉,她们爽快的个性仿佛一辆发动的五菱汽车,活泼大胆、动感十足,敢爱敢恨、线条明快。柳州处于交通要道,信息发达,因此,她们的打扮通常都很时尚、很前卫;其打扮常将她们的个性与气质表现得淋漓尽致,她们可以摩登入时,可以妖娆冷艳,也可以可爱俏皮。柳州的时尚,流行得快,也有时不管合不合适。我记得,早些年,流行女人盘头发,一夜之间全城女人都做一个发型;有一段时间流行穿健美裤,全城女人几乎都穿一种裤子,风靡得很,可惜有点不分老少,不顾时令。你不得不承认,柳州女子在时尚上的确有自己独特的风格。这就是柳州女人,爱憎分明、个性十足。在我看来,柳州女子呈现出来的是一种风情,一种时尚,一种领先气质。

  柳州男人。柳州男人的个性也像柳州城市一样,个性鲜明:耿直、率性、能干。以上所讲到的,夜宵摊上吆五喝六的、街道经商的,甚至街上争吵的,将柳州男人的个性表现得淋漓尽致。同样,柳州男人的那种豪放、义气、开放也展现了这座城市的激情、活力和创造。也正是柳州男人的这种个性,向世人展现柳州蓬勃向上、魅力四射的精神风貌。

  柳州值得去,柳州人值得交。

2016年8月19日写于南宁观湖阁

玉林的性格

具有"岭南美玉,胜景如林"美称的玉林,号称"岭南都会"。我曾多次有机会与玉林相遇,因为种种原因没有相交,但最终还是与她结缘。

从2015年到2017年,我与玉林结缘三个年头,也算是对她有了大体的了解和体验。玉林的性格不像我待过的其他城市那么鲜明,也许是由于语言带来的文化上的差异,自己一直有一种不太亲切的感觉。我们桂林人的语言非常单一——桂柳话,属于西南官话语系,不像广西其他地方,能够懂和讲多种地方方言。玉林话属于粤语语系,当地还有客家话,桂林人听不懂、不会说,难以融入其话语体系和生活圈,也许正因为此,在玉林工作、生活的桂林人相对少些。

但只有在这里工作、生活过的人才知道,玉林这地方具有重商、崇文、尚武、宗法的特点,因此也造就了玉林人的精明、朴实、勤劳、团结。

玉林属于农业大市,整体经济并不发达,一直到现在,玉林的经济在广西一直徘徊在第四位。说它重商,是因为玉林位于桂东南,接近广东,属于粤语文化圈,是广西改革开放比较早的城市,人称广西的"温州",玉林人商业意识比较强,会做、能做生意。玉林人比较富有,几乎每一家在市里都有自己独栋的房屋。由于私有住房太多,城中建设凌乱,缺乏整体设计,商业门面小而精,这也反映出玉林这座城市缺乏"大城市"的建筑格局,被戏称像上世纪90年代的县城。玉林与广东文化习俗接近,主要从事的是农产品生产加工、商业贸易和工业贸易。因此玉林民营经济也很发达活跃,其中博白、陆川创造出来的"风炮补胎"这一马路技术,打出了广西老少皆知的名声,也算是有胆气了。玉林人具有天生的经商意识,广西很多知名的民营企业都是由玉林人创办的,因此玉林人的经商成就也就有名了。玉林有影响的知名品牌有:玉柴(玉林柴油机)、正骨水(玉林制药)、三环陶瓷等。

崇文重教也是玉林的一大特点。自唐宋以来,容州、郁林州以及各县均兴学教化,州学、县学、书院纷纷成立,崇文重教有其传统。我所在学校比邻的挂榜山,是"玉林八景"之一,相传,攀登挂榜山后即可金榜题名。追根溯源,古诗曾云:"三山挺秀在郁州,挂榜山崩应六秋。文笔擎天官内阁,笔架山下几封侯。"意即挂榜山有石皮飞落,六年之内本州必出科甲人才,名题金榜。挂榜山的名字由此而来,成为玉林地区的"魁星圣地"。因此,玉林尊师重教,扶植人才,求学求知,蔚然成风。万般皆下品,唯有读书高,这个遗训在玉林深得人心。民间也普遍崇文好学,尊师重教。当地农村有一习俗,儿童刚上学时要先吃一餐葱饭,以示读书聪明。我到过几个地方的几所大学任职任教,平心而论,玉林虽然地处偏僻,最刻苦、最勤奋的还数玉林学子,这也许与当地的崇文重教、勤奋好学风气有关。

说玉林尚武好胜是有历史的。玉林人祖先多由广府民系和客家民系迁徙而来组成。他们的祖先原来也是中原士族或平民。朝廷更迭,战乱纷争,千里流寓,跋山涉水,辛勤开拓,创基立业,需要顽强不屈的精神和健壮的体魄。因此,尚武学艺,增强自己的抗御能力,成为讲粤、客方言人的共同特点。当年,新桂系练兵就在这里。1921年孙中山令陈炯明进兵广西,讨伐以陆荣廷为首的旧桂系,旧桂系失败和瓦解后,李宗仁率所部共千余人避入粤桂边境的六万大山,静观事变。1922年5月,粤军总司令陈炯明谋叛孙中山,将入桂粤军撤回广东,李宗仁乘机率部进驻玉林,李宗仁在玉林招兵买马,延揽人才,整军经武,势力日渐强盛。于是,玉林因此成为新桂系的第一个发源地,经营玉林,逐渐形成以李宗仁、黄绍竑、白崇禧为首的新桂系。新桂系之所以能在玉林扎根,主要在于当时国内和广西的形势,玉林的客观条件,当然也有玉林人尚武的风气,玉林是新桂系的练兵之地,也是新桂系崛起之地。玉林尚武的遗风,至今还在民间遗留。我记得,当时学校征地建围墙时,斗智斗勇,花费了不少精力,同时也真正体会了周边村民"尚武"的遗风。

宗法也是玉林的传统。宗法,是以家族为中心,根据血统的远近区分嫡庶亲属的一种等级制度。我随学校当地老师考察过几个家族,宗法这一特征比起其他地方更为明显。宗族是最高形式的血缘共同体,由家庭、家族共同组合而成。旧时,以宗法制为特征的社会,经济以小农业与家庭手工业相结合的自给自足的自然经济为基础,宗族制度以大家族小家庭制为主,并且沿袭到现在的家庭、家族和宗族,是当地宗族社会的不同层次的结构。家庭是社会的细胞,是构成家族与宗族的基本因子。家族是跨家庭的血亲组织,由血缘较为亲近的家庭群组成,是一种血缘团体。由于这样的宗法制度,玉林人一般以一姓为一个自然村,为一族,较亲近的为一家族,由几个家族组合成大宗族。基于这样的制度,当一家庭或某家族,有成员出类拔萃,那么全族引以为荣,并相互提携。宗法虽然是古代社会形成的一种制度,但依然影响着当今现代社会,这一特点在玉林尤为突出。在工作生活中,你随时都会听到有关某个人、某个家族相关的一些故事。玉林人的团结,大到企业之间的互利互惠,小到在不相识的人之间的互帮互助。

我想玉林除了以上几个特点以外,还有一位值得说的人物——语言学家王力。

记得我在玉林师范学院2017届毕业典礼上的讲话——《带着自信走向未来》,其中就讲到王力先生,用他的例子阐述"靠自信取得事业的成功":我们校园里有三尊塑像,除了孔子、陶行知外,还有一尊是图书馆旁的我国著名语言学家王力先生。他1900年出生在玉林博白,出身贫寒,早年辍学,却自强不息,在家自学。后考入清华大学国学研究院,师从梁启超、赵元任等前辈,并远赴法国留学,博士论文是以家乡语言为背景所做的——《博白方音实验录》,并获巴黎大学文学博士学位。1932年回国,历任清华大学、西南联合大学、北京大学等校教授,是中国现代语言学奠基人之一。王力先生从乡村到都市,从中国走向世界,从默默无闻到享誉世界,从初出茅庐到终成大师,其自强不息、矢志学术的精神已经成为后世的楷模。他说:一个民族的语言对这个民族来说是生死攸关的事情。一位从玉林山村走出来的著名语言大师,靠的是什么?是对国家和民族语言的责任和自信。

王力先生是本地一位难得的名人,但是在当地一直没有很好将这份资源用好,为纪念他,我在学校专门成立"王力语音文化研究中心"。在成立的当天,特地邀请王力先生的儿子——香港大学王缉宪教授专门从香港赶来参加,同时为王力先生塑像揭幕;还举办了"王力先生学术思想研讨会",有北京大学、广西民族大学等校专家学者参加。我原计划在学校组织专家撰写和排练校园话剧——《先生》，以王力先生的一生为背景，歌颂他作为"先生"自强不息、矢志学术的故事，同时作为学校的一个教育题材。可惜我调离了玉林，此事成为一个遗憾。后来，有一次机会在桂林接待王力先生儿子、北京大学著名国际关系学家王缉思教授谈起此事，不无感慨！同时也聊到王力先生的"龙虫并雕"说，即王力先生晚年为他的一本文集题的书名为《龙虫并雕斋文集》，他在书中解释："古人有所谓雕龙、雕虫的说法，在这里，雕龙指专门著作，雕虫指一般小文章、小意思。龙虫并雕，即两样都干。"这更加体现王力先生的治学之道。

在玉林工作时间不长，我想起当年对于是否去玉林任职有些犹豫，当时，我征求潘懋元先生意见，他对我说："有很多教育学者有自己的教育理想，但缺乏实现理想的平台，这里是你实现教育理想的很好平台，你应该去，到时我去看你。"顿时，我感到醍醐灌顶，豁然开朗，就他这一句话，我去了。而且正如他所言，那正是我实现理想的平台，是我施展才华的舞台。我到玉林的第二年6月，潘先生不顾高龄、远程，受我特邀，从厦门专程到玉林，参加由我倡导主办的"应用型高校建设与转型发展高峰论坛"，并作"高等教育转型发展"的学术报告，算是给予我和学校最大的支持与鼓励，让我终生难忘。至今，在校园他亲手种下的"潘公树"，正像他一样，叶茂如盖，四季常青，不畏寒暑，傲然挺立。

2020年2月10日写于桂林自然坊

厦大的性格[1]

中国大学林立,每所大学具有不同的性格。

大学与大学的区别不是楼房和设备,而是她所独具的文化和历史。同样,大学所拥有的文化和历史铸造了她的个性和气质。

厦门大学,不仅仅是她的文化和历史铸造她独有的个性和气质,她所处的人文地理环境也深刻地影响着她的性格。天赐机缘,让我走进厦大,品读着厦大,体验着厦大,被她那坚实厚重、博大包容、宁静平和的性格和气质深深吸引着、感染着。

厦大背倚五老峰,面朝大海,怀抱芙蓉湖,拥有独特的"山、海、湖"。在中国大学校园中,不乏三者居其一或其二者,然三位一体,集聚一校,唯厦门大学一家。难怪鲁迅一到厦门就这样评价厦大——"背山面海,风景佳绝"。具有90多年办学历史的厦大无不受这"风景佳绝"的人文地理环境影响,并打上了深深的烙印。

背倚五老峰,铸造了厦大的坚实厚重。

厦大背倚峥嵘凌空的五老峰,好像是五位须发皆白、历尽人间沧桑的老人,翘首遥望茫茫大海。五老峰,直立于海滨,直插天际,气派非凡,难怪人称"五老凌霄"。背倚五老峰,巍然屹立天地间,立地顶天静无言,稳定、稳重、稳健,意味着原则和坚定;背倚五老峰,以静制动,以稳重与无言,不仅宣告自己的存在,而且向世界展示自己的壮美与奇特;背倚五老峰,手牵手,肩并肩,紧相连,齐心协力勇往直前;背倚五老峰,攀登举步维艰,当你到达峰

---

[1] 该文以《厦大的性格》为题发表在《厦门大学报》2012年12月21日。

巅,抬望眼,风光无限;背倚五老峰,南普陀佛光普照,古寺重重,气象万千。坚实、坦荡、深邃、挺立,这就是作为山的固有品质。

　　山,铸造了厦大坚实厚重的性格,优秀的品质,厚重的人文。厦大历经沧桑,在狂风暴雨中岿然不动,在海啸洪水面前毅然挺立,浩然正气冲云天。1937年全面抗战伊始,萨本栋校长毅然带领厦大内迁长汀,在艰难的8年岁月中,在日本侵略者飞机不断空袭的威胁下,"弦歌不辍",业务渐精,规模日大,声誉日隆,被誉为"东南最优之学府",成为名副其实的"南方之强"。国外学者十分惊讶这种战场与大学并存的奇迹,称厦大为"加尔各答以东第一大学"。矢志不渝,坚守着建校之初陈嘉庚先生所确立的"研究高深学术,养成专门人才,阐扬世界文化"三大任务,坚实厚重的性格一直支撑着厦大的成长。

　　面朝大海,孕育了厦大的博大包容。

　　厦大之所以为厦大,因为有海。厦大白城的大海,潮起潮落,顽强执着;矢志不渝,永不停息;赴汤蹈火,在所不辞。星球蔚蓝,源于大海;天运地行,生生不息。站在白城岸上,乍一看大海似乎随波逐流,柔情似水,然而内心却异常坚定,强大无比,尤其深厚。面向大海,不得不钦佩大海的勇气和意志,那千万年如一日的坚强毅力。大海的包容大气,历经沧桑,承受着大自然加给她的所有苦难并将之渐渐消解。百年沧桑,在她只是弹指一挥,留下的只是她的包容与祥和,拥有博大的胸襟去包容人生中的悲伤与痛苦。大海能屈能伸,她有足够的能力去化解大自然给予她的压力。面对各种不同礁石的阻碍,百年之后,那巨大的礁石已被大海磨去了棱角,臣服于大海的脚下,而大海,依然还是大海。大海,能够拥有她的那份豁达和包容,她通达远近,崇尚流变。

　　海,孕育了厦大博大包容的性格,博大的情怀,包容的心胸。因此,历史上的厦大,有了辛勤持掌厦大16年、力推现代大学理念的林文庆校长,有风格迥异的思想家、文学家鲁迅与语言学家林语堂同时执教,有了历史学家顾颉刚,也有了化学家刘树杞,更有后来的人类学家林惠祥、生物学家汪德耀、化学家卢嘉锡,等等,不胜枚举。虽然文理有别,观点各异,但同校相容,息息相生。正是博大包容,陈景润在穷困潦倒之际,王亚南校长敞开胸怀毅然接纳了他,才有了"哥德巴赫猜想"研究的巨大突破。正是博大包容,最早向世界开放,"博集东西各国之学术及其精神",广纳世界各地的精英,形成大师云集的厦大。正是博大包容,才有厦大人的敢为人先,开拓进取,在一年之内将崭新美丽的翔安校区展现在世人面前。

怀抱芙蓉湖,涵养着厦大的宁静平和。

厦大校园里的芙蓉湖,是学子们永恒的记忆。不管外面的世界再风起云涌,惊涛骇浪,芙蓉湖依然是那么平静如镜,宁静不乱。芙蓉湖,清净透彻,充满了灵性和灵气;芙蓉湖,集雨为细流,纳点滴归大海;芙蓉湖,平日温文尔雅,波澜不惊,长久历练,积蓄能量,时刻展现自己的存在;芙蓉湖,碧绿清纯,平和谦虚,天地可鉴;芙蓉湖,她"容万物而不争",具有高风亮节之奉献精神。这就是芙蓉湖的性格:不张扬、不骄横、含蓄内敛、外柔内刚、乐于奉献。

湖,涵养了厦大宁静平和的性格,宁静致远,谦虚平和。芙蓉湖的清澈如镜,造就了厦大人的清澈透彻、谦虚稳重、安静平和,尽管世界繁华浮躁,厦大人安居于这宁静的东南一隅,潜心专研,刻苦攻读。那种敢于天地间独往来的个性,已经融入每一个厦大人血脉里。正是这种精神,不随波逐流,坚守着理想,以"能与世界各大学相颉颃"和"自强不息,止于至善"的豪气和精神,开拓进取,使厦大在世界大学之林独树一帜。

厦大以其巍峨的五老峰,宽阔的大海,宁静的芙蓉湖,孕育了她坚实厚重、博大包容、宁静平和的性格。既有山的稳健与坚定,又有海的大气和包容,还有湖的灵动与平和。山、海、湖和谐相处,刚柔相济,动静结合,仁智相容。正是由于厦大这种独特的人文地理环境,蕴含着山的性格、海的气度与湖的品质,经过九十多年的历练,筚路蓝缕,励精图治,开拓进取,塑造了厦大"止于至善"的完美品格。

一千个人眼中有一千个厦大,这,就是我眼中的厦大。

● 学道有师

请教潘懋元先生（2018.10）

  现在我时常感觉到身后有一双眼睛在注视着我，在关切着我，在鼓励着我，我不敢轻言放弃，不敢放松自己。在学术道路上有先生的导引，将使我不断追求争取达到最完善的境界，正所谓"学道有师，止于至善"。

智者风范　仁者襟怀
——我与潘懋元先生的故事[①]

百年风雨,世纪沧桑。潘懋元先生,一代鸿儒,学养渊深;智者风范,仁者襟怀;德术弘通,明道致远;高教泰斗,学人典范;桃李芳菲,誉满天下。

初识潘先生是上世纪90年代。1997年6月,学校邀请潘先生到桂林讲学,主题是"面向21世纪中国高等教育面临的挑战及可持续发展战略",我有幸接待潘先生。先生学界威名如雷贯耳,仰慕已久。但当面认识先生,深深被他的平易近人、和蔼可亲的长者风范所感染!2001年,全国高等教育学专业委员会常务理事会在桂林召开,主题是讨论女性高等教育,受理事长潘先生的委托,会议具体由我负责在桂林承办,会议规模虽不大,但会议开得还算成功。会期不长,但近距离领略了大师的风采:大家风范,仁厚谦逊。从此以后,学术之路,一直得到先生的提携和关照,感恩之情,常怀于心。

两次成果鉴定

2001年、2005年我先后主持的两项教学成果项目在省级评奖中获一等奖,准备报国家级教学成果评奖,按要求需要召开鉴定会议。这两项成果鉴定都是先生作为专家组组长组织鉴定的,这对我是莫大的鼓励和支持!特别是2005年,我主持的教学成果项目《地方高等学校教学质量保障体系的

---

① 应厦门大学教育研究院之约,为庆祝潘懋元先生百岁华诞而作,发表在厦门大学教育研究院"我与潘先生的故事"之专题网站。

建构和运行》已获得省级一等奖,那段时期,请先生作为专家组组长进行教学成果鉴定的学校特别多,我怀着试一试的心态,拟邀请他来主持鉴定我的项目,令我意外但更多是欣喜的是,他非常愉快地答应了,并与我的博士生导师华中科技大学文辅相先生、教育部蔡克勇先生等专家一起远道桂林,对我的项目进行了鉴定,并给予了充分的肯定和评价,同时也提出了许多中肯的意见。该项目在2005年高等教育教学成果评奖中荣获国家级二等奖。另外,我2001年完成、提交的成果《地方高师院校课程体系模块建构与实践》获自治区级一等奖。这些成果的取得都离不开先生的教诲、帮助和指导,不断鼓舞我奋力前行!

三次赐序

令我感到自豪和骄傲的是,自己先后有三本专著是先生赐序的。

第一次,在我的博士学位论文《中国高等教育系统的生态学分析》基础上修改完成的专著《高等教育生态论》2005年正式出版,先生在百忙中为本书欣然作序,还给了我这个晚辈让人感觉受宠若惊的评价:"本书的出版,一方面可以丰富中国高等教育发展理论,同时为高等教育问题的分析增添了一个新的研究视角。另一方面本书研究所得出的有关高等教育生态问题的相关结论,可为有关部门和高等学校的决策提供重要参考。"先生还在多种不同场合对我的研究方法给予评价和鼓励。

第二次,2012年,我的国家社科基金项目研究成果《区域高等教育发展论》出版,这本专著也是先生特别为我作序的。先生对学术要求很高,也十分慎重,为了给这本书写序,先后几次致电与我讨论相关问题,并审阅了全部章节。如此重视和认真,既让我心存感激,又不敢轻易怠慢。先生在《序》中写道:"2005年,我曾为贺祖斌的《高等教育生态论》一书写序,他所阐发的高等教育生态观有重要的启示。"结合我这本《区域高等教育发展论》,他评价道:"两本著作,一本是以社会生态学的原理与方法研究高等教育问题,一本是从区域经济学的原理与方法研究高等教育问题,所体现的不仅是多学科观点的研究方法,还可看到两门不同学科在高等教育发展研究上的结合。"先生言语中充满着对后生晚辈的鼓励和提携。

2012年到2013年,经广西壮族自治区党委推荐,教育部安排,我有幸到厦门大学挂职校长助理。厦大面朝大海,怀抱芙蓉湖,底蕴深厚,风景绝佳。当然,我知道,先生在厦大,我心中满怀欣喜,因为这是近距离跟先生学习的最好机会。工作期间,协助邬大光副校长分管教学工作,同时经常与别敦荣、刘海峰、史秋衡等教授学习交流,参与研究院的学术活动。因此,每到周末,如没有其他安排,我会参加先生的周末学术沙龙,那是我在厦大最愉快的一段时光。先生的学术沙龙在周末准时开始,从来都是济济一堂,春夏秋冬,寒来暑往,20多年从不间断。沙龙内容丰富,品茗谈心,学术、生活、时事畅所欲言;在这种融洽的氛围中,先生的人格潜移默化感染着学生,并逐步形成了他独特的讲授方法和育人方式。正所谓:淡若清气,桃李满天下;雅如馨兰,书中任岁月。

挂职结束后,我将我多年对大学的思考以及在厦门大学期间对高水平大学的深度观察整理成书,取名为《思考大学》,我将书稿寄给先生审阅指点。因为已经有两本书麻烦先生作序了,如果再次提出写序之事,显然过分了,尽管心里有这个想法,但不敢提出!但先生看完书稿后,他主动跟我说:需要我写几句?这天大的好事,我简直不敢相信自己的耳朵!于是,我就有了先生第三次赐序的荣幸。他在序中写道:"《思考大学》是从多角度与前瞻性来思考大学何为的佳作之一,从实践出发,追踪大学历史、考察大学文化、思考大学问题、沉思大学理念、比较中外大学、评论大学改革、发扬大学精神。既从大学校长的角色研究大学,又从旁观者的角度观察大学。鉴古而不泥古,前瞻而不脱离现实。将古与今、理论与现实,较好地结合起来。相信这本书的出版,将会引领更多学者思考今日的'大学何为'。"如此厚爱,实在不敢,受之有愧。

深夜访谈

2012年夏,我参加教育部组织的厦门理工学院本科教学工作合格评估,其中拜访先生也是我这次厦门之行的目的之一。白天忙评估之事,到先生家里已是晚上9点多了,深夜打扰,心里十分内疚。一进门,就听到先生爽朗的招呼声:哈哈,是什么风把你吹到厦门来啦!这热情的招呼声,顿时拂去白天疲惫,倍感到家的轻松、无拘无束。一坐下来,先生连问了我三个问题:忙什么?干什么?写什么?我一一做了汇报。三句不离本行,直接就进入讨论主题。记得2001年在华中科技大学的高等教育质量研讨会上,先生提出:"解决高等教育质量虚假下降的对策是转变教育质量观,采取多样化的招生方式与评价标准。"当时这些观点在学界还有一些争议,现在回头来看这些观点一一被高等教育实践所证实其正确性。我笑着说:先生具有超强的战略眼光。他听后哈哈大笑:我只是陈述一个事实,高等教育研究必须要有前瞻性。在众多的赞誉声中,先生从不独揽功绩,尤为淡泊。

话题谈到刚刚结束的高考,先生对目前的高考制度不满意:现在的高考制度,按照分数高低录取,大学选拔不出按专业要求所需的人才,学生所学也非自己的兴趣专业,造成了人才培养的"扁平化",缺乏个性;目前这种考试制度亟须改革。我还清楚地记得,那次深夜访谈,话题涉及区域高等教育研究、开放大学办学、学术沙龙等。原计划半小时的拜访,我们一聊将近两小时。当我告辞先生时,已是深夜。看着他那慈祥的目光、温和的微笑,就像感受厦门夏天的海风,能使烦躁的心安静如水,舒服无比。我忍不住上前拥抱着先生,紧握着先生的手,舍不得离开,只想在先生身边得到更多的教诲。先生一直目送着我离开,就仿佛父亲一样,目送着孩子,转身,又再回首。在不舍的归途中,回想起先生的叮咛,心中默默地祝福先生健康、平安,期待再请教先生,再听先生上课。那次深夜访谈,我写了一篇文章《清气若兰　厚德泽人——访著名教育家潘懋元先生》,发表在2012年6月29日的《广西日报》。

"潘公树"

2015年年初,组织决定让我调任玉林师范学院校长;对于担任这一新职,当时从我本意讲,的确有些犹豫。于是,我打电话征求先生的意见,他听完我的想法后对我说:"有很多教育学者有自己的教育理想,但缺乏实现理想的平台,这里是你实现教育理想的很好平台,你应该去,到时我去看你。"顿时,我醍醐灌顶,豁然开朗,就他这一句话,我愉快地接受了组织安排。正如先生所言,三年的玉师岁月,给了我实现理想的平台、施展才华的舞台。

我到玉林的第二年6月,区教育厅让我负责筹备主办"应用型高校建设与转型发展高峰论坛"。我非常希望先生能驾临,但考虑到路途遥远,从福厦鹭岛到岭南都会,需要乘飞机、坐汽车,舟车劳顿,先生会来吗?我试着向他表达我的想法时,他十分爽快:哈哈,我去年说过去玉林看你,这是个好机会!先生不顾高龄,远道而来,参加了论坛,并作"高等教育转型发展"的主旨报告。当时担心他太辛苦,初定报告的时间控制在40分钟左右,可先生兴之所至,话匣打开,就讲演了一个半小时,说历史、谈改革、讲故事,旁征博引、深入浅出、娓娓道来,人闻之而沉醉、深思之而灌顶。报告结束后,先生婉拒了众人扶他休息的请求,表示不能早退,一定要好好听听与会高校代表的发言。先生又拿出早就准备好的纸笔,细细倾听、认真做笔记,全程参加了整个会议。先生的演讲和行为,诠释了一名优秀人民教师的深刻含义,展现了一名学术大家的学者风范。在先生讲演结束之后,与会人员全体起立,以经久不息的热烈掌声,向先生表达了最由衷的崇敬与谢意。那一刻,我默默地看着先生,虽然已是高龄,但精神矍铄,思想永远年轻,和先生交往20多年过程中的一幅幅画面,浮现眼前,仿佛就在昨日。

先生的参会,本身就是对学校和与会者的最大支持和鼓励,让我终生难忘!除了作学术报告外,他还为学校留下具有历史意义的礼物:一是他帮学校题写"服务地方,建设应用型高水平大学",这既是为学校确定了办学目标,也是他对学校的寄语;二是在校园亲手种下一棵榕树——"潘公树"(由别敦荣教授命名,我书写)。如今榕树正像他一样,叶茂如盖,四季常青,不畏寒暑,傲然挺立。

对话与题字

2017年7月,我调任广西师范大学校长,报到的第二天,就接到先生亲自打来的电话祝贺,同时给予我很多鼓励,让我感动不已!2018年10月22日,我带领学校中层干部参加由厦门大学教育研究院专门为学校开设的教育管理培训班。当然,专程去看望先生也是任务之一。到厦门的当天晚上,我来到家里看望他,机会难得,我就大家关心的高等教育发展的热点问题一一向先生请教,特别是就地方高校"双一流"建设、加强本科教育、地方高校内涵式发展、转型发展和协调发展、人工智能等相关高等教育热点问题进行了讨论。在2小时的讨论和请教中,虽98岁高龄,先生精神矍铄、思维清晰、逻辑严密,体现了学养深厚、见识丰富、仁厚谦逊。在结束谈话时,请他为学校题字,先生挥毫泼墨,写下"为建设国内一流、国际知名、教师教育特色鲜明的国内高水平大学而奋斗"。如今,我将珍贵的墨宝镌刻于学校办公楼,每当走过办公楼,我就想起先生的谆谆教诲,念起先生对学校寄予的期待和厚望,心中充满了使命感与责任感。

本次访谈,我将其整理成文,以《对话潘懋元:地方高校内涵式发展》为题发表在《高等教育研究》2019年第2期。本文发表后,反响很大!特别是先生的一些学术观点引起高等教育界的高度关注:"一流大学既可以是具有卓越科研实力的研究型大学,也可以是特色鲜明的行业型院校;既可以是学科齐全的综合性大学,也可以是'小而精'的学院;既可以是历史悠久、底蕴深厚的老牌大学,也可以是锐意变革、勇于创新的后起之秀。"在谈到地方大学转型发展时,他说:"每所大学都具有转型发展的话语权。"关于人工智能教育,他认为:"高等教育既要培养自然人,还要培养机器人,使之成为专门人才。"

他的高瞻远瞩、视野宽宏令人钦佩!先生不愧为"高教泰斗,学人典范",言谈之中,窥见其端方、勤学、善教、豁达。

"厦大高教讲座"

"厦大高教讲座"是厦门大学教育研究院面向师生开设的一个学术讲堂,不定期邀请国内外学者和专家开讲。我有幸两次做客"厦大高教讲座",并得到先生循循善诱的指导。

第一次是2013年元月,当时我正在厦门大学挂职,应邀做客第22期"厦大高教讲座",主题是:高等教育生态系统研究。报告结束后,在潘先生的引导下,老师和博士生纷纷就相关问题谈了自己的见解,现场就一些生态问题展开了一场小辩论,讨论氛围浓厚,原计划的一个半小时报告会,整整开了半天。在先生开明、民主的师风影响下,学术氛围浓厚,大家畅所欲言,让我真正找到了学术对话的平台。在大家的讨论与争论中,我也懂得了先生的良苦用心：用讨论来理解教育，用对话来传道授业解惑。我受益匪浅，获益良多。经过这次讨论，我对过去自己的一些学术观点也进行了反思。

第二次是2019年11月第121期"厦大高教讲座"，报告主题是：高等教育生态承载力。仍然是关于高等教育生态这方面的话题，因为我觉得在厦大这个中国高等教育研究的殿堂，只有最新的研究成果和思想才配得上荣登这个讲台。这次讲座，事先并不知道先生要参加，到了现场见到先生，高兴之余多几分忐忑。而让我受宠若惊的是，在大家提问、讨论结束后，先生对我这次报告，足足用了半小时进行点评。他说："作为一名校长，能够坚持研究，坚持理论研究，坚持大学生态学的研究，而且今天研究得更具体、更深入，同时还能结合他的工作，我认为这样的校长是很不错的。他和厦门大学关系很深，他曾经在厦门大学挂职校长助理，挂职的时候写了许多文章，其中一些随笔，都是很多人平时关注不到的内容，又生动、又深刻，文笔也好。比如他到厦大咖啡屋去享受咖啡，关注大学咖啡文化，等等。"先生对我的关注与褒扬让我感激之余不敢懈怠。

我们都知道学术上有一条"潘氏守则"：板凳敢坐十年冷，文章不写半句空。这是先生一生秉持的治学之道。先生对晚辈的关爱和厚望是我一生的精神财富！先生严谨的治学态度、前瞻的学术视野、渊博的人文知识，更是深深地影响了一代代聆听过先生教诲、拜读过先生大作的后学晚辈。先生，永远是一座巍峨的高山，高山仰止，景行行止，永远是我学术和成长道路上的明灯。祝愿先生永远年轻，健康长寿！

学道有师　止于至善
——忆恩师文辅相先生[①]

2005年9月在我的博士论文《中国高等教育系统的生态学分析》基础上修改而完成的专著《高等教育生态论》正式出版，著名高等教育学家潘懋元先生，在百忙中为本书欣然作序，还给了我这个晚辈受宠若惊的评价："本书的出版，一方面可以丰富中国高等教育发展理论，同时为高等教育问题的分析增添了一个新的研究视角。另一方面本书研究所得出的有关高等教育生态问题的相关结论，可为有关部门和高等学校的决策提供重要参考。"这也算是在学术之路上一个阶段性的总结。在书"后记"中对自己的求学之路作了一个回顾，每个人所走的路不同，其感受也就各有差异，但对导师的那份敬和爱我想每个人都会满怀深情。

回想起自己求学的历程，不禁感慨万分。在读本科期间，我学的是生物学专业，但自己一直喜欢教育学专业，以致读书期间所写的学年论文以及后来的本科毕业论文都是关于教育学方面的选题。也许正是由于这一点，本科毕业后，承蒙老师们的错爱，得以留校从事高等教育管理和研究工作。这是我非常喜欢的工作，多年以后我才明白将自己喜欢的专业和实际工作结

[①]【题注】2011年3月8日下午，惊闻先生仙逝，泪如雨下。先生教诲，宛若昨日。回望门下求学，先生博学多才、思维敏捷、温文尔雅、治学严谨、为人宽厚，享誉学界。先生恩情，德泽于人。忆2006年秋，先生七十大寿，门下弟子欢聚一堂，我特撰"文以载道，辅之厚德，相得益彰"之匾牌，集古贤佳句以颂，表学生之敬意。师生浓郁之情，历历在目。噩耗次日，心急如焚，自京都急赴江城，面悼恩师，以寄哀思。此文记于2005年年底，谨摘于此，以表缅怀之心、自励之意。该文发表在《学园》2011年第4期。

合在一起真是莫大的庆幸。自己觉得教育理论的基础还很不够,于是我又攻读教育管理专业方向研究生,并获得教育学硕士学位。执着和不懈注定我要选择一条比较艰难的道路:从管理工作开始,在管理中探索自己的研究方向,然后才逐步走向自己的学术研究之路。学术的理想使我又选择了攻读高等教育学专业博士学位的道路。2001年,我怀着忐忑不安的心情走进了仰慕已久的华中科技大学,来到美丽的喻家山脚下,开启了人生的另一次征途。校园树木葱茏、碧草如茵,优雅和秀丽的生态环境,是读书治学的理想园地。青年园中林荫小道漫步阔论,四月天里喻家山上登高晨练,点点滴滴,魂牵梦绕。经过几年的学习和积累,老师们把我引入了全新的学术殿堂,拓宽了我的学术视野,扩大了我的学术交流,同时我也有许多机会将学到的知识直接用于教育管理工作中,提高了自己的管理水平。

师从导师文辅相先生是我一生的荣幸。先生博学多才,思维敏捷,温文尔雅,以"治学严谨,为人宽厚"在高等教育研究界享有盛名。2001年春,乘全国高等教育学研究会学术年会在华中科技大学召开之机,我第一次登门拜访久仰的先生,恰逢先生重病出院不久,尽管交谈时间不长,但先生的一席话,更坚定了我投奔先生门下的决心。先生的指导既严格要求,又温笃善诱,令我终生感激与敬佩。在先生门下,学到的不仅仅是学科知识,同时学到了许多做人的道理。先生从不当面否定,即使有不同看法,总是说再考虑考虑,以致后来我习惯将"再考虑考虑"视为否定。我的博士论文选题在"再考虑考虑"中三次易题,每次都在与先生讨论中得到新的启迪,在不断自我否定中得以升华。先生经常告诫"没把握的问题不要自己去证明自己不懂",也就是说对不懂的问题不要随便发表不成熟的观点,这对自己不仅在学术上,而且在工作生活中都有很多有价值的启示。

先生在生活中是一个十分幽默、宽厚的人,也是性情中人。记得2002年夏他与师母来桂林休假时,我陪他在阳朔著名的西街品茶聊天,在对桂林的人文和风景大为赞赏的同时,不时将他自己过去的生活和师从过他的学生的学习生活中的一些趣事与我分享,时而高谈阔论,时而大笑开怀,一直到凌晨还不愿离开。2004年中秋前一天,为论文的事我给他打电话请教,他说了一句当时我没想到至今让我难以忘记的话:"我明天有空,到武汉陪我过中秋。"这时我才知道什么叫一言九鼎,什么叫豪情万丈。我二话没说,当晚就坐上火车赶往武汉,陪他过了一个十分愉快的中秋节。明月下校园中我们师徒二人无拘无束畅谈了许多,同时向先生汇报自己的生活、学习、工作、理想、家庭等。后来我想,不是老师对学生的那种如父之爱,我哪有这种待遇?现在我常常还想,如果哪天接到先生"我明天有空"的电话,作为学生那是多么幸福和骄傲的一件事!

2004年年底,我主持的一项高等教育教学成果项目《地方高等学校教学质量保障体系的建构和运行》已获得省级一等奖,正准备申报国家级奖,按要求需要通过国家级鉴定,我想请先生作为专家对我的项目进行鉴定,但所定下的时间恰逢我作为专家组成员参加教育部组织的对泉州师范学院的本科教学工作评估,不能请假,作为项目主持人不能参加鉴定会又不妥。但他只说了一句"没事,我去",他二话没说偕师母赶到桂林与潘懋元先生、蔡克勇先生等专家一起对我的项目进行了鉴定,并给予了充分的肯定和很高的评价,同时也提出了许多中肯的意见。该项目在2005年高等教育教学成果评奖中荣获国家级二等奖,这结果无疑是对我的研究成果的高度肯定。后来我才知道其实那几天他是推掉了其他事专程赶来的,老师对学生的爱博大宽厚往往体现在关键时的细节处,学生心中的感激无以言表。

我的毕业论文和后面的专著写作,不论从选题、构思、定稿、资料收集乃至将论文修改成书出版等诸多环节,均留下了先生悉心指导的身影和墨迹。尽管尽了最大努力,但自己才疏学浅,再加上主管的教学工作千头万绪,拙著仍不能尽如人意,实在愧对先生厚爱。《高等教育生态论》出版后我第一时间托朋友给先生送去,扉页上我写上"恩师教诲,永生不忘",他拿到书即给我打来电话说"书不错,希望继续努力"。我知道这是给我很高的评价了,同时不忘鼓励我还要在高等教育生态领域里继续研究下去,毕竟这是一个新的研究领地,坚持下去肯定有成果。

刚上初中的爱女曾经用一句被同学认为很富有"哲理"的话来形容读博的苦:"读博士就是自己挖一个坑,然后自己跳下去,又慢慢地把自己埋起来再逃出来的过程!"但正是这句俏皮话,对选择并实现这一目标过程的凤凰涅槃作了最好的注解:死而后生,灵魂得到升华,生命得以永生。这其中,也包含着先生的呕心沥血和博大宽厚的爱。现在我时常感觉到身后有一双眼睛在注视着我,在关切着我,在鼓励着我,我不敢轻言放弃,不敢放松自己。

在学术道路上有先生的导引,将使我不断追求争取达到最完善的境界,正所谓"学道有师,止于至善"。

天行健,君子以自强不息;地势坤,君子以厚德载物。先生年事已高,身体也不是太好,由于担任多个学术职务和社会兼职,还在为我国高等教育研究和发展到处奔波和忙碌。学生在心中默默为您祈祷:顺和、平安、健康和幸福。

虚怀若谷　正直包容
——追忆高教研究先行者黄刚先生

桂林的这个冬天一直很冷,今年的春节过得有些寒意。

刚过完元宵的第二天上午,正在书房写点东西,忽然接到师母黄丽转老师的电话:黄刚老师今天早上走了。我一时说不出话来,愣了半天才回过神来:真的走了!记得前一天我还跟同事谈起他,听说他上次出院后身体好些了,相约过元宵节后去看看他。不想这就走了!后悔自己为什么不抓紧时间去看望他一下。

回想起慈祥、善良的他,让我想起了许多……

人一生中在不同阶段会有若干位导师,黄刚老师就是我走上工作岗位的第一位导师。我1987年本科毕业后留校分配到教务处,一同分配到教务处的有何茂勋、梁启谈和刘翠秀,从来都没有进过应届毕业生的教务处,一下增加了四位年轻人,显然带来了新的活力。我和启谈被安排在高教研究室,这正是我在读书时期一直喜欢的专业和研究领域。当时,研究室主任是黄刚老师,另外还有黄宗禄和崖远培两位老先生。上世纪80年代,高等教育研究在我国刚刚兴起,能够专门成立研究机构,有这么多研究人员,同时还创办一份刊物《教学研究》,这等规模已经是相当了不起了,这完全得益于第一任主任黄刚老师。当时,我们初生牛犊不怕虎,刚刚工作总想干点什么,没过多久,就给黄老师惹祸了。我和启谈想针对当时学生反映某门公共课的教学不甚满意的现状做一项调查,写一份调查报告给学校领导参考。我俩对老师课堂教学和学生的学习反馈做了很多调研,最后以一节课的案例对课程教学做了实录,并对老师的教学方式和内容做了详细的分析和点评。我们自己感觉良好,还暗想会得到领导的夸奖,没经过审核就以简讯形式将调查报告刊发出来。没多久,可炸了锅,当事老师找上门责问:我是这样上课的吗?你们是认为我教学工作极不负责任,是不重视公共课教学?等等。当时的学校领导也责备:这样的报告怎么没经过审核就刊发了?我俩承受了相当大的压力。这时,作为主任的黄刚老师将一切责任全部承担,他在回复上面追查责任时说了一句我至今都记得的话:年轻人不太懂,有什么问题都是我的责任。之后,他也从来没有责备我们,总是和风细雨地慢慢地教我们如何做、怎样做。他总是这样,对年轻人包容、厚爱和引导,让我们在现实世界中多角度地认识社会,在宽松包容的氛围中不断成长。

他常跟我们讲起他的过去。黄老师1936年出生于广西宁明,壮族人家,家境贫寒,中师毕业后,又考上当时的广西师范学院中文系,1960年大学毕业后留校工作。长期在师范大学工作,对师范教育特别有感情,因此,他对师范教育的研究也饱含深情。在20世纪80年代初,他参加了全国高师教育管理专业委员会,并担任秘书长一职。学会每年召开一次年会,作为秘书长他必参加,而且一定会提交学术论文。每次开会回来,都会给我们上一次课,其内容就是会议讨论的主题、与会者发言的内容以及会议期间一些学者的逸闻趣事,等等,让我们这些年轻人即使没有与会也获益不少。我记得有一次会议,他提交的会议论文是一篇课题报告——《结构·特点·方略——不发达地区高校师资队伍结构优化问题的思考》。该课题以师资队伍建设的实践经验体会为基础,从不发达地区区情及发展需要出发,对高校师资队伍结构优化问题进行探讨。该论文在与会讨论中得到专家们的高度评价,之后还在《高教论坛》发表。另外,1994年在《高等师范教育研究》发表的《未来教师的培养与高师教育改革》是他一篇具有学术代表性的论文。他对我写的文章要求很严格,我写的东西经过他手总会找出一些问题,常为他严谨认真的治学和对年轻人高度负责的态度深深感动。就在这不断的修改过程中,我写文章的质量也在不断提高和完善。

1995年,我作为副主编参与黄刚老师主持的课题《高等学校教学质量管理系统》的编写工作,在他严格的要求下,战战兢兢完成了我负责的写作任务,自己的写作水平也因此有了质的飞跃。黄老师又花很多时间,对全书初稿做了十分细致严谨的修改。这种精益求精、字斟句酌的科学精神,确保了书稿的学术质量,该书于 1996 年在广西师范大学出版社出版。当时,以教学质量为主题的专著在国内不多,专著出版后引起国内同行的关注,曾经一度脱销。于是,以教务处的名义主办了几期"全国高等学校教务管理讲习班",我们一边讲课,一边推销我们的管理理念和管理经验,让其他高校了解我们,并接受我们。经过努力,我们的管理经验和思想在地方高校教务处有了一定的影响。

多年来,学校的教学成果在国内地方高校有很大影响,也取得突出的成绩:20 年 5 届全国普通高校教学成果评奖中,教务处获得 3 次国家级二等奖、1 次自治区一等奖、1 次自治区三等奖,这样的成绩在国内高校同行中也不多见。这些成绩的取得,与黄刚老师当年在教学成果制度建设方面奠定了很好的基础有很大关系。他不但指导和鼓励学校老师们做,自己也带头做。由于黄刚老师长期教学管理研究的积累,再加上所带领团队的努力,于 1989 年由阎金童、林祥任老师为代表申请的教学成果《教学管理的基础建设的成果》获得首届国家教学成果优秀奖;1993 年由阎金童、黄刚等为代表的项目《管理—研究—创新:实现教学管理的科学化、现代化》又获第二届国家级教学成果二等奖。由于成果突出,1995 年黄刚老师获国务院颁发的政府特殊津贴,这也是政府对他取得的成就的一种肯定。在后面的 3 届教学成果评奖中,他虽然退休了,我们还经常请他做一些指导工作。1997 年黄刚老师主持的第三届教学成果《教学质量管理系统的建构与实践》获自治区三等奖;2001 年由我主持的第四届教学成果《地方高师院校课程体系模块化结构的构建与实践》获自治区一等奖并推荐申报国家级奖;2005 年由我主持的第五届教学成果《地方高等学校教学质量保障体系的建构与实践》获国家级二等奖。这些成果的取得,与黄刚老师当年在教务处建立的教学成果制度有密切的关系,同时,也深受他带领大家一起做课题并形成学术研究氛围的影响相关。他的管理经验和制定的制度成为教学管理的精神财富;他的求真务实、精益求精的严谨治学风范,也一直成为鼓舞后辈、鞭策自己的榜样!

"管理—研究—创新"是以黄刚老师为代表的老一辈师大教务处人提出的教务处的"处风",当时是经过全处同志充分讨论确定的,算是一种集体智慧。之后，虽然历经几届领导，但这六字"处风"一直没变。也正是坚持这一管理思想和理念，才使师大教务处取得系列理论和实践成果，在全国地方高等学校教学质量管理领域形成不可替代的影响，并取得独特的地位：20年5届全国普通高校教学成果评奖中，3次获得国家级二等奖，3次获得全国普通高校"优秀教务处"称号，3次被评为全国优秀高等教育研究机构，等等。这些成绩的取得，饱含以黄刚老师为代表的老一辈教务处人的心血，包含几代教务处人的努力。他们中有：黄平秋、张金长、郑秉金、阎金童、林祥任、袁鼎生……

黄刚老师一向以正直、廉政著称，在他眼中容不得半点沙子，甚至在有些人看来有点不近人情。在他担任教务处处长期间，也常有些人为了招生的事找他，人家带点家乡的土特产来，他不好意思将其物品退回，就折算成现金买下来。由于他这种清廉的处事风格，之后再也没人敢向他送礼了。他自己生活上要求不高，十分简朴，甚至有些"抠门"，但在帮助有困难的人时却鼎力相助，十分大方。同事家里有困难时，他总是第一个出现；别人生活上或思想上有问题时，他的温暖肯定会在第一时间传递给你……这就是他，正直清廉、热情大方、助人为乐，同时为人豁达、勤于著述、待人亲切诚恳，学风朴实而严谨。

他多才多艺，还有很多业余爱好，这点很多人不知道，比如：吹拉弹唱、作曲作词等。有一次，他跟我和启谈说起他的愿望，说退休后买一把一直想买而没有买成的扬琴，一边作曲一边弹琴，过一种浪漫的休闲生活。这事我俩一直记在心上，他退休后，我和启谈就专门买了一把扬琴送给他作为礼物。他当然十分意外和高兴。但不久他就各回赠了我俩一幅挂毯，这就是他：从不轻易接受礼物，哪怕是他至爱的学生。虽然，我搬了几次家，但他送我的这幅挂毯我一直保留着，并挂在房间。如今，睹物思人，它成了我对黄老师永远的追忆和无限的思念。

他对我的关心从参加工作到如今，我的每一次进步和成长，他都会为之高兴，为我加油。同时，对我女儿的成长也关怀备至，他连续为我女儿订购了《国家地理》杂志，不时给予鼓励和关怀。一些平常话，总让我们感动不已。由于工作关系，我于2007年调往南宁工作，回桂林的时间少了，专门去看望他的时间也少了，向他汇报工作的机会也少了。但每到假期，我都会带上家人去他家里看望他,跟他拉拉家常,聊聊天;每年的中秋节,我都会送上一盒月饼,表达我的一点心意。他就像我的家人,久不见就想见他。

  知道他得病是前两年,我去看他的时候已经出院了,全身多处糜烂、浮肿,不能吃东西,行动十分困难。当时我十分难过。但他十分乐观和坚强,还不时跟我开玩笑,说他还有很多事情没做完,马克思不会让他那么早去报到的。之后,他一直坚持用中医疗法医治,在附近的一个老中医处治疗,每周去一次,时好时坏,一直坚持了两年多。他那坚定的信心让所有人都受到鼓舞,我相信奇迹会在他身上出现,上帝一定会眷顾这位慈祥和善的老人。这几年,他一直在用顽强的意志跟病魔做斗争,他那乐观的态度、坚定的信仰让死神数次却步。

  虽然,他没能走进这春意盎然的季节,没能完成他未竟的遗愿——亲自谱写一曲《漓江曲》。但他坚定的信仰、包容的胸怀、正直的作风、乐观的性格彰显着那平凡的伟大,给我们后辈无穷的精神鼓励和力量。

2012年2月9日凌晨写于桂林

● 足迹

真实地表达自己的观察和思想,不受学术逻辑的束缚,不受严密概念的困扰。达到这样一种个性化状态,徜徉于快乐中的自由写作本身就是一种美好的力量,这样流淌出来的文字也自然绽放出理想和快乐的光芒。

思考者的精神气质

雷晓云①

一

相信一切真正入心的相遇都是缘,包括与书的相遇。

得知祖斌兄的又一新作《思考大学》问世,甚为高兴。同为华中科技大学文辅相先生门下,在校时与他并不相识,更多的是先生说起。先生在世时,只要谈起学生,就会说到他,有点言必谈的味道,说他的真诚、谦和、勤勉、进取、博学、才情等等。眼里话中,先生对他这个弟子的喜爱和欣赏,总是满满地外溢。能被严谨的先生如此称道的同门应该是相当优秀的,也因此,在得知《思考大学》时并无惊奇,甚至认为是他的当然之作。如果不是看到书的封面,如果不是被封面上那张专注思考状的黑白艺术照所吸引,如果不是照片让我想起"我思故我在"的名句,并心生好奇,应该不会与《思考大学》相遇。

望着那别具一格的封面,望着封面上那个熟悉又陌生的同门兄弟,望着他手握钢笔、轻抿双唇、凝神思索、颇有些文青范的思想者模样,禁不住产生好多问题:封面怎么会是这样的,不是思考大学吗?怎么不见大学,只有他自己?那大学在哪里,难道在他这个思想者的"思"里?那会是一种怎样的

---

① 雷晓云,广州大学教育学院教授,教育学博士。该文以《在行中思 蕴魂而思——〈思考大学〉别样思旅与精神气质》为题发表在《玉林师范学院学报》2016 年第 3 期。

思考轨迹？……与《思考大学》的相遇在好奇和期待中开启，一场引发我思考、唤起我回忆、苏醒我灵魂的精神相遇。

二

翻开书，目光被所附的一张小小书签吸引。书签和封面一样的黑白基调，制作算不上精良，但画面好有意境：茫茫的江面上，一叶扁舟轻轻泛起，渔翁端坐舟头，手持鱼竿，沉稳笃定，貌似万物于他已不在，除了垂落在江中的鱼线……好一幅寂籁的画面：江水人物浑然一体，和谐归一，时间在这里停滞，一切都静静的，静静的江面，静静的小舟，静静的渔翁，静静的鱼竿、鱼线，似乎鱼儿都不忍心跃起，怕扰了这静谧……好熟悉的意境，难道是"独钓寒江雪"再现？可又感受不到彻骨的雪寒。安静自己，继续沉浸于画面，确实没有寒意，不止没有寒意，似乎还感受到水下涌动的勃勃生机，感受到随时可能拂面的浓浓春意。琢磨、陶醉间，才发现画面右上角还有几个小字和一枚小小的印章，细看小字，原来是"独钓邕江春"，是他自己的摄影杰作。惊喜，顿时因这小小书签而温暖，且愈发好奇：他将对大学有着怎样的思考轨迹，呈现在《思考大学》里？

始读目录，带着阅读学术论文或学术著作的常规目光和习惯期待。全书分为"大学精神""观察思考""大学文化""大学校长""学术对话""大学评论""历史印迹""大学之旅"八大部分，各部分由若干独立的文章构成。"大学精神""大学文化""大学校长"这些不是外在于"我"的范畴吗？"观察思考""学术对话""大学之旅"却又是"我"的活动，是怎样的学术逻辑？

困惑中翻到书的内容部分，看"大学精神"篇。映入眼帘的不是对"大学精神是什么"的文字界定，而是一张老照片，一张熟悉中国高等教育发展历史、痴迷中国大学精神的人都不陌生的照片——"西南联大投笔从戎照"，照片模糊而厚重。照片下是一段不长的文字："大学高雅的文化品位和卓尔不凡的内涵，以及孜孜不倦追求自身的理想，注定其是社会道德与理性的凝聚之地。……"看照片，默读这段更像是个性化抒怀而非大学精神界定的文字，心中的困惑有点散去：也许《思考大学》本就无意于探讨什么范畴、建构什么体系？

困惑尚未完全释放,翻阅继续,来到《守护中国大学精神家园——寻访西南联大足迹》(以下简称《寻访足迹》)。《寻访足迹》,"大学精神"篇之首,也是整本书的开篇之作,被置于这样的位置,足见其在作者心目中的分量。既然这么重要的位置,我想,那令我困惑、让我渴望的《思考大学》之思韵轨迹应该会在这里,最起码可以在这里触摸到痕迹,感受到气息。且读且品且寻觅。《寻访足迹》篇幅不长,但内容丰富:从展览馆内三大校长的雕像到后山上的"三绝碑";从云集的大师名师到众多的杰出学生;从《抗辩书》蕴涵的知识分子之独立气节、傲然风骨到《国立西南联合大学纪念碑碑文》彰显的兼容并包、学术自由的大学精神,还有悠闲恬静、高洁远俗的茶馆文化……随着文字引领,着实足行、眼观、心悟、魂拜了一次西南联大……

我寻找的《思考大学》的思韵轨迹:不受严谨范畴概念桎梏,也少虑及逻辑是否严密,只是忠实地记录着自己的"行中之思",惬意地表达着自己的行走、观察和思考,自由畅快地倾诉着自己对大学的见识、爱恋和希冀……看"观察思考",悟"大学文化",学"大学校长",听"学术对话",析"大学评论",走"历史印迹",游"大学之旅",应该正是"行中之思"把这些看似不同语境的篇章串结在一起,构成别样的大学思旅。

如果不从"行中之思"的角度来看《思考大学》,可能会有眼花缭乱、坠入云雾的感觉。由于这些年来作者"行"的丰富性,比如,区域的广泛性,在广西不同高校任学校领导,到厦门大学挂职校长助理,还有到国外大学的游学等;角色的多面性,包括校长、老师、专家或者纯粹的观察者等;工作性质的多样性,高校管理、教学、咨询指导、游学等,"思"自然也不可能是单一的。文章所涉主题广泛,视角多维,潘懋元老先生在给该书所做的序言中就提出该书有八个视角,认为"多数文章从实践出发,追踪大学历史、考察大学文化、思考大学问题、深思大学理念、比较中外大学、评论大学改革、发扬大学精神。既从大学校长的角色研究大学,又从旁观者的角度观察大学",而且,文章的形式也是多样的,有游记随笔、报告演讲、访谈、对话、论文等。总之,文章从主题到表现形式经常切换,因此,只有基于"行"的轨迹才能体会"思"的韵味。

好像也明白了作者选择思考者形象做封面的意义。确实,大学就存在于他的思里,颇有点"我思大学在,大学在我思"的味道,"我思与大学"融为一体。"我思"之外的大学,肯定是客观存在的,但在与"我"相遇之前,于"我"没有意义,或者,只是一种潜在意义,故封面是"我思",凸显的是"大学在我思里"。

三

即便清楚了《思考大学》乃"行中之思",还是觉得有些信马驰骋、随心所欲。想到"随心所欲",自然蹦出"未逾矩",突然又好奇:这些看似形散的文章是否"未逾矩"?是否只是形散但神归一?是否有更深层的力量将它们凝聚在一起?

看着封面上"思考大学"的字样,望着作者思考状模样,想着他这些年行走的轨迹,想着可能的深层力量,脑海里突然出现《蓝莲花》的歌词:"没有什么能够阻挡你对自由的向往,天马行空的生涯,你的心了无牵挂……"笑叹:生涯确实够"天马行空"的,只是心并非了无牵挂。非但不是了无牵挂,反倒是有太强、太深、太执着的牵挂,对大学的。对,应该就是这种牵挂,对大学魂牵梦萦般的牵挂,才能让他在"天马行空般的生涯"中不停地思考、不停地记录。比"行中之思"更深层的那应该就是"蕴魂而思",是藏在行中、匿于思里的牵挂大学之"魂",正是这共同的魂让那些看似形散的文章凝聚在一起。

蕴魂而思,魂的归一,让《思考大学》的不同篇章散发出迷人的精神气质,也才让我不由自主、不断徜徉在这里:重拜岳麓书院,遥想当年"朱张讲会"的盛况(《书院文化与大学精神》);漫步国子监,默悟"圜桥教泽",近看"辟雍"堂皇(《感悟北京国子监》);跟着《走进厦大》,观厦大"山、海、湖"景观(《大学的性格》),赏厦大"穿西装戴斗笠"的建筑风格(《大学建筑与大学文化》),听校外南普陀寺的晨钟暮鼓(《大学墙外的人生思考》),闻校园内的咖啡飘香(《大学的咖啡文化》),忘返于"厦大时光"(《"厦大时光"读书的日子》);读《八十年代的那一代》和《理科生读点人文》,耳边回响"年轻的朋友来相会"的熟悉旋律,勾起同为"68一代"的我的温暖青春记忆,也叩问自己曾经滋养青春的那些感动和激情是否真的远去;随着"大学之旅"游历,从标题便可领略一校一"风景":卡普尔大学的开放,乔治·华盛顿大学的思想,宾夕法尼亚大学的创新(特别喜欢文中提到的那句"We will find a way or we will make one"),哥伦比亚大学的学术自由,普林斯顿大学的诚信、麻省理工学院的严谨,等等;还有围绕"大学何为""大学何以为"的一系列现实问题……

我开始问自己:"68一代"不是青春已褪、激情不再、感动难续吗?为什么还是会"困顿"在一本已不属于自己专业领域的集子里?是什么让我愿意"沦陷"在《思考大学》里?我想,必定是《思考大学》精神气质的魅力,一定是被那颗藏在行中、匿于思里的牵挂大学之"魂"所吸引,才让我久久不愿离去……

《思考大学》里究竟藏着一颗怎样的魂啊,究竟有着怎样的精神气质?闭目凝神问自己,《思考大学》有哪些精神元素沁入我心里?哪怕只是零星,哪怕只是点滴,但这些应该都是我真实感悟到的灵魂的气息。

其一,对学术自由的强烈渴望。对学术自由的强烈渴望浸染出《思考大学》的精神底色。初读《寻访足迹》就被字里行间散发的对自由的渴望、迷恋、崇敬所吸引和感动,而对学术自由的渴望不只是在《寻访足迹》里,涉及大学精神的那些文章,或多或少、或明或暗都表达着对学术自由的渴望。而且,学术自由也不只是停留为一种彼在、远在的渴望,而是在某种程度上已变成一种此在、现在的实况,比如,《思考大学》的这种我行我思我写的个性化表达方式。这种方式旨在表达自己的真实观察和思想,不受学术逻辑的束缚,不受严密概念的困扰,颇有一种我在我书、我书我在的畅快和自由。达到这样一种自由的个性化状况,徜徉于快乐中的自由写作本身就是一种美好的力量,这样流淌出来的文字也自然绽放出快乐的光芒。

其二,对现实大学的深切关怀。对现实大学的深切关怀牵引着《思考大学》的核心价值取向。"为行动而思考",梁漱溟先生的这句话被置于《思考大学》的扉页上,字不大,静静的,却是一种无声的力量,述说出《思考大学》的主张。在现实的大学实践与研究中,应该不缺单纯的思考者,各个层面也有大量的行动者,但能将两者融通,做有思想的行动者,在行动中去践行思想的则相对稀缺。思与行的融通既是一种深切的现实关怀,也是一种主动的责任担当。《思考大学》渗透着这种关怀和担当,比如《服务北部湾与大学的使命》《高层次人才的引进与培养》《科学研究与协同创新》等等。诸多文章应该都是作者高校管理工作中遇到的现实问题,而对这些问题的思考必然也会回到相关实践里,成为一种真实推动现实大学发展的行动力。

其三,对历史传统的拳拳敬意。对历史传统的拳拳敬意将《思考大学》扎根于肥沃土壤里。随着年岁的增长,越来越明白历史的意义;历史不是过去,历史就在我们的生命里。对历史传统的虔诚、尊重和自觉寻觅是《思考大学》浓浓、重重的一笔,也成为《思考大学》的坚实根基。《思考大学》里,好像随处可以见到贺兄虔心寻觅历史的踪影,好像随处可以触到他拳拳寻觅根基的魂灵。在西南联大旧址中寻找(《守护中国大学精神家园——寻访西南联大足迹》),在书院文化中寻觅(《书院文化与大学精神》),在传统文化中(《传统文化与大学生态理念》)、在中国大学的演变里(《中国大学"十大"演变》)、在饭都顾不上吃的《感悟北京国子监》里……都在寻觅;不只是这些,厦门挂职期间,也是不忘从校园建筑、校训、人物中去追寻历史的痕迹,汲取丰富自己的营养(《被历史淹没的大学校长——林文庆的大学情怀》《基础学科人才培养与创新——从厦门大学三位科学家谈起》等)。也不只是在国内,"大学之旅"也是,对不同大学的历史把握成为必然的、自然的一笔。写到这儿,仿佛看到此时的作者在华盛顿大学校门前乔治·华盛顿总统雕像前默默虔诚伫立。其实,也不只是工作期间,也不只是眷恋大学历史,注重历史应该已烙刻在他的生命里,成为一种生命印迹,这才有了《家族教育曾经的辉煌》,这才有了对状元村与状元的寻访(《状元村与状元》),这才有了对曾国藩故居的拜望(《曾国藩的读书与藏书》)。既然是一种生命烙印,自然不会仅仅停留在寻觅,也会实现在他自己的行、思里,以自己的行、思留下历史的轨迹,所以才有《思考大学》……

其四,对大学的诚挚厚爱。对大学的诚挚厚爱是《思考大学》灵魂的聚集地。《思考大学》,如果用心去品读,就会感受到这种气息,扑面而来的、沁入心脾的、满满的、浓浓的挚爱大学的气息。大学是他的精神领地,是他的灵魂所依。他深爱大学,没有掩饰,也无法掩饰。生命是可以洋溢的,思想是可以驰骋的,激情是可以燃烧的,如果真深爱,如他对大学。

这种深爱使得他对大学之思不可能局限在认知层面里,大学也无法从他生命里剥离,成为纯粹的认知对象、认知客体,所以,他的大学之思只能是一种与生命同在的、灵魂与认知的共舞。

这种深爱也转化为一种豁达,转为他对现实大学的包容。现实大学发展中有诸多问题和矛盾,有着"天马行空走天涯"丰富经历的他,自然是非常清楚的。我想,"天马行空走天涯"的他在工作中也不可能是时时事事如意的,然而,在《思考大学》中却少见批判现实大学问题的锋芒,也不见"行走天涯"的疲惫和消极。应该不是特意回避问题,也不是没有批判的能力和勇气,只是因为深爱,只是因为大学融在他生命里,各种问题和疲惫都在爱大学中化解,都转化为对大学的冷静理性、坚守、践行和期待……

期待,是的,他对大学的深爱顽固地、执着地、突破时空框梏地体现在他对大学的不变期待里。那张让我惊喜的小小书签背面,还有《思考大学》的封底,都显眼地强化着他对大学的期待:

"我理想的大学,应该而且可以是这样的,学生在这里自由成长,收获着知识、自信和理想;教授们学术至上,追逐着科学和教育的梦想;师生的自由讨论常常碰撞出智慧的火花。这里,有人物,有故事,有书香,有回忆,还有爱。"

这段朴实的文字里蕴涵着诗意,"有人物,有故事,有书香,有回忆,还有爱",不正是大学区别于其他组织的魅力所在?不正是大学生生不息的活力所在?这样一种"有人物,有故事,有书香,有回忆,还有爱"的景象,不正是一种生动的、充满人性、流淌着灵性的大学形态?

这样的大学在吗?在的,如果大学人愿意,如果大学人共同努力……

大学在思里,也不只是在思里……

基于现实的大学理想

贺 波①

2015年8月,我国高等教育学者贺祖斌教授新著《思考大学》由北京大学出版社出版发行。中国高等教育学会院校研究分会组织对该书学术研讨,专家学者对该书出版的学术价值进行了多角度的评论。现就相关专家和大学校长的评价综述如下。

潘懋元(厦门大学原副校长,高等教育学奠基人):贺祖斌教授的新书《思考大学》,就是从多角度与前瞻性来思考大学何为的佳作之一。该书分八个视角,从实践出发,追踪大学历史、考察大学文化、思考大学问题、沉思大学理念、比较中外大学、评论大学改革、发扬大学精神。既从大学校长的角色研究大学,又从旁观者的角度观察大学。鉴古而不泥古,前瞻而不脱离现实。将古与今、理论与现实,较好地结合起来。正如作者在《书院文化与大学精神》一文的结束语所说:"借鉴精华和获得启示,不断改革与发展,建立起具有现代理念和传统文化相结合的现代大学制度。"又如作者在思考之后的结论:"大学高雅的文化品位和卓尔不群的内涵,以及孜孜以求的理想,注定是社会道德与理性的凝聚之地。大学文化不仅以自身纯洁的德性潜移默化地影响着社会,更以积极的姿态投入到改造社会的潮流中,成为社会道德的捍卫者和引领者。"相信这本书的出版,将会引领更多学者思考今日的

---

① 贺波,广西日报社科教部主任,高级编辑,该文以《基于现实的大学理想——大学校长漫谈〈思考大学〉》为题刊发在《玉林师范学院学报》2016年第3期。

"大学何为"。

杨振斌(吉林大学党委书记,教授):贺祖斌《思考大学》的出版,我感到非常高兴并表示热烈祝贺!我特别注意到书中的"观察思考"部分,即作者在厦门大学挂职期间所写的内容,当时我在厦大工作,和作者有过诸多交往和交流。根据工作安排,作者协助分管本科教育、研究生教育和国际交流与合作的校领导开展工作,期间作者有计划地到学校相关职能部门、学院和研究院进行调研,并对校领导和部分中层干部做了深度访谈,同时还在厦大多次作学术报告和演讲,全程性地深度参与了学校行政和教学管理工作。在这本书中,专门有一章是作者用自己的眼光观察厦门大学的办学和管理,对一所大学进行全方位思考和讨论,其中有《大学建筑与大学文化》《大学校训与大学精神》《大学的性格》等篇目,所提出的不少文化层面的见解很有启发意义,对于大学管理者有重要的参考价值。

孙莱祥(复旦大学原副校长,教授):作者以自己的学术功底和现实经验,既从高等教育理论视角,又从高等教育管理实践出发;既注重中国大学历史发展,又注重大学现实问题和未来发展趋势,提出的大学发展思路具有前瞻性。作者认为"大学的行政化问题,一是政府对大学行政化管理,二是大学内部行政化管理。前者关乎大学自治问题,后者关乎大学学术自由问题",在大学治理过程中,如何平衡大学与政府、社会关系?如何平衡大学内部各种权力关系?这对于大学内部治理与现代大学制度建设都十分重要。该书是作者多年关于大学问题的思考和评论,涉及大学管理的方方面面:大到大学精神、大学文化、大学校长、大学生就业、"后评估"时期理念等,小到在大学喝咖啡、在北大看京剧等引出对大学文化的思考。这体现了作者一贯追求的"独立之精神,自由之思想"。我们容易看到"大学有问题",更希望看到解决问题的方法,作者对问题解决所提出的思路,将有助于大学的决策者、管理者展开科学系统的思考,这对于大学发展来说十分可贵。

邬大光(厦门大学副校长,教授):我认为,我国高等教育面临的许多问题根植于本土特殊的政治、经济、文化和历史土壤,这些"特殊土壤"使我国高等教育在其发展道路选择中,难以从西方经验中找到全部答案,或者说西方的经验只有局部的借鉴意义。我们的大学精神在哪里?贺祖斌的《思考大学》一书,为我们带来了新的视野,该书从寻访西南联大足迹,谈到守护中国大学精神家园;从"一所好的大学,在于有自己独特的灵魂"到大学精神的论述;从大学校训的内涵到大学文化的体现;等等。同时提出了"创新精神是大学存在于社会的价值体现,也是大学发展的根本动力"等观点,体现了一位教育学者对当今大学发展的认真思考和关怀。

刘献君(华中科技大学原党委副书记,教授):在《思考大学》中,我们看到作者从中国大学的历史演变出发,站在文化的高度,理清大学发展的脉络,并对大学发展进行了系统思考。纵观中国大学的百年发展历史,高等教育既受不同时期的政治、经济、文化背景的国情影响,也受高等教育本身发展规律的制约。作者认为"高等教育快速发展过程中所面临的问题,必须在发展中来解决"。因此,我们既不能以强调国情的特殊性为由而拒绝遵循高等教育的发展规律,也不能借与国际接轨为由而置本国国情于不顾。大学发展,必须坚守理想主义,立足国情,在理想与现实中前行。同时,作者提出在大学教育中,强化以社会主义核心价值观为内容的文化内涵,让大学从中确立自己的文化根基,构建当代大学的价值体系。我想,这对当今大学的文化建设具有深远的意义。

林萍华(东南大学副校长,教授):读《思考大学》,感受到作者对中国高等教育的高度关注和深入思考,这源自他的强烈的时代责任感。《思考大学》认为,大学理念是大学之魂,从精神深处决定着一所大学的发展方向与水平。在当今大学为适应社会的多样化需求而呈多样化发展与快速变化的时刻,如何从理念层面认识各自大学的不变与变,是非常重要的!作者在书中就其对大学的诸般事务与很多细节的所思所想,都能提高到大学理念的层面来认识,来论述,很好地体现了他基于多年高等教育研究所打下的厚实基础,给他提供的敏锐体察与新颖视角,从而也给我们大学的同仁们提供了许多重要的参考和借鉴!作者所提倡的大学理性精神和生态意识,或正是当下大学在面对纷繁的变化时所须臾不能淡忘的大学之根本!正如美国普林斯顿大学前校长亚伯拉罕·弗莱克斯纳(Abraham Flexner)所言:"大学不是风向标,不能什么流行就迎合什么。大学应不时满足社会的需求,而不是它的欲望。"没有科学、理性的办学理念,就不可能有高质量的人才培养和学术成果,也很难办出老百姓满意的大学。

郝芳华(北京师范大学副校长,教授):《思考大学》看似零散但又成体系的思考,所讨论的话题已超越中国大学本身,特别是作者从在国外多所世界名校的亲身考察经历,用自己不同视角的观察、感受,对这些名校的办学经验和成就进行了推介。学习西方大学理念和制度,是后发国家建立现代大学制度的榜样,但不同国情和环境,大学的办学模式在不同国家必然有不同的变化,这是世界高等教育发展的经验。作者基于我国大学的办学实践,从世界名校办学历史中吸取办学理念和经验,对我国大学发展、创新教育、大学精神等方面具有重要的启迪作用。我想,书中所提倡的"国际化"到与"本土化"相结合,这才是中国大学未来发展的必由之路。

李进才(武汉大学原副校长,教授):看了贺祖斌的《思考大学》后我也思考了很多,当今大学教育的确存在诸如重科学轻人文、科研重数量轻质量、管理泛行政化、学术不端等问题,让不少社会有识之士痛心,并不断呼吁加强改革大学教育。作者在书中从我国古代书院制度吸取精华,不论是岳麓书院院内的"朱张会讲",还是白鹿洞书院院外的"鹅湖之辩",提倡和追求的那种"学术自由,教授治教"的大学理想。另外,作者试图将在失落已久的文化宝库中重新拾起零碎的生态思想的火花,从"天人合一""道法自然""中庸之道"等文化精髓中吸取其生态思想和智慧,这些思想对大学的可持续发展无疑将带来积极的影响。我觉得作者从传统文化角度对于大学的思考是严肃的、理性的、建设性的。

理想者的足迹

一周

2015年1月24日,祖斌出任玉林师范学院校长。到2017年7月11日离任,右迁广西师范大学校长。屈指算来,他长校玉师,前后跨越近三个年头。

记得宣布上任那天,他与一众人等端坐主席台上。前任强忍泪水,言语哽咽,深情告别,最终泪流满面;他则神情严肃,一脸庄重,发布完规范的一套言说之后再无多话。其实,我们心里清楚,作为一个教育理论家和实践家的他,能够辗转多所高校、多个岗位历练,自有过人之处。他心中是有所擘画的,只不过不好下车伊始,哇啦哇啦而已。

果不其然,他给这个学校带来的最重要的变化,在我看来,就是唤起这个大学的文化自觉意识。曾几何时,中国的大学,一度在实用主义的思潮吹拂之下曾经几乎迷失了方向,几乎不提文化、文化积累、人文底蕴等这些看似虚无缥缈的形而上之道,取而代之的是各式各样的应用训练、实用操练或者一大堆数据指标、图形表格之类的看得见摸得着的形而下之器,以至于就连一向高在云端的某大学也被人笑称为五道口职业技术学院。在我们这种本以地方为服务对象、立足地方发展、以应用为特征的学校更加奉实用为圭臬,更加愿意津津乐道于应用、实训、实践,大有把学校办成职业技能训练所的趋势。以致有人私下开玩笑,会不会把大学办成技校啊?这种担心未必是多余的。办大学,立足于历史传统和现实需求,注重实用本来也未必有错。但是,别忘了,大学原本就是一种人文存在,大学根本上说是一种精神家园。当初那些为了追求真理,探索人生,仰望星空而定期不定期聚集在一起交流、磋商、探讨的先贤,作为大学初创者其实未必都是什么实用主义者。在他们的心中,研究、探索、交流才是正道。也正是他们,奠定了现代大学的自由、民主、平等、学术至上的精神基因。换句话说,大学的人文、理想、信念、精神、底蕴、追求等这些看似虚空的东西,从某种意义上讲,更是大学的精神底色,是大学存在的重要依据和发展的永恒动力。熟知大学历史的他自然明白,离开了这些精神元素,大学未必能走多远。因此,他一直致力于大学的文化建设。从"一山三林三湖三广场"的校园景观建设到邑谷实验中心到独秀书房咖啡屋的建立,从硬件环境的创建到氛围情调的营造,从有形的物质投入到隐形的精神塑造,无不渗透出强烈的大学文化建设的自觉意识。这种自觉既承接了大学历史文化的底蕴,也开辟了这个学校发展的一条新路径。

在玉师三年,他做了很多事情。谋划综合改革与转型发展就是值得骄傲的。能成为广西综合改革的试点高校之一,他功不可没。在他的引领和推动下,几十项综合改革的任务能够逐步完成,多个综合改革文件出台,学校各项工作由此上了台阶。转型发展也是我们这类学校要面对的,特别是那些年,转型发展热炒一时,众说纷纭的时候,他以自身深厚的理论造诣,在众声喧哗中找到适合自己学校的转型之路。在他的推动下,学校做了一系列探索,调整专业院系设置,对接地方产业发展;转变办学观念,促进应用转型;学校也由此顺利成为广西应用型本科高校联盟的盟主,还顺利举办应用型本科高校联盟成立大会和高峰论坛以及办学七十周年庆典。这些都对外展示了学校良好的形象,也为学校获得良好的评价起到了很好的作用。在校园环境建设上,他追求尽善尽美,有时候,当看到他为了一个绿化美化的小节而给校园建设委员会的员工普及植物学知识,指出你种树植草的种种错误的时候,你会觉得有一个出身于生物学专业的校长是那么的不好糊弄。在学科建设方面,他深知,硕士点对我们这样的学校有多重要,而我们的条件距离获得研究生授权点的条件差距又是那么地大,因此,他只能退而求其次,寻求合作。为此,他四处奔忙,找合作渠道。终于,陕西师范大学、广西师范大学等名校都纷纷伸出援手,从各方面大力支持,合作办学,聘请导师,资源共享,还像模像样地搞起研究生入学典礼。这也是有史以来的第一次吧?

  在教育教学上,他倡导通识教育。他曾考察过美国的通识教育并著文推介,对自己的母校华中科技大学推进人文教育的诸多做法了然于心。当然,他更多的是学习厦门大学的做法,在玉师成立通识教育中心,倡导加强通识教育,以"博通古今中外,雅致科学人文"为宗旨,面对全校学生开设多个模块的系列通识教育课程,开设了"博雅大讲坛",要求全校所有的教授、博士面向全校学生开出至少一门通识讲座。后来这个"博雅大讲坛"的讲座成了玉师一景,颇受学生欢迎,常常一经推出,选课瞬间被抢光,绝对是一课难求。教师参与的积极性也很高,学校学术氛围因此变得浓厚起来。直至今天,"博雅大讲坛"依然还是玉师的品牌。

  沐浴着上个世纪 80 年代自由开放之风成长起来的祖斌骨子里其实是一个理想主义者。面对着玉师新媒体的小记者推出的"玉师的花花世界",他写道:初夏,走在校园的主道上,微凉的风,带着玉兰花的香气,阡陌之上,微雨除尘,因此,柳生轻烟,玉兰若染。别人说,大学你可以"闲"一点,他说:大学需要一定数量的咖啡屋、小书店,更有大片可以自由坐卧的草坪,可以和恋人徜徉散步的林地。它们的存在,使学术可以交流,使苦闷可以宣泄,使情感有所投射。玉师道说不尽的红尘别恋,写不完的风花雪月,赏不完的山光水色,聊不尽的良辰美景,足以使得每一个置身其中的人诗意盎然,永记于心。大学难道不需要这种诗意情怀么?有时候,我常常在想,当若干年之后,那些白发苍苍的老者相互搀扶着走在校园的林荫道或者挂榜山下的松树林中,跟他们的儿孙们回忆起他们年轻时候在这个校园里相知相识、相恋相爱的情景,脸上洋溢着幸福和满足时,那是一幅多么美妙的画面啊!那时候,他应该记起,曾经有过一个校长为他们"在挂榜山上揽胜、天南湖畔赏景、松树林里悦读、王力湖边抒情"贡献过一份力量。

  当然,如果仅仅有理想主义是不够的。他更加看重大学人文精神的建构。从寻访西南联大的足迹到拜谒岳麓书院,他苦苦守护中国大学的精神家园,思考着中国大学教育的弊端和解决之道,他认为:当今,大学存在的教育重科学轻人文、科研重数量轻质量、管理泛行政化、学术不端等乱象,大学精神的日渐衰落,学术圣地的退让失守,让社会有识之士痛心疾首,并不断呼吁强力改革大学教育。回望过去,不论是岳麓书院院内的"朱张会讲"

(1167年),还是白鹿洞书院院外的"鹅湖之辩"(1175年),那种自由宽松的学术氛围、海纳百川的讲会制度、不同学派的学术之辩,这些,不正是我们一直追求的那种"学术自由,教授治教"的大学理想吗?他一直用行动实践着自己的主张。比如,在玉师,他一直在倡导着读书。也许有人会说,读书跟自由、跟理想有啥关系?但是,我想,反过来问一句:如果一个大学,没有读书,哪来自由?没有读书,理想跟空想何异?

他不止一次地回忆起自己在"厦大时光"书店读书的日子。他觉得人生有种种享受,读书是其中之一。用他的话来说,读书的快乐,一在求知欲的满足,二在与活在书中的灵魂的交流,三在自身精神的丰富和生长。读书是他的本性,爱书是他的天性。为此,他不止一次地呼吁:少刷屏,多阅读。他还以自身的经历希望理科生读点人文书。他说:"学科有文理工之分,但生活是没有学科之分的。""如果问我大学期间收获最大的是什么,我认为,作为理科生,自己有幸读了不少人文学科的书籍。""在这纷繁浮躁的现实社会和信息化的个人生活,最缺乏的是人文情怀,没有了这种情怀,生活将失去色彩。"他还身体力行阅读环境的建设,独秀书房就是一个实例。他深情款款地写道:在"厦大时光"中,书店里,弥漫着满屋咖啡香味,在优雅的背景音乐中,一本能和"摩卡"咖啡的苦涩匹配的经典作品,那样的感觉才出神入化、自我陶醉。这几乎成了他长期以来挥之不去的记忆。为此,他在玉师打造了独秀书房。当那个集买书、读书、喝咖啡、聊天等几种功能于一体的被人誉为"玉林侬看书的好地方"的书房挂牌开业的时候,立即赢得了社会各界的广泛好评。那里原木色的木桌椅,精致小巧的吊灯,古朴典雅的屏风,散发着浓郁书香的墨纸书刊,还有满屋的咖啡的香味,以及极具文艺范儿的格调,都成为徜徉其中的每一个人的长久记忆,也在某些方面展示着一个理想主义者的治校之道。

他在玉师,足迹遍及学校的每一个角落,涉及玉师的每一个领域。从校园环境的建设到学科的升级改造,从科研能力的提升到服务社会的共赢合作,从党建思政到意识形态事件的处置,从毕业开学典礼到校运体育竞赛,从对外交流到对内慰问走访,从校长有约与师生坦诚相见到陪同上级领导调研考察……无一不亲力亲为。他留给这个学校和师生的,除了更加优美的校园环境,更加协调的人文环境,更加雄厚的学科实力,更加自信有为的师生之外,还有更加重要的理想主义的色彩和回归本源的大学文化自觉。

也许,若干年之后,当我们回首这三年,我们不得不说,一个理想主义者的现实治校之道,应该更加能够促进这所大学的健康发展。我们有理由相信,这于玉师、于他都是一种幸运和幸福。

2018 年 4 月 18 日写于玉林

功力必不唐捐

林涛

一群十七八岁的少年,离开自己温暖的家,来到一所知之甚少的大学,面对眼前的陌生和内心的憧憬,免不了会问:这里究竟怎样?我们将会怎样?

这时,他会语重心长地说:"我理想的大学,应该而且可以是这样的:学生在这里自由成长,收获着知识、自信和理想;教授们学术至上,追逐着科学和教育的梦想;师生的自由讨论常常碰撞出智慧的火花。这里,有人物,有故事,有书香,有回忆,还有爱。"

如你所见,他不会告诉你现实的大学到底怎样,但他愿意与你分享自己理想中的大学。如果你也觉得美好,那么,请跟他一起,朝着理想中的大学努力。这样的倾心之谈,像极了一个远行的人回到家时,听到的第一声寒暄,亲切真诚,暖彻心扉。

而今,当许多宏伟的叙事,都被当作历史留存,一些平常的小事,却尤值得啞摸追寻。

大学者,有大观之谓也。经年历月,"一山三林三湖三广场"早已不仅是一组朗朗上口的名词,也不只是一处处连珠串线的景致,而变成了玉林师院所特有的一个文化符号。山清水秀、桃李成蹊自不待言,打造它们的过程更是值得细细品味。从对陈旧芜杂的景观进行创新再造,到化零为整将散落的景点精心连缀,再到深入开掘并适恰赋予其应有的文化内涵,这个不断累积、建构诗意的过程,与那些少年,从走进大学时的懵懵懂懂,到学习新知识的如饥似渴,再到逐步建立起自己的知识体系,最终学有所得、茁壮成长如出一辙。

他身体力行,就因为他深深懂得,绿化亦文化,文化亦化人。

大学者,有大师之谓也。时至今日,"高教泰斗"潘懋元先生的驾临,仍被奉为美谈。但人们或许少去思量:这样的美事,缘何会发生?我猜想,在他向先生正式发出邀请之前,一定经历过翻来覆去的掂量,不忍心让96岁高龄的恩师舟车劳顿。最后,他打通了恩师的电话,并认定恩师一定会来。何以如此自信?因为他懂得恩师对高等教育的拳拳情怀,而恩师亦懂得他对教育的一颗赤子之心。果不其然,老先生甫收邀函,便当即应允,终成一段佳话美事。

先生演讲那天,众人皆为先生高龄而精神尤佳赞叹不已,可也许,更让人感动的,是先生与他之间的默契投合,以及他们对尊师重教的躬身践行。

大学,有大襟怀之谓也。记得,2016年5月一则"广西玉林一高校大学生宿舍办婚礼,全校震惊了"的报道在全国各大媒体成为当天网络爆炸性新闻,不知道,当初那位从学生宿舍接走新娘的男生,是否已为人父,但他肯定还记得,在势如狂潮的批评声中,有一位校长曾宽怀以待。时到如今,再去谈论是非对错已经没有太大的意义,而或许在当时的他看来,这种方式也未必妥当,但是,面对网上的责难,他却没有选择责备,而是选择了深深的祝福。为人师者,从来就不缺少对人耳提面命、谆谆告诫以显"为师之尊"的机会,更何况,在事关教育的舆论声浪中,似乎批评才更加讨喜,但他没有取悦大多数,而是平和地选择了包容。更想不到的是,作为校长,不但没有批评,他还为一对新人送上祝福的鲜花。他还在当年的毕业典礼上给他们祝福:用你的善良温暖我们的世界,我们不会忘记,上个月还有同学用他最幸福的婚礼将学校送上了头条……

这种包容,从表面上看,只是他对一个年轻人的宽容,而实质上,却是他宽阔襟怀和虚怀若谷的集中体现。而这,也正是我们为学治学、待人处事最为稀缺的品质。

大学者,有大唤醒之谓也。就像孩子即将远行,父母总会有所嘱托。慢慢地,人们发现,每年的毕业典礼,成了毕业生最大的期待。在那一次次意深情长的道别中,温暖、善良、自信……这些涌动着"正能量"的字眼,不再只是空洞的说教与训诫,而因有了一个个活灵活现的故事作衬底,变得格外动人。那些故事的主人公也不是别人,而是玉师的学子,是这所大学的精神的最佳代表。他很愿意为那些即将离开这儿的年轻人讲起他们前辈的故事,并将此当成一份礼物,装进他们的精神行囊。而每当那些早已被岁月尘封、众人忘却的人与事,被重新提及的时候,每当人们知道那些峥嵘的往昔诞生于此的时候,每个人都会忍不住热泪盈眶,自豪地在心中默念:"啊,多好,这就是我的母校啊!"

我们常常因为过于强调精神,而忽略掉精神的载体。他却早已懂得,教育的最大意义,就在于用历史与现实,去唤醒一种记忆,一种文化,一种精神,一种让学子油然而生的自豪感与自信心。

那段时期,我想很多人都会记得:让每一位毕业生在毕业典礼上能够得到校长"拨穗"礼,尽管他很累;在欠发达的玉林于校园里办起四家咖啡馆,倡导一种时尚文化,让学生领略咖啡文化的内涵;将"校长有约"的活动开到学生宿舍,倾听来自学生基层的声音;主张将校园美化绿化工程由园林专业学生自组公司来设计建设,为学生提供真正的创新创业机会;毕业时他送给每位学生以"一山三林三湖三广场"为主题的校园手绘地图,他希望20年后,大家都能拿着地图回到母校,寻找曾经的足迹和青春记忆!……

三年,是一段不长不短的时光,足以发生许许多多这样的小事,却又难以给人留下太多的空暇,以便懂深悟透个中道理。每每时过境迁,人们总会慨叹光阴易逝,而细想之下,人们自然也会明白:在这里,他对时间是没有亏欠的,如果说有遗憾,只能怪时光匆匆,没有为他深情停留。

纵使如此,从天南湖畔到独秀峰下,他依旧初心不改,苦心经营着自己心中理想的大学,就像他会永远记着,胡适先生的那句话:成功不必在我,而功力必不唐捐。

2018 年 4 月 22 日写于南宁

遇见独秀书房

刘 雁[①]

书店,对于一个读书人来说,是再熟悉不过的地方。与书的邂逅往往在书店,因此,爱书的人或迟或早总要与书店结缘。

贺祖斌在厦门大学工作期间,一次偶然的机会,走进了那个叫"厦大时光"的书店,那一刻咖啡香与书香氤氲透骨,一个读书人与书店的缘分从此再无尽头。走过许多地方,进过许多书店,遇见许多爱书的人,他心里念念不忘的是大学校园书店里的美好时光。

时间来到2015年,他调任玉林师范学院校长。一走进这座偏居桂东南一隅的地方高校,甫一接触这所校园里胸怀服务地方教育职业理想的质朴师生,他心中就涌动起一个温暖而坚定的念头,要为这座偏居南隅小城的校园,为这群有地方教育情怀的学子们送上一份特殊的礼物。他倡议,由他颇为信任的广西师范大学出版社,以校企合作共建的模式在玉林师范学院打造了第一家"独秀书房"。

为什么要在大学建设这样一个书店?谈起由广西师大出版社打造的、首家落户在玉林师院的高校实体书店品牌"独秀书房",他分享过这样一个小心愿:"玉林师院有很多学生来自农村,未来有部分学生要去农村任教,他们进入大学读书之前大多没有去过大城市,甚至没有进过咖啡馆,即便进了

[①] 该文以《关于"独秀书房":一位大学校长与书店的相遇》为题发表在《中华读书报》2020年6月3日第6版。

咖啡店都有些局促和紧张。我理解那种困窘，我希望我们的学生在大学校园里就能与咖啡和书香为伴，在潜移默化的熏陶下，养成他们的那份自信和从容，等他们走向社会时，是带着对生活和社会的自信，并将这份自信带给别人。"因此，在校园，包括独秀书房在内建设了四家咖啡屋，都成为学生们非常喜爱的地方。

关于校企共建、品牌化打造高校校园书店的初衷，他这样说道："一座城市，需要一些高品位、有温度的书店，它们代表着这座城市的一种文化，是一个时代的标志，也是一种读书人的情结。一所大学，同样也需要一个品质高雅的书店，它是一所大学品位、文化、历史的象征，同时也是大学这座象牙塔的文化标志，是学生毕业若干年后寄予母校情怀的留念之地。"而第一家独秀书房也确实不负所望，不仅成为那座城市的文化地标，更成为玉林师院毕业学子们对母校的一份深深的眷恋。

第一家"独秀书房"建成并顺利运营不久，2017年他调回母校广西师范大学任校长，品牌首倡者回到品牌运营方，对独秀书房在广西师范大学的落地生根无疑起到很好的推动作用。在他的直接领导和关怀下，独秀书房品牌进入新一轮的发展，即启动了以"大学人文实验室"为定位、与广西各高校联合共建独秀书房的工作。

"人文实验室"是他针对高校校园书店提出的一个崭新概念。他认为："我们的大学有许许多多理工科实验室，却没有人文实验室。传统的书店以卖书为主，具有一定的营利性，而作为人文实验室的校园书店，它的内涵就更广，除了卖书、买书外，还有读书、藏书、讨论、交流、喝咖啡、上网等功能，在这样一间'实验室'里成长的大学生，自然就具有人文气质和良好的阅读品位。"在这样理念的推动下，广西师范大学在三个不同的校区，先后建起了旗舰店、育才店、雁山店三个独秀书房，广西其他高校纷纷主动与广西师大出版社签订了共建独秀书房的协议，并迅速以共建方的诚意和热情投入到校园书店的建设与运营中。桂林航天工业学院校园里一节火车车厢被打造成了独秀书房桂航火车号，学生和市民们手持火车票模样的购书券登上了书香专列。位于广西首府南宁的独秀书房广西艺术学院店，自开放以来定期举办"艺术邂逅书香"的阅读+艺展及演出活动，成为南湖边一道独特的人文风景。广西师范大学育才校区的独秀书房则被师生们赞誉为广西师大这个知识星球的"掌灯人"……

从 2016 年 10 月到 2019 年 12 月，短短三年时间里，15 家独秀书房带着卓然独立的人文气质，走进了广西 7 个地市的 10 多所高校，为高校校园增添了一抹馥郁的书香气息。与此同时，他还积极参与在独秀书房举行的学术沙龙，他在玉林店，主持第一场读书沙龙"阅读：改变我们什么？"，在育才店开讲第一场学术沙龙"校庆与大学文化记忆"，积极推动大学生的人文阅读活动。每场沙龙都有上万名大学生在线收看。在世界读书日，他积极倡导组建"广西校园阅读联盟"，作为联盟理事长，他主张：阅读不仅仅是在校园——读书风尚可以在学校里兴起、倡导，但需要再推广到全民中去。

独秀书房一直是他牵挂的一件事，2019 年 12 月，在他主持的第十四期"高等教育大事件年度盘点"学术沙龙上，他又将"独秀书房"为代表的校园实体书店纳入高等教育界的关注点，"实体书店"也因之成为《中国教育报》评选出的"高等教育十大关键词"之一。

从一个单纯爱书店的读书人，到以大学校长身份推动高校实体书店建设的"书店人"，他不仅以自己的学人情怀去续写与书店的缘分，更是以前瞻性的眼光和创见去影响、引领书业的发展。他将对高校校园书店的所有想象与期待寄予独秀书房，要求它在服务大学师生群体时，选品充分体现学术性、人文性、专业性；希望它发挥高校和出版社之间的纽带作用，成为高校图书馆的采书前哨、优质作者的培养基地；期待它成为理想大学的一部分，如他在《思考大学》一书中所描绘的理想大学的样子："学生在这里自由成长，收获着知识、自信和理想；教授们学术至上，追逐着科学和教育的梦想；师生的自由讨论常常碰撞出智慧的火花。这里，有人物，有故事，有书香，有回忆，还有爱。"

我们期待，独秀书房的书香香飘四海，人文实验室的实验成绩斐然。

独钓邕江春